JN000713

はじめての
情報理論 第2版

Information Theory

稲井　寛 [著]

森北出版株式会社

●本書のサポート情報を当社Webサイトに掲載する場合があります．
下記のURLにアクセスし，サポートの案内をご覧ください．

https://www.morikita.co.jp/support/

●本書の内容に関するご質問は，森北出版 出版部「(書名を明記)」係宛に書面にて，もしくは下記のe-mailアドレスまでお願いします．なお，電話でのご質問には応じかねますので，あらかじめご了承ください．

editor@morikita.co.jp

●本書により得られた情報の使用から生じるいかなる損害についても，当社および本書の著者は責任を負わないものとします．

■本書に記載している製品名，商標および登録商標は，各権利者に帰属します．

■本書を無断で複写複製（電子化を含む）することは，著作権法上での例外を除き，禁じられています．複写される場合は，そのつど事前に(一社)出版者著作権管理機構（電話03-5244-5088，FAX03-5244-5089，e-mail:info@jcopy.or.jp）の許諾を得てください．また本書を代行業者等の第三者に依頼してスキャンやデジタル化することは，たとえ個人や家庭内での利用であっても一切認められておりません．

改訂にあたって

2011 年 7 月に出版した「はじめての情報理論」は，幸いにも，多くの大学・高専で教科書としてご採用いただいてきた．今回，2 色刷りによるレイアウトの刷新を中心に，説明や図解の充実をはかって，改訂することとした．

小中高の教科書がフルカラーとなって久しい．その一方で，大学の教科書はというと，依然として白黒のものが多い．大げさかもしれないが，白黒の教科書が，科目の難解なイメージを増幅させているのではないかと，筆者は何となく感じていた．コスト的な都合もあってフルカラーとはいかないまでも，せめて 2 色刷りにすれば，少し取っ付きやすく感じてもらえるのではないかと思った次第である．しかし，それよりも内容が重要であることは，教科書として当然のことなので，その点においては抜かりなく取り組んでいる．

初版に対する貴重なご意見・ご感想をお寄せいただいた読者諸氏，および，改訂にあたり大変お世話になった森北出版の大野裕司氏，宮地亮介氏に謝意を表したい．

引き続き，本書が読者の勉学の一助となれば幸いである．

2020 年 10 月

著　　者

まえがき

情報理論は情報の表現と伝送に関する基礎理論の一つである．その代表的な成果は，データ圧縮，ビット誤り検出・訂正，暗号などである．今日では当たり前のこととなっているコンピュータによる情報処理やインターネットを介した情報交換においても，情報理論を基盤とする数多くの技術が使われている．そのため情報理論は，情報通信工学の核となる科目として位置づけられており，大学や高専の情報通信関連学科の多くで必修となっている．

本書は，筆者が岡山県立大学情報工学部で十数年来担当してきた情報理論の講義ノートに加筆したものである．読者対象として工学部 1〜2 年生や高専生の初学者を念頭においているが，既習者や技術者の方にも役立てていただけるものと思う．とはいうものの，情報理論に関連深い項目を網羅しているわけではなく，ディジタル情報に関する項目に限定している．これは，情報通信関連学科の多くでアナログ情報に関する講義が別に開講されているためである．いうまでもなく，アナログ技術あってのディジタル技術であるので，将来技術者を目指している方には，類書や関連講義と合わせて磐石の基礎を築いてほしい．

上述のように，本書は情報理論の講義ノートに加筆したものである．その際に，講義中の学生の反応，試験答案，受講生からの忌憚のない意見に基づいて，初学者が途中で挫折することなく，学習を継続することができるように，次の二点を重視した．

まず，できるだけ式変形を省略しないこととした．専門家にとっては自明な式変形でも，学習経験の浅い学生にとっては理解しづらいことが多いためである．巻末に示した演習問題の解答例についても，この考えに沿って，丁寧に記述した．また，変数や記号などをすぐ確認できるように，目次の後に本書を通して用いている数学表記と章ごとの変数表記をまとめた．

さらに，できるだけ多くの数値例をあげることとした．一般論の説明の流れを中断する恐れもあるが，それよりも，すぐに簡単な例で確認して着実に理解することのほうが効果が大きいと考えたからである．いうまでもなく，重要なのは基本原理であり，例題はあくまでも理解を助けるものと認識してほしい．

本書の構成は次のとおりである．

第 1 章では，身近な例をあげながら本書で学ぶ内容の概略を述べる．第 2 章では，後続の第 3〜6 章での評価指標となっている情報量について述べる．第 3，4 章は，情報の表現に関する事項を扱い，元の情報を完全に復元することが可能な（可逆的な）データ圧縮の原理を説明する．なお，3.3.2〜3.3.6 項はマルコフ連鎖に関するやや踏み込んだ内容となっているので，発展学習と捉えていただいてもさしつかえない．

第 5，6 章は，情報の伝送に関する事項であり，通信路上で生じるビット誤りを受信側で検出し，そしてあわよくば訂正するための原理を理解することに主眼をおいている．第 6 章までの理論的な基盤となっているのは，確率論である．本書が扱っている範囲では，基礎的な確率論の知識で十分であるが，付録にまとめた最低限の基本事項をまず押えておくと，スムースに学習が進むものと思われる．

これに対して，第 7 章の線形符号では代数論のみで議論を展開するので，他の章と比較すると異質に感じられるかもしれない．しかし，線形符号はビット誤りの検出および訂正についてのシンプルかつ基本的な具体例であるため，情報理論から連なる符号理論への入門として，章を設けて紹介することとした．

本書を執筆するにあたって巻末にあげた多くの書籍を参考にさせていただいた．これらの著者に敬意を表すと共に，出版に際して大変お世話になった森北出版の小林巧次郎氏，加藤義之氏に謝意を表したい．

本書が情報理論の教科書として，読者の勉学の一助となれば幸いである．

2011 年 6 月

著　者

目　次

表記一覧

数学表記，関数，演算子

$\mathbf{0}$	すべての成分が 0 の行ベクトル
$\mathbf{1}$	すべての成分が 1 の行ベクトル
A^{c}	集合 A の補集合
$E[X]$	確率変数 X の平均
ϵ	任意に小さい正数
$\mathcal{H}(\cdot)$	エントロピー関数
$\boldsymbol{I}$	単位行列
$\boldsymbol{I}_n$	$n \times n$ の単位行列
ln	$\log_e$
log	$\log_2$
$\max[\cdots]$	$\cdots$ の最大値
$\max\limits_{a} x$	制約条件 a の下での x の最大値
$\min[\cdots]$	$\cdots$ の最小値
$\min\limits_{a} x$	制約条件 a の下での x の最小値
mod	剰余の演算子
$\boldsymbol{O}$	零行列，または，行列内で成分が 0 となる部分
$P(a)$	事象 a の確率
$P(a,b)$	結合事象 (a,b) の確率
$P(a\|b)$	事象 b の下での事象 a の条件付確率
$\emptyset$	空集合
$\boldsymbol{X}^{\top}$	行列 $\boldsymbol{X}$ の転置行列
XOR	排他的論理和の演算子
$\binom{n}{k}$	異なる n 個の中から k 個取り出す組合せの総数
$\|\boldsymbol{X}\|$	行列 $\boldsymbol{X}$ の行列式
$\lceil x \rceil$	x に等しいか，それより大きい最小の整数（小数点以下切上げ）
$\lfloor x \rfloor$	x に等しいか，それより小さい最大の整数（小数点以下切捨て）
$\otimes$	クロネッカー積の演算子
$a \Longleftrightarrow b$	命題 a と命題 b は同値
$a \Longrightarrow b$	含意「もし a ならば b である」
$\sim a$	命題 a の否定文

第 2 章

A	事象系
a_j	事象系 A に属する一事象（$j = 1, 2, \ldots, J$）
B	事象系
b_k	事象系 B に属する一事象（$k = 1, 2, \ldots, K$）
$H(A)$	事象系 A のエントロピー
$H(A,B)$	事象系 A と事象系 B の結合エントロピー
$H(A\|B)$	事象系 B の下での事象系 A の条件付エントロピー
$H(A\|b_k)$	事象 b_k の下での事象系 A の条件付エントロピー
$I(a_j)$	事象 a_j の情報量
$I(a_j, b_k)$	結合事象 (a_j, b_k) の情報量
J	事象系 A の事象の数
K	事象系 B の事象の数

第 3，4 章

$\mathcal{C}$	符号
$\mathcal{C}^n$	符号 $\mathcal{C}$ の n 次拡大
$\mathcal{C}_\kappa$	κ 回縮退情報源 S_κ の符号
η	符号の効率
F_i	状態 q_i を出発し，将来 q_i に復帰する確率 $\sum_{k=1}^{\infty} f_i(k)$
$f_i(k)$	状態 q_i を出発し，k ステップの遷移を経て初めて q_i に復帰する確率
$H(S)$	情報源 S のエントロピー
$H(S\|q_i)$	状態 q_i の下でのマルコフ情報源 S

のエントロピー

$H_r(S)$　情報量が r 元単位の場合の情報源 S のエントロピー

$I(s_j)$　情報源シンボル s_j の情報量

J　情報源シンボルの種類の数

k　状態遷移のステップ数（$k = 0, 1, 2, \ldots$）

κ　ハフマン符号化における情報源 S の縮退の回数（$\kappa = 1, 2, \ldots, \mathcal{K}$）

L　平均符号長

l_j　情報源シンボル s_j に対応する符号語長

$l_{\max}$　符号語長の最大 $\max[l_1, l_2, \ldots, l_J]$

$l_{\min}$　符号語長の最小 $\min[l_1, l_2, \ldots, l_J]$

$L^{(n)}$　n 次拡大符号の平均符号長

L_κ　符号 $\mathcal{C}_\kappa$ の平均符号長

M_i　状態 q_i を出発し，初めて q_i に復帰するのに要するステップ数の平均

m　マルコフ情報源の次数

$N(l)$　長さが l の符号語の個数（$l = l_{\min}, \ldots, l_{\max}$）

n　情報源または符号の拡大次数

$\boldsymbol{P}$　遷移確率行列

$p_{i,j}$　状態 q_i から 1 ステップで状態 q_j へ遷移する確率 $p_{i,j}(1)$，遷移確率行列 $\boldsymbol{P}$ の第 (i, j) 成分

$\boldsymbol{P}^k$　k ステップ遷移確率行列

$p_{i,j}(k)$　状態 q_i から k ステップで状態 q_j へ遷移する確率．k ステップ遷移確率行列 $\boldsymbol{P}^k$ の第 (i, j) 成分

$\boldsymbol{\pi}$　定常分布

π_j　状態 q_j の定常確率，定常分布 $\boldsymbol{\pi}$ の第 j 成分

$\boldsymbol{\pi}(k)$　初期状態から k ステップ遷移後の状態分布

$\pi_j(k)$　初期状態から k ステップ遷移後に状態が q_j である確率，状態分布 $\boldsymbol{\pi}(k)$ の第 j 成分

q_i　マルコフ情報源の状態（$i = 1, 2, \ldots, \text{up to } J^m$）

r　符号シンボルの種類の数

S　情報源アルファベット $\{s_1, s_2, \ldots, s_J\}$

s_j　情報源アルファベット S に属する一情報源シンボル（$j = 1, 2, \ldots, J$）

S^n　情報源 S の n 次拡大 $\{\boldsymbol{s}_1, \boldsymbol{s}_2, \ldots, \boldsymbol{s}_{J^n}\}$

$\boldsymbol{s}_i$　n 次拡大情報源 S^n の情報源シンボル $\boldsymbol{s}_i = (s_{i_1}, s_{i_2}, \ldots, s_{i_n})$（$i = 1, 2, \ldots, J^n$）

$\overline{S}$　マルコフ情報源 S の随伴情報源

S_κ　情報源 S の κ 回縮退情報源

$\boldsymbol{w}$　時間平均分布

w_j　時間平均分布 $\boldsymbol{w}$ の第 j 成分

X　符号アルファベット $\{x_1, x_2, \ldots, x_r\}$

x_i　符号アルファベット X に属する一符号シンボル（$i = 1, 2, \ldots, r$）

$\boldsymbol{z}$　極限分布

z_j　極限分布 $\boldsymbol{z}$ の第 j 成分

第 5，6 章

$\boldsymbol{a}$　2 元系列，符号語

A　入力アルファベット $\{a_1, a_2, \ldots, a_J\}$

a_j　入力シンボル（$j = 1, 2, \ldots, J$）

A^n　n 次拡大通信路における入力アルファベット $\{\boldsymbol{a}_1, \boldsymbol{a}_2, \ldots, \boldsymbol{a}_{J^n}\}$

$\boldsymbol{a}_j$　n 次拡大通信路における入力シンボル $\boldsymbol{a}_j = (a_{j_1}, a_{j_2}, \ldots, a_{j_n})$（$j = 1, 2, \ldots, J^n$）

$\boldsymbol{b}$　2 元系列，受信語

B　出力アルファベット $\{b_1, b_2, \ldots, b_K\}$

b_k　出力シンボル（$k = 1, 2, \ldots, K$）

B^n　受信空間，n 次拡大通信路における出力アルファベット $\{\boldsymbol{b}_1, \boldsymbol{b}_2, \ldots, \boldsymbol{b}_{K^n}\}$

$\boldsymbol{b}_k$　n 次拡大通信路における出力シンボル $\boldsymbol{b}_k = (b_{k_1}, b_{k_2}, \ldots, b_{k_n})$（$k = 1, 2, \ldots, K^n$）

C　通信路容量
$d(\cdot)$　判定規則
$d_{\mathrm{H}}(\boldsymbol{a}, \boldsymbol{b})$　2 元系列 $\boldsymbol{a}$ と $\boldsymbol{b}$ のハミング距離
$d_{\min}$　最小距離
$H(A)$　事前エントロピー
$H(A|B)$　曖昧度，平均事後エントロピー
$H(A|b_k)$　出力シンボル b_k が受信されたときの A の事後エントロピー
$H(B|A)$　散布度
$I(A;B)$　入力アルファベット A と出力アルファベット B の相互情報量
J　入力シンボルの種類の数
K　出力シンボルの種類の数
M　符号語の種類の数
$N(A)$　集合 A の要素数
n　拡大通信路の次数
Ω_k　受信語 $\boldsymbol{b}_k$ が受信されたとみなす領域
$\boldsymbol{P}$　通信路行列
$P(b_k|a_j)$　入力シンボル a_j が出力シンボル b_k となって受信される確率．通信路行列 $\boldsymbol{P}$ の第 (j,k) 成分
p　ビット誤り率
P_{e}　平均誤り率
R　情報伝送速度
$T_{\boldsymbol{a}}$　典型的な系列の集合
$T_{\boldsymbol{b}}$　典型的な受信語の集合
t　ハミング球の半径
$w_{\mathrm{H}}(\boldsymbol{a})$　2 元系列 $\boldsymbol{a}$ のハミング重み

第 7 章

$\boldsymbol{a}$　符号語
$\boldsymbol{a}'$　符号語 $\boldsymbol{a}$ の巡回シフト
$A(x)$　符号多項式
$\boldsymbol{b}$　受信語
$B(x)$　受信語の多項式
$C(x)$　任意の多項式
$D(x)$　バースト誤り部分のみ取り出した多項式
$d_{\mathrm{H}}(\boldsymbol{a}, \boldsymbol{b})$　2 元系列 $\boldsymbol{a}$ と $\boldsymbol{b}$ のハミング距離
$d_{\min}$　最小距離
$\boldsymbol{e}$　誤りパターン
$E(x)$　誤りパターンの多項式
E'　誤り訂正が可能な誤りパターンの集合
$\boldsymbol{G}$　生成行列
$\boldsymbol{G}_{\mathrm{c}}$　巡回ハミング符号の生成行列
$G(x)$　生成多項式
$\boldsymbol{H}$　検査行列
$\boldsymbol{H}_{\mathrm{c}}$　巡回ハミング符号の検査行列
$\boldsymbol{i}$　情報ビット $[\, i_1, i_2, \ldots, i_k \,]$
$I(x)$　情報ビットの多項式
k　情報ビット長
l　バースト誤りの長さ
n　符号語長
$\boldsymbol{P}$　情報・検査ビット関連行列
$\boldsymbol{P}_{\mathrm{c}}$　巡回ハミング符号の情報・検査ビット関連行列
$P(x)$　検査ビットの多項式
$\boldsymbol{p}$　検査ビット $[\, p_1, p_2, \ldots, p_{n-k} \,]$
$Q(x)$　商多項式
$R(x)$　剰余多項式
$\boldsymbol{s}$　シンドローム
$S(x)$　シンドローム多項式
$w_{\mathrm{H}}(\boldsymbol{a})$　2 元系列 $\boldsymbol{a}$ のハミング重み

付録 A

A　事象
B　事象
$F(x)$　確率変数 X の分布関数 $P(X \leq x)$
Ω　標本空間
$p(x_i)$　離散的な確率変数 X の確率関数 $P(X = x_i)$ $(i = 1, 2, 3, \ldots)$
$\mathbb{R}$　実数の集合
S　事象空間
t　時刻
X　確率変数
$X(t)$　状態，時刻 t における確率変数 X の値
Y　確率変数

第1章 序論

情報理論を一言で表すと，確率論を基盤とした情報通信に関する理論ということになるだろう．理論体系化の端緒とされているのが，シャノン(Claude E. Shannon)が 1948 年に *Bell System Technical Journal* に発表した論文「A Mathematical Theory of Communication」である．本章ではまず，情報理論で対象とする情報とは何か，また，それらの情報をどのように表現するのか，さらに，情報の伝送において何が問題となるのかを説明しよう．

情報のモデル化

たとえば，**図 1.1** のような sin 関数で表された信号について考える．この場合，電圧は −5〜5 [V] の範囲の実数値をとるので，これは連続的な情報である．ここで，電圧を 1 ミリ秒ごとに測定し，小数点以下第 3 位を四捨五入すると，**表 1.1** のようになる．表では，小数点以下第 2 位までのとびとびの数値しか現れなくなるため，これは離散的な情報である．連続情報，離散情報のいずれに対しても情報理論を適用することができるが，本書では離散情報のみを扱うことにする．

情報理論では，離散情報をシンボルの系列としてモデル化している．**表 1.2** にシン

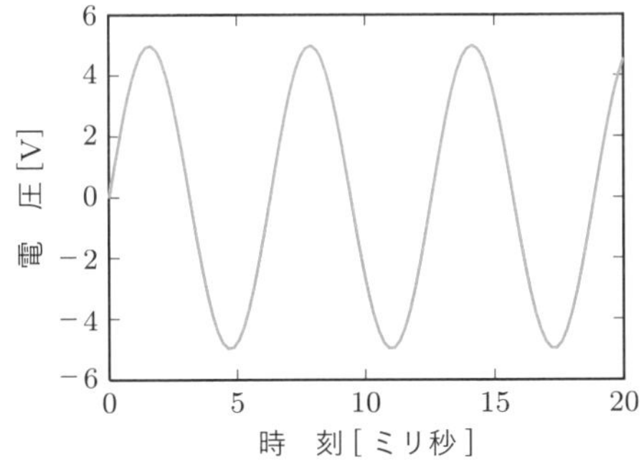

図 1.1　sin 関数で表された信号波形

表 1.1　1ミリ秒ごとの電圧値

時刻 [ミリ秒]	0	1	2	3	4	5	$\cdots$
電圧 [V]	0.00	4.21	4.55	0.71	−3.78	−4.79	$\cdots$

表 1.2　シンボルと情報の対応例

シンボル	数字	英文字	ひらがな
s_1	0	a	あ
s_2	1	b	い
s_3	2	c	う
s_4	3	d	え
s_5	4	e	お
⋮	⋮	⋮	⋮

ボル $s_1, s_2, \ldots$ と情報の対応例を示す．表 1.2 以外にも，シンボルを単語に対応させてもかまわないし，概念に対応させてもかまわない．何をシンボルとするかによって，使用する可能性のあるシンボルの数は有限にも無限にもなるが，本書では有限の場合を扱うことにする．

情報の量

次に，情報の量をどのように定義するかについて考えてみよう．「この本から得られる情報は少ない」といういい方をすることがある．この場合，その本には詳しいことが書かれていない，あるいは，読者がすでにかなりの知識をもっているなど，さまざまな状況が考えられる．いずれにしても，その本には目新しいこと，珍しいこと，にわかには信じ難いことなどはあまり書かれていないのだろう．情報理論においても，このような日常的な感覚を無視するわけにはいかない．しかし，人の知識に依存するような主観的な尺度は避けたい．

そこで，珍しいことについては大きな情報量，周知のことについては小さな情報量が得られるようにするために，かつ，客観的な尺度とするために，情報理論では，確率に基づいた情報量を定義している．すなわち，情報量をシンボルが出現する確率（生起確率）の関数として定義し，生起確率の小さいシンボルに対しては大きな値を，生起確率の大きいシンボルに対しては小さな値を示すようにしているのである．

情報量については第 2 章で詳しく述べるが，ここで簡単な例をあげておこう．たとえば，さいころを 6 回振って 1 の目が 2 回出たとしよう．平均回数は 1 であるが，このようなことはとくに珍しいことではない．この確率は 0.20 であり，情報量を計算すると 2.32 ビットになる．ここで，ビットは情報量の単位である．これに対して，6 回連続で 1 が出たらどうだろうか．この確率は 2.14×10^{-5}，情報量は 15.51 ビットである．

情報の発生

情報の発生源となっているものを**情報源**という．情報の発生とは，情報源において有限種類のシンボルがそれぞれある確率で生起することである．このとき，各シンボルが互いに独立に生起するのであれば，硬貨やさいころを投げるのと同様に扱うことができる．一方，シンボル相互に関連があるのであれば，あるシンボルの生起確率は以前に生起したシンボルの影響を受けることになり，したがって，条件付確率の概念（付録 A.2 節参照）を導入する必要がある．たとえば，**図 1.2** はさいころを振った結果を順に並べたものである．ある回で出た目はそれ以前に出た目に依存せず，かつ，将来の目にも影響を与えない．一方，**図 1.3** に示すある日の気温では，ある時刻の気温はそれ以前の気温から影響を受けており，今後の気温にも影響を及ぼす．本書では，シンボル相互に関連のある場合とない場合をそれぞれ考えることにする．当然のことながら，独立であるほうが数学的な扱いは簡単になる．これについては第 3 章で詳しく説明する．

また，早口で喋る人もいれば，ゆっくり話す人もいるように，情報源から単位時間

図 1.2　さいころの目

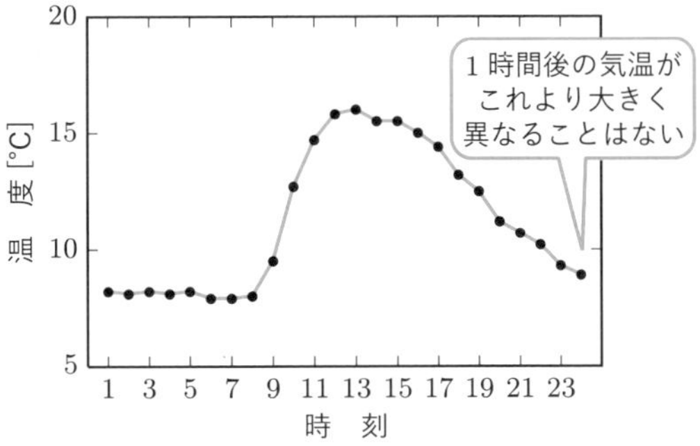

図 1.3　1 時間ごとの気温の変化

あたりに生起するシンボル数は，情報源によって異なるのが普通である．しかし，本書では，シンボルの生起時間間隔を考慮しない．これは，真の情報量とでもいうべきシンボルあたりの情報量を問題としたいからである．日常よく経験するように，単位時間あたりに生起するシンボル数が多いとしても，シンボルあたりの情報量が小さければ，ある期間で得られる情報量は必ずしも大きいとはいえない．

情報の表現

情報交換を行う両者は共通の表現を用いる必要がある．ここでは，例として計算機の世界での情報交換を考えることにする．計算機はさまざまな集積回路の集合体である．そして，計算機本体にはさまざまな周辺機器が接続されて一つのシステムを構成している．このように，さまざまな回路間や機器間で情報を伝送する場合，互いに共通の表現手段が必要となる．計算機の世界ではすべての情報を電圧の有無で表現するが，便宜上，電圧がある場合を「1」，電圧がない場合を「0」というシンボルに対応させることになっている．

このような共通の情報表現モデルとして，情報理論では，情報源で生起したシンボルを共通のシンボルに変換することを考える．あるシンボルの系列を別のシンボルの系列に変換する操作を符号化という．たとえば，ASCII 符号（付録 B 参照）を使って「hello」を符号化すると，**図 1.4** のようになる．以降では，2 種類のシンボルを区別するために，情報源で生起するシンボルを情報源シンボル，共通のシンボルを符号シンボルということにする．本書では，もっとも単純明解でかつ情報工学の基礎となっている $\{0,1\}$ の 2 元符号シンボルを主に扱う．

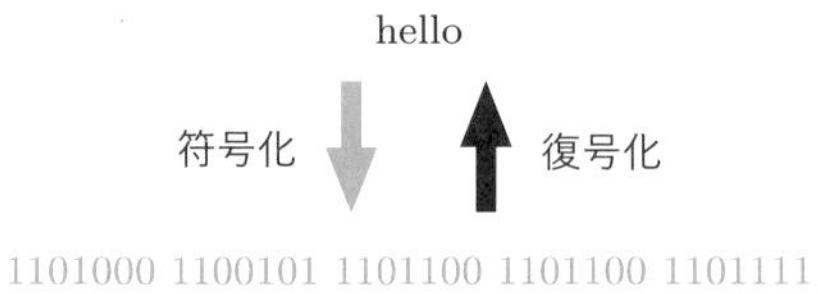

図 1.4　「hello」の符号化と復号

符号化の逆の操作を復号というが，復号時に元の情報を完全に再現することを求められているのであれば，ある程度冗長な符号を構成せざるをえない．一方，通信の効率の見地からは，符号シンボルの系列長はできるだけ短いほうが望ましい．それでは，可逆という条件を満足したままで，符号シンボルの系列長をどこまで短縮することができるだろうか．この疑問に対する答えが情報源符号化定理である．これについては，

第 4 章で詳しく説明する．

情報の伝送

情報はある種の媒体を通じて伝送される．たとえば，噂話は人が媒体であり，テレビ番組は電波が媒体である．情報理論では媒体を通信路という．情報の表現であるシンボルがある路を通って受信者にもたらされるのである．ところが，この路の途中にはさまざまな邪魔者が潜んでいて，通行中のシンボルをさらったり，すり替えたりする場合がある．これらの邪魔者を雑音という．通信路のモデル化については，第 5 章で詳しく述べる．

日常の経験からすると，雑音のない通信路はありえないが，何か工夫をすれば雑音によって生じる誤りをかなり減らすことができる．たとえば，回線を雑音から防御するためにシールドを施すといった通信路の改善がもっとも手っ取り早い方法だろう．

情報理論では，通信路を改善することなく信頼性を向上させることを考える．実は，伝送したいシンボルの系列に冗長なシンボルを付加することにより，通信路上での誤りを受信側で独自に訂正することが可能なのである．冗長なシンボルの付加も一種の符号化であるので，これを通信路符号化という．しかし，誤りを訂正できる一方で，通信路符号化により，実質的な情報の伝送速度は低下する．たとえば，伝送したい 80 個のシンボルに 20 個の冗長シンボルを付加した場合の実質的な伝送速度は，冗長シンボルを付加しない場合の 8 割である．それでは，通信路上での誤りを訂正するためには，どのくらいの速度低下を覚悟しなければならないのだろうか．この疑問に対する答えが通信路符号化定理である．これについては，第 6 章で詳しく説明する．そして，第 7 章で通信路符号化の具体例を述べる．

情報の発生から伝達までのモデル化

ここまで述べてきたことをもとにして，情報の発生から伝達までをモデル化すると，**図 1.5** のようになる．これをファノの通信システムのモデルという．ファノのモデルは，シャノンが提案したモデルの拡張である．シャノンのモデルでは，情報源符号器と通信路符号器をまとめて一つの符号器とし，通信路復号器と情報源復号器をまとめて一つの復号器としている．

以降では，ファノのモデルに沿って情報の表現と伝送の理論を説明する．

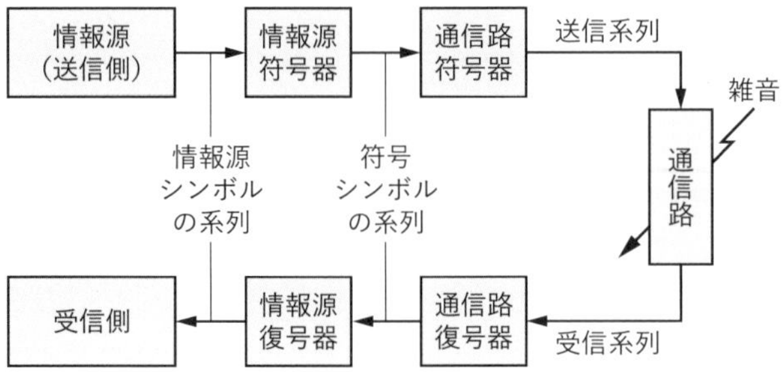

図 1.5　ファノの通信システムのモデル

第2章 情報量

ある事象の情報量は，その事象が生起する確率を用いて定義される．本章では，まず，情報量がもつべき性質から，情報量の定義式を導出する．一般に，いくつかの事象が集まって一つの系を構成することが多い．たとえば，さいころでは，1, 2, . . . , 6 の目が出るという事象が集まって，出目の事象系を構成している．そこで，事象の情報量の平均(エントロピー)を考えて，その性質を調べる．

さらに，本章の後半では，二つの事象系について，結合事象のエントロピー(結合エントロピー)，および一方の事象が起こったという条件下でもう一方の事象が起こる場合のエントロピー(条件付エントロピー)を定義し，両者の関係を明らかにする．

2.1 情報量

本節では，情報量がもつべき性質から，事象 E の情報量 $I(E)$ の定義式を導出する．ここで，$I(E)$ とは，E からみると，自身がもっている情報量である．一方，観察者からみると，E の生起を知ったときに自身が得る情報量である．

前章で述べたように，E の情報量 $I(E)$ は，その確率 $P(E)$ に依存する．確率が小さな事象ほど，大きな情報量をもつとするので，二つの事象 E_1 と E_2 に対して，次が成り立つ．

$$P(E_1) < P(E_2) \implies I(E_1) > I(E_2) \tag{2.1}$$

また，E_1 と E_2 が独立であるとき，すなわち，

$$P(E_1 \cap E_2) = P(E_1)P(E_2) \tag{2.2}$$

であるとき，E_1 と E_2 のいずれも生起したことを知ったときに得られる情報量は，単純にそれぞれの情報量の和，すなわち，

$$I(E_1 \cap E_2) = I(E_1) + I(E_2) \tag{2.3}$$

となるべきである．ここで，含意(2.1)より，$I(E)$ は $P(E)$ の減少関数であるから，$I(E) = f(P(E))$ と書くと，E_1 と E_2 が独立のとき，式(2.2)，(2.3)より，

$$f(P(E_1 \cap E_2)) = f(P(E_1)P(E_2)) = f(P(E_1)) + f(P(E_2)) \tag{2.4}$$

となる．変数を書き換えて，

$$f(xy) = f(x) + f(y) \tag{2.5}$$

を満足する連続な減少関数 $f(x)$ を探してみることにしよう．

式(2.5)で $y = 1 + \epsilon$ とすると，

$$f(x(1+\epsilon)) = f(x) + f(1+\epsilon) \tag{2.6}$$

となる．これを

$$\frac{f(x+\epsilon x) - f(x)}{\epsilon x} = \frac{f(1+\epsilon)}{\epsilon x} \tag{2.7}$$

と変形して，$\epsilon \to 0$ とすると，

$$\frac{\mathrm{d}f(x)}{\mathrm{d}x} = \frac{C}{x} \tag{2.8}$$

となる．ただし，

$$\lim_{\epsilon \to 0} \frac{f(1+\epsilon)}{\epsilon} = C \tag{2.9}$$

とおいている．$f(x)$ が減少関数であることを考慮すると，積分定数を C' として，

$$f(x) = C \ln x + C' \qquad (C \text{ は負の定数}) \tag{2.10}$$

となる．ところで，式(2.4)は，$P(E_1 \cap E_2) = P(E_1) = P(E_2) = 1$ のときも成立する．そのとき，$f(1) = 0$ となるので，$C' = 0$ である．したがって，次式が得られる．

$$I(E) = C \ln P(E) \qquad (C \text{ は負の定数}) \tag{2.11}$$

図 2.1 に式(2.11)のグラフを示す．$P(E)$ の増加に伴って，$I(E)$ は無限大から 0 へ単調に減少する．ほとんど起こらない事象が起こったときは，重大ニュースになるだろう．一方，確率 1 の事象は必ず起こるので，それを知る価値はない．したがって，ここで導き出された式(2.11)の情報量は，日常的な感覚に近いと考えられる．

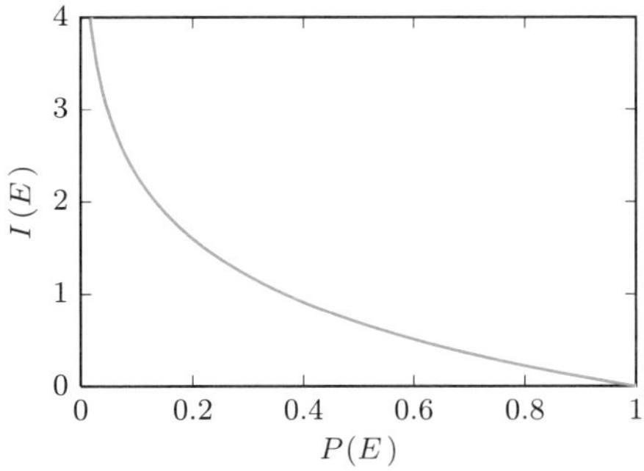

図 2.1　事象 E の情報量 $I(E)$ と確率 $P(E)$ の関係

ところで，式(2.11)の C の値は，情報量の単位の定め方による．ここで，

$$\ln P(E) = \frac{\log_r P(E)}{\log_r e} \tag{2.12}$$

より，$C = -\log_r e \ (r > 1)$ とおいて，式(2.11)を書き換えると，

$$I(E) = \log_r \frac{1}{P(E)} \qquad (r > 1) \tag{2.13}$$

となる．式(2.13)を事象 E の自己情報量（self-information），または，単に情報量（amount of information）という．このように情報量を定義すると，$P(E) = 1/r$ のとき，$I(E) = 1$ となることに注意しよう．

情報量の単位とそのとき用いられる r の値を**表 2.1** に示す．ビット（bit），ナット（nat）はそれぞれ binary unit，natural unit の略である．また，ハートレイ（hartley）とは人の名（Ralph V. L. Hartley）に由来する．彼は，1928 年に *Bell System Technical Journal* に発表した論文「Transmission of Information」の中で，対数により情報量を表現した．

情報量の単位には，通常，ビットを用いるので，本書もそれにならうことにする．たとえば，コイントスで表が出るという事象の確率は 1/2 であるから，式(2.13)より，表が出たことを知ったときに得られる情報量は $\log_2 2 = 1$ [bit] である．以降では，と

表 2.1　情報量の単位

単　位	r
ビット	2
ナット	e
ハートレイ	10

くに断らない限り対数の底を 2 とし，記述を省略する．

2.2 エントロピー

前節では，特定の事象がもっている情報量（事象の生起を知ったときに得られる情報量）を定義した．ところで，何らかの事象が生起したとしても，それはさまざまな事象の中の一つが偶然に生起したにすぎない．このことから，特定の事象の情報量について考えるより，むしろ事象が平均的にもっている情報量（事象の生起を知ったとき平均的に得られる情報量）について考えるべきだろう．

事象 a_j $(j = 1, 2, \dots, J)$ とその確率 $P(a_j)$ の組から構成される

$$A = \left\{ \begin{array}{cccc} a_1 & a_2 & \cdots & a_J \\ P(a_1) & P(a_2) & \cdots & P(a_J) \end{array} \right\} \tag{2.14}$$

を考え，これを事象系という．とくに，$a_1, a_2, \dots, a_J$ が排反で，それらの確率の和が 1，すなわち，

$$a_i \cap a_j = \emptyset \qquad (i \neq j;\ i, j = 1, 2, \dots, J) \tag{2.15}$$

$$\sum_{j=1}^{J} P(a_j) = 1 \tag{2.16}$$

であるとき，その事象系は完全であるといい，そのような事象系を完全事象系という．

事象 a_j の情報量 $I(a_j)$ は，

$$I(a_j) = \log \frac{1}{P(a_j)} \qquad (j = 1, 2, \dots, J) \tag{2.17}$$

である．A が完全事象系ならば，そこに含まれる事象の情報量の平均 $H(A)$ を計算することができて，その値は，

$$\begin{aligned} H(A) &= \sum_{j=1}^{J} P(a_j) I(a_j) \\ &= \sum_{j=1}^{J} P(a_j) \log \frac{1}{P(a_j)} \end{aligned} \tag{2.18}$$

となる．$H(A)$ を A のエントロピー（entropy）あるいは平均情報量（average information）という．以降，とくに断らない限り，事象系は完全であるとする．また，式(2.14)を次式のように略記することがある．

$$A = \{a_1, a_2, \ldots, a_J\}$$

例題 2.1　エントロピー

次式の事象系 A のエントロピー $H(A)$ を求めよ．

$$A = \left\{ \begin{array}{cccc} a_1 & a_2 & a_3 & a_4 \\ 0.1 & 0.2 & 0.3 & 0.4 \end{array} \right\}$$

解答

各事象の確率を式(2.18)に代入すると，次式のようになる．

$$\begin{aligned} H(A) &= P(a_1)\log\frac{1}{P(a_1)} + P(a_2)\log\frac{1}{P(a_2)} + P(a_3)\log\frac{1}{P(a_3)} + P(a_4)\log\frac{1}{P(a_4)} \\ &= \frac{1}{10}\log\frac{10}{1} + \frac{2}{10}\log\frac{10}{2} + \frac{3}{10}\log\frac{10}{3} + \frac{4}{10}\log\frac{10}{4} \\ &= \log 5 - \frac{3}{10}\log 3 \simeq 1.846 \text{ [bit]} \end{aligned}$$

エントロピーとは，そもそも無秩序さ，あるいは不確実さの尺度である．したがって，結果を予想しにくいほど，大きな値を示す．このことを，事象数 2 の事象系

$$A = \left\{ \begin{array}{cc} a_1 & a_2 \\ p & 1-p \end{array} \right\}$$

でみてみよう．A のエントロピーは，

$$\begin{aligned} H(A) &= P(a_1)\log\frac{1}{P(a_1)} + P(a_2)\log\frac{1}{P(a_2)} \\ &= p\log\frac{1}{p} + (1-p)\log\frac{1}{1-p} \end{aligned}$$

となる．これは p の関数であるから，

$$\mathcal{H}(p) = p\log\frac{1}{p} + (1-p)\log\frac{1}{1-p} \tag{2.19}$$

と書くことにする．$\mathcal{H}(p)$ をエントロピー関数（entropy function）という．エントロピー関数は，これ以降もしばしば登場する．

図 2.2 に，p を $[0,1]$ の範囲で変化させた場合の $\mathcal{H}(p)$ を示す．$p=1/2$ のとき，すなわち，二つの事象の確率が等しいときに $\mathcal{H}(p)$ は最大値 1 をとる．このとき，結果の予想がもっとも難しくなることに注意しよう．一方，p が 0 または 1 のとき，すなわち，どちらかの事象が確率 1 で起こるときに $\mathcal{H}(p)$ は最小値 0 をとる．なお，このとき，式(2.19)に $0\log\dfrac{1}{0}=-0\log 0$ が現れるが，情報理論においては $0^0=1$ とするため，その値を 0 として扱う．

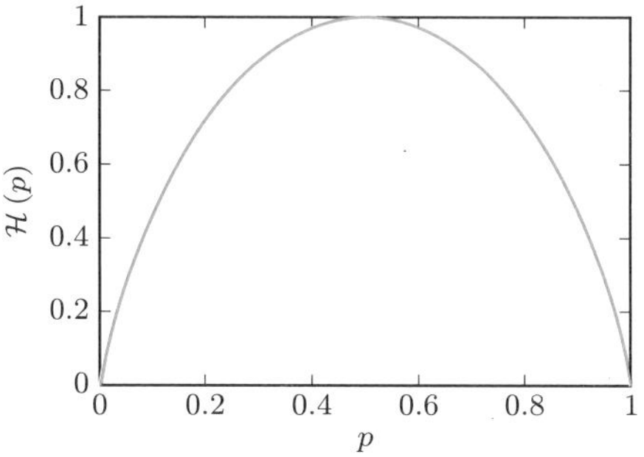

図 2.2　エントロピー関数

2.3　エントロピーの最小値と最大値

前節では，事象数 2 の事象系のエントロピーが 0 以上 1 以下となることを示した．ここでは，事象数を J と一般化した場合のエントロピーの範囲について検討する．

ある事象が必ず生起するとき，不確実さはないので，エントロピーは最小になると考えられる．実際，i を 1 以上 J 以下の整数として，

$$A=\left\{\begin{array}{ccccccc} a_1 & \cdots & a_{i-1} & a_i & a_{i+1} & \cdots & a_J \\ 0 & \cdots & 0 & 1 & 0 & \cdots & 0 \end{array}\right\}$$

とすると，

$$H(A)=\underbrace{0\log\frac{1}{0}+\cdots+0\log\frac{1}{0}}_{i-1}+1\log 1+\underbrace{0\log\frac{1}{0}+\cdots+0\log\frac{1}{0}}_{J-i}=0 \qquad (2.20)$$

となる．したがって，任意の事象系 A に対して

$$H(A)\geq 0 \qquad (2.21)$$

が成り立つ．

一方，すべての事象の確率が等しいときに不確実さが最大になるので，このときエントロピーも最大になると考えられる．すなわち，事象数 J の事象系 A のエントロピーの最大値は，

$$\sum_{j=1}^{J} \frac{1}{J} \log J = \log J \tag{2.22}$$

と考えられる．このことを確かめてみよう．$H(A)$ から $\log J$ を引くと，

$$\begin{aligned} H(A) - \log J &= \sum_{j=1}^{J} P(a_j) \log \frac{1}{P(a_j)} - \log J \\ &= \sum_{j=1}^{J} P(a_j) \log \frac{1}{P(a_j)} - \sum_{j=1}^{J} P(a_j) \log J \\ &= \sum_{j=1}^{J} P(a_j) \log \frac{1}{JP(a_j)} \\ &= \frac{1}{\ln 2} \sum_{j=1}^{J} P(a_j) \ln \frac{1}{JP(a_j)} \end{aligned} \tag{2.23}$$

となる．ここで，任意の正数 x に対して，

$$\ln x \leq x - 1 \qquad (x > 0) \tag{2.24}$$

が成り立つ（等号成立は $x = 1$ のとき）ことを利用する．参考のために，**図 2.3** に $y = \ln x$ と $y = x - 1$ の曲線を示す．

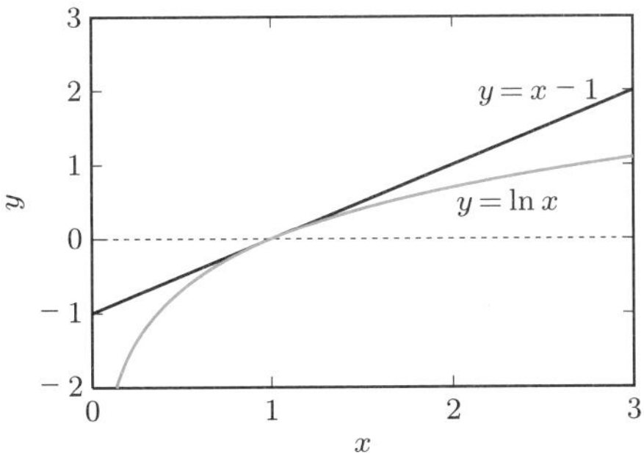

図 2.3　$y = \ln x$ と $y = x - 1$

さて，式 (2.23) に式 (2.24) を適用すると，

$$\begin{aligned} H(A) - \log J &\leq \frac{1}{\ln 2} \sum_{j=1}^{J} P(a_j) \left(\frac{1}{JP(a_j)} - 1 \right) \\ &= \frac{1}{\ln 2} \left(\sum_{j=1}^{J} \frac{1}{J} - \sum_{j=1}^{J} P(a_j) \right) = 0 \end{aligned}$$

となる．したがって，

$$H(A) \leq \log J \tag{2.25}$$

であり，等号が成立するのは，式 (2.24) の等号成立条件より，すべての j について $\dfrac{1}{JP(a_j)} = 1$，すなわち $P(a_j) = \dfrac{1}{J}$ であるときである．

式 (2.21)，(2.25) より，事象数 J の事象系 A のエントロピー $H(A)$ に対して，次の関係が成り立つ．

$$0 \leq H(A) \leq \log J \tag{2.26}$$

上式の右辺について，いくつかの J に対する $\log J$ の値を次に示す．

J	2	4	8	16	32	64	128	256	512	1024
$\log J$	1	2	3	4	5	6	7	8	9	10

対数の底が 2 なので，$\log J$ の値が 1 増加するということは，事象の数 J が 2 倍になるということである．**図 2.4** にエントロピーの最大値 $\log J$ を示す．

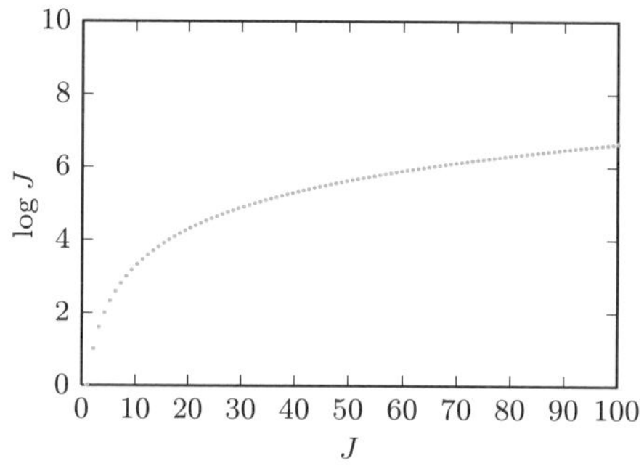

図 2.4　エントロピーの最大値

2.4 結合エントロピーと条件付エントロピー

前節までは，一つの事象系のエントロピーについて考えた．しかし，現実には複数の事柄を考慮しなければならない場合が多い．そこで，本節では，二つの事象系 $A = \{a_1, a_2, \ldots, a_J\}$，$B = \{b_1, b_2, \ldots, b_K\}$ のエントロピーについて考える．A と B はいずれも完全事象系で，次の性質をもつとする．なお，J と K は必ずしも等しいとは限らない．

$$a_{j_1} \cap a_{j_2} = \emptyset \qquad (j_1 \neq j_2\,;\ j_1, j_2 = 1, 2, \ldots, J) \tag{2.27}$$

$$\sum_{j=1}^{J} P(a_j) = 1 \tag{2.28}$$

$$b_{k_1} \cap b_{k_2} = \emptyset \qquad (k_1 \neq k_2\,;\ k_1, k_2 = 1, 2, \ldots, K) \tag{2.29}$$

$$\sum_{k=1}^{K} P(b_k) = 1 \tag{2.30}$$

A と B から一つずつ事象を取り出して作った JK 個の積事象

$$a_j \cap b_k \qquad (j = 1, 2, \ldots, J\,;\ k = 1, 2, \ldots, K)$$

を考える．これを

$$(a_j, b_k) \qquad (j = 1, 2, \ldots, J\,;\ k = 1, 2, \ldots, K)$$

と書いて結合事象（joint event）といい，それらが構成する事象系

$$AB = \left\{ \begin{array}{ccccccc} (a_1, b_1) & \cdots & (a_1, b_K) & \cdots & (a_J, b_1) & \cdots & (a_J, b_K) \\ P(a_1, b_1) & \cdots & P(a_1, b_K) & \cdots & P(a_J, b_1) & \cdots & P(a_J, b_K) \end{array} \right\} \tag{2.31}$$

を A と B の結合事象系という．

A と B がいずれも完全事象系ならば，それらの結合事象系 AB も完全事象系である．以下にそのことを示す．

任意の二つの結合事象について，

$$(a_{j_1}, b_{k_1}) \cap (a_{j_2}, b_{k_2}) = (a_{j_1} \cap b_{k_1}) \cap (a_{j_2} \cap b_{k_2})$$

$$= (a_{j_1} \cap a_{j_2}) \cap (b_{k_1} \cap b_{k_2})$$

$$(j_1, j_2 = 1, 2, \ldots, J\,;\ k_1, k_2 = 1, 2, \ldots, K) \qquad (2.32)$$

であるから，式(2.27)，(2.29)が成り立つならば，次式が成り立つ．

$$(a_{j_1}, b_{k_1}) \cap (a_{j_2}, b_{k_2}) = \emptyset \qquad (j_1 \neq j_2 \text{または} k_1 \neq k_2) \qquad (2.33)$$

また，乗法定理（付録 A.2 参照）より，

$$P(a_j, b_k) = P(b_k)P(a_j|b_k) \qquad (j = 1, 2, \ldots, J\,;\ k = 1, 2, \ldots, K) \quad (2.34)$$

$$P(a_j, b_k) = P(a_j)P(b_k|a_j) \qquad (j = 1, 2, \ldots, J\,;\ k = 1, 2, \ldots, K) \quad (2.35)$$

が成り立つ．ここで，条件付確率の性質より，

$$\sum_{j=1}^{J} P(a_j|b_k) = 1 \qquad (k = 1, 2, \ldots, K) \qquad (2.36)$$

$$\sum_{k=1}^{K} P(b_k|a_j) = 1 \qquad (j = 1, 2, \ldots, J) \qquad (2.37)$$

であるから，式(2.34)，(2.36)より，

$$\sum_{j=1}^{J} P(a_j, b_k) = \sum_{j=1}^{J} P(b_k)P(a_j|b_k) = P(b_k) \qquad (k = 1, 2, \ldots, K) \quad (2.38)$$

となり，式(2.35)，(2.37)より，

$$\sum_{k=1}^{K} P(a_j, b_k) = \sum_{k=1}^{K} P(a_j)P(b_k|a_j) = P(a_j) \qquad (j = 1, 2, \ldots, J) \quad (2.39)$$

となるので，式(2.28)，(2.30)が成り立つならば，

$$\sum_{j=1}^{J}\sum_{k=1}^{K} P(a_j, b_k) = \sum_{k=1}^{K} P(b_k) = \sum_{j=1}^{J} P(a_j) = 1 \qquad (2.40)$$

が成り立つ．**表 2.2** に式(2.38)～(2.40)の関係をまとめている．

式(2.33)，(2.40)より，A と B がいずれも完全事象系ならば，それらの結合事象系 AB も完全事象系であることが示された．

さて，結合事象 (a_j, b_k) の情報量 $I(a_j, b_k)$ は，

表 2.2　結合事象の確率

$A \backslash B$	b_1	b_2	$\cdots$	b_K	計
a_1	$P(a_1, b_1)$	$P(a_1, b_2)$	$\cdots$	$P(a_1, b_K)$	$P(a_1)$
a_2	$P(a_2, b_1)$	$P(a_2, b_2)$	$\cdots$	$P(a_2, b_K)$	$P(a_2)$
$\vdots$	$\vdots$	$\vdots$		$\vdots$	$\vdots$
a_J	$P(a_J, b_1)$	$P(a_J, b_2)$	$\cdots$	$P(a_J, b_K)$	$P(a_J)$
計	$P(b_1)$	$P(b_2)$	$\cdots$	$P(b_K)$	1

$$I(a_j, b_k) = \log \frac{1}{P(a_j, b_k)} \qquad (j = 1, 2, \ldots, J;\ k = 1, 2, \ldots, K) \tag{2.41}$$

であるから，結合事象系 AB のエントロピー $H(A, B)$ は，

$$H(A, B) = \sum_{j=1}^{J} \sum_{k=1}^{K} P(a_j, b_k) I(a_j, b_k) = \sum_{j=1}^{J} \sum_{k=1}^{K} P(a_j, b_k) \log \frac{1}{P(a_j, b_k)} \tag{2.42}$$

となる．$H(A, B)$ を A と B の結合エントロピー（joint entropy）という．式(2.42)では A と B を入れ替えてもかまわないことから，次式が成り立つ．

$$H(A, B) = H(B, A) \tag{2.43}$$

例題 2.2　結合エントロピー

事象系 $A = \{a_1, a_2\}$，$B = \{b_1, b_2\}$ の結合事象系が

$$AB = \left\{ \begin{array}{cccc} (a_1, b_1) & (a_1, b_2) & (a_2, b_1) & (a_2, b_2) \\ 0.1 & 0.2 & 0.3 & 0.4 \end{array} \right\}$$

と与えられたときの結合エントロピー $H(A, B)$ を求めよ．

解答

各結合事象の確率を式(2.42)に代入すると，次式のようになる．

$$\begin{aligned} H(A, B) &= P(a_1, b_1) \log \frac{1}{P(a_1, b_1)} + P(a_1, b_2) \log \frac{1}{P(a_1, b_2)} \\ &\quad + P(a_2, b_1) \log \frac{1}{P(a_2, b_1)} + P(a_2, b_2) \log \frac{1}{P(a_2, b_2)} \\ &= \frac{1}{10} \log \frac{10}{1} + \frac{2}{10} \log \frac{10}{2} + \frac{3}{10} \log \frac{10}{3} + \frac{4}{10} \log \frac{10}{4} \\ &= \log 5 - \frac{3}{10} \log 3 \simeq 1.846 \text{ [bit]} \end{aligned}$$

次に，事象 b_k が生起したという条件下で事象 a_j が生起する場合について考える．この場合の事象の確率は，条件付確率 $P(a_j|b_k)$ なので，その情報量 $I(a_j|b_k)$ は

$$I(a_j|b_k) = \log \frac{1}{P(a_j|b_k)} \qquad (j = 1, 2, \ldots, J;\ k = 1, 2, \ldots, K) \quad (2.44)$$

となる．$a_1, a_2, \ldots, a_J$ が排反ならば，b_k の下でのそれらも排反である．さらに，式(2.36)も成り立つことから，b_k の下での A のエントロピー $H(A|b_k)$ を計算することができて，その値は，

$$H(A|b_k) = \sum_{j=1}^{J} P(a_j|b_k) I(a_j|b_k) = \sum_{j=1}^{J} P(a_j|b_k) \log \frac{1}{P(a_j|b_k)}$$
$$(k = 1, 2, \ldots, K) \quad (2.45)$$

となる．$H(A|b_k)$ は b_k が既知であるときの A のエントロピーであり，その値は b_k に依存する．そこで，B のすべての事象について式(2.45)の平均をとった

$$\begin{aligned} H(A|B) &= \sum_{k=1}^{K} P(b_k) H(A|b_k) \\ &= \sum_{k=1}^{K} P(b_k) \sum_{j=1}^{J} P(a_j|b_k) \log \frac{1}{P(a_j|b_k)} \end{aligned} \quad (2.46)$$

を考える．$H(A|B)$ を B の下での A の条件付エントロピー（conditional entropy）という．式(2.34)を利用すると，式(2.46)は次式のようにも表される．

$$H(A|B) = \sum_{j=1}^{J} \sum_{k=1}^{K} P(a_j, b_k) \log \frac{1}{P(a_j|b_k)} \quad (2.47)$$

同様にして，A の下での B の条件付エントロピー $H(B|A)$ は次のようになる．

$$H(B|A) = \sum_{j=1}^{J} P(a_j) \sum_{k=1}^{K} P(b_k|a_j) \log \frac{1}{P(b_k|a_j)} \quad (2.48)$$

$$H(B|A) = \sum_{k=1}^{K} \sum_{j=1}^{J} P(a_j, b_k) \log \frac{1}{P(b_k|a_j)} \quad (2.49)$$

例題 2.3　条件付エントロピー

例題 2.2 と同様の結合事象の確率

$$P(a_1, b_1) = 0.1, \quad P(a_1, b_2) = 0.2, \quad P(a_2, b_1) = 0.3, \quad P(a_2, b_2) = 0.4$$

が与えられたときの，(1) $H(A)$，(2) $H(B)$，(3) $H(A|B)$，(4) $H(B|A)$ を求めよ．

解答

(1) 式(2.39)を使って，$P(a_1)$，$P(a_2)$ を求めると，

$$P(a_1) = P(a_1, b_1) + P(a_1, b_2) = 0.1 + 0.2 = 0.3$$

$$P(a_2) = P(a_2, b_1) + P(a_2, b_2) = 0.3 + 0.4 = 0.7$$

となるので，$H(A)$ は次式のようになる．

$$\begin{aligned} H(A) &= P(a_1) \log \frac{1}{P(a_1)} + P(a_2) \log \frac{1}{P(a_2)} \\ &= \frac{3}{10} \log \frac{10}{3} + \frac{7}{10} \log \frac{10}{7} = 1 - \frac{3}{10} \log 3 + \log 5 - \frac{7}{10} \log 7 \\ &\simeq 0.881 \text{ [bit]} \end{aligned}$$

(2) 式(2.38)を使って，$P(b_1)$，$P(b_2)$ を求めると，

$$P(b_1) = P(a_1, b_1) + P(a_2, b_1) = 0.1 + 0.3 = 0.4$$

$$P(b_2) = P(a_1, b_2) + P(a_2, b_2) = 0.2 + 0.4 = 0.6$$

となるので，$H(B)$ は次式のようになる．

$$\begin{aligned} H(B) &= P(b_1) \log \frac{1}{P(b_1)} + P(b_2) \log \frac{1}{P(b_2)} \\ &= \frac{4}{10} \log \frac{10}{4} + \frac{6}{10} \log \frac{10}{6} = -\frac{2}{5} - \frac{3}{5} \log 3 + \log 5 \\ &\simeq 0.971 \text{ [bit]} \end{aligned}$$

(3) 式(2.34)を使って，$P(a_1|b_1)$，$P(a_1|b_2)$，$P(a_2|b_1)$，$P(a_2|b_2)$ を求めると，

$$P(a_1|b_1) = \frac{P(a_1, b_1)}{P(b_1)} = \frac{1}{10} \times \frac{10}{4} = \frac{1}{4}$$

$$P(a_1|b_2) = \frac{P(a_1, b_2)}{P(b_2)} = \frac{2}{10} \times \frac{10}{6} = \frac{1}{3}$$

$$P(a_2|b_1) = \frac{P(a_2, b_1)}{P(b_1)} = \frac{3}{10} \times \frac{10}{4} = \frac{3}{4}$$

$$P(a_2|b_2) = \frac{P(a_2, b_2)}{P(b_2)} = \frac{4}{10} \times \frac{10}{6} = \frac{2}{3}$$

となるので，これらの値と結合事象の確率を式(2.47)に代入すると，次式のようになる．

$$\begin{aligned}H(A|B) &= P(a_1,b_1)\log\frac{1}{P(a_1|b_1)} + P(a_1,b_2)\log\frac{1}{P(a_1|b_2)}\\&\quad +P(a_2,b_1)\log\frac{1}{P(a_2|b_1)} + P(a_2,b_2)\log\frac{1}{P(a_2|b_2)}\\&= \frac{1}{10}\log\frac{4}{1} + \frac{2}{10}\log\frac{3}{1} + \frac{3}{10}\log\frac{4}{3} + \frac{4}{10}\log\frac{3}{2}\\&= \frac{2}{5} + \frac{3}{10}\log 3 \simeq 0.875\ [\mathrm{bit}]\end{aligned}$$

(4) 式(2.35)を使って，$P(b_1|a_1)$，$P(b_1|a_2)$，$P(b_2|a_1)$，$P(b_2|a_2)$ を求めると，

$$P(b_1|a_1) = \frac{P(a_1,b_1)}{P(a_1)} = \frac{1}{10}\times\frac{10}{3} = \frac{1}{3}$$

$$P(b_1|a_2) = \frac{P(a_2,b_1)}{P(a_2)} = \frac{3}{10}\times\frac{10}{7} = \frac{3}{7}$$

$$P(b_2|a_1) = \frac{P(a_1,b_2)}{P(a_1)} = \frac{2}{10}\times\frac{10}{3} = \frac{2}{3}$$

$$P(b_2|a_2) = \frac{P(a_2,b_2)}{P(a_2)} = \frac{4}{10}\times\frac{10}{7} = \frac{4}{7}$$

となるので，これらの値と結合事象の確率を式(2.49)に代入すると，次式のようになる．

$$\begin{aligned}H(B|A) &= P(a_1,b_1)\log\frac{1}{P(b_1|a_1)} + P(a_2,b_1)\log\frac{1}{P(b_1|a_2)}\\&\quad +P(a_1,b_2)\log\frac{1}{P(b_2|a_1)} + P(a_2,b_2)\log\frac{1}{P(b_2|a_2)}\\&= \frac{1}{10}\log\frac{3}{1} + \frac{3}{10}\log\frac{7}{3} + \frac{2}{10}\log\frac{3}{2} + \frac{4}{10}\log\frac{7}{4}\\&= -1 + \frac{7}{10}\log 7 \simeq 0.965\ [\mathrm{bit}]\end{aligned}$$

2.5　結合エントロピーと条件付エントロピーの関係

前節では，二つの事象系 A，B について，結合エントロピー $H(A,B)$ と条件付エントロピー $H(A|B)$，$H(B|A)$ を定義した．本節では，これらの関係について考える．

式(2.34)を使って，結合エントロピーの定義式(2.42)を変形すると，

$$\begin{aligned}H(A,B) &= \sum_{j=1}^{J}\sum_{k=1}^{K} P(a_j,b_k)\log\frac{1}{P(a_j,b_k)}\\&= \sum_{j=1}^{J}\sum_{k=1}^{K} P(a_j,b_k)\log\frac{1}{P(b_k)P(a_j|b_k)}\end{aligned}$$

$$
\begin{aligned}
&= \sum_{j=1}^{J}\sum_{k=1}^{K} P(a_j, b_k)\log\frac{1}{P(b_k)} + \sum_{j=1}^{J}\sum_{k=1}^{K} P(a_j, b_k)\log\frac{1}{P(a_j|b_k)} \\
&= \sum_{k=1}^{K} P(b_k)\log\frac{1}{P(b_k)} + \sum_{j=1}^{J}\sum_{k=1}^{K} P(a_j, b_k)\log\frac{1}{P(a_j|b_k)} \\
&= H(B) + H(A|B) \qquad (2.50)
\end{aligned}
$$

となる．A と B を知るということは，まず B を知り，B を知っているという条件下で A を知ることであると考えると，感覚的にも納得できる結果である．また，式(2.43)より，A と B を入れ替えてもかまわないことから，式(2.50)を

$$
H(A, B) = H(A) + H(B|A) \qquad (2.51)
$$

と書くこともできる．

例題 2.4　結合エントロピーと条件付エントロピーの関係

式(2.50)，(2.51)を使って，例題 2.2 と同様の結合事象の確率

$$
P(a_1, b_1) = 0.1, \quad P(a_1, b_2) = 0.2, \quad P(a_2, b_1) = 0.3, \quad P(a_2, b_2) = 0.4
$$

が与えられたときの $H(A|B)$，$H(B|A)$ を求めよ．

解答

例題 2.2 および 2.3 の計算結果を使うと，それぞれ次式のようになる．

$$
\begin{aligned}
H(A|B) &= H(A, B) - H(B) \\
&= \left(\log 5 - \frac{3}{10}\log 3\right) - \left(-\frac{2}{5} - \frac{3}{5}\log 3 + \log 5\right) \\
&= \frac{2}{5} + \frac{3}{10}\log 3 \simeq 0.875 \text{ [bit]}
\end{aligned}
$$

$$
\begin{aligned}
H(B|A) &= H(A, B) - H(A) \\
&= \left(\log 5 - \frac{3}{10}\log 3\right) - \left(1 - \frac{3}{10}\log 3 + \log 5 - \frac{7}{10}\log 7\right) \\
&= -1 + \frac{7}{10}\log 7 \simeq 0.965 \text{ [bit]}
\end{aligned}
$$

次に，各エントロピーの大小関係について考えるが，その前に一つ定理を紹介しておこう．

0 以上 1 以下の実数 u_j，v_j $(j = 1, 2, \ldots, J)$ が $\sum_{j=1}^{J} u_j = 1$，$\sum_{j=1}^{J} v_j = 1$ を満足す

るならば，次の不等式が成立する．

$$\sum_{j=1}^{J} u_j \log \frac{1}{u_j} \leq \sum_{j=1}^{J} u_j \log \frac{1}{v_j} \tag{2.52}$$

等号が成立するのはすべての j について $u_j = v_j$ のときである．式(2.52)をギブズの不等式（Gibbs' inequality）といい，とくに情報理論ではシャノンの補助定理（Shannon's lemma）という．式(2.52)の証明は次のとおりである．

左辺から右辺を引くと，

$$\begin{aligned}\sum_{j=1}^{J} u_j \log \frac{1}{u_j} - \sum_{j=1}^{J} u_j \log \frac{1}{v_j} &= \sum_{j=1}^{J} u_j \log \frac{v_j}{u_j} \\ &= \frac{1}{\ln 2} \sum_{j=1}^{J} u_j \ln \frac{v_j}{u_j}\end{aligned} \tag{2.53}$$

となるので，これが 0 以下であることを示せばよい．ここで，式(2.24)を利用すると，

$$\sum_{j=1}^{J} u_j \ln \frac{v_j}{u_j} \leq \sum_{j=1}^{J} u_j \left(\frac{v_j}{u_j} - 1 \right) = \sum_{j=1}^{J} v_j - \sum_{j=1}^{J} u_j = 0 \tag{2.54}$$

となる．したがって，

$$\sum_{j=1}^{J} u_j \log \frac{1}{u_j} \leq \sum_{j=1}^{J} u_j \log \frac{1}{v_j}$$

となって式(2.52)の成立が示される．等号が成立するのはすべての j について $u_j = v_j$ のときである．

さて，

$$\sum_{j=1}^{J} \sum_{k=1}^{K} P(a_j, b_k) = 1 \tag{2.55}$$

$$\sum_{j=1}^{J} \sum_{k=1}^{K} P(a_j) P(b_k) = 1 \tag{2.56}$$

であるから，シャノンの補助定理(2.52)より，次のような大小関係が得られる．

$$\sum_{j=1}^{J} \sum_{k=1}^{K} P(a_j, b_k) \log \frac{1}{P(a_j, b_k)}$$

$$
\begin{aligned}
&\leq \sum_{j=1}^{J}\sum_{k=1}^{K} P(a_j, b_k) \log \frac{1}{P(a_j)P(b_k)} \\
&= \sum_{j=1}^{J}\sum_{k=1}^{K} P(a_j, b_k) \log \frac{1}{P(a_j)} + \sum_{j=1}^{J}\sum_{k=1}^{K} P(a_j, b_k) \log \frac{1}{P(b_k)} \\
&= \sum_{j=1}^{J} P(a_j) \log \frac{1}{P(a_j)} + \sum_{k=1}^{K} P(b_k) \log \frac{1}{P(b_k)}
\end{aligned}
\tag{2.57}
$$

したがって,

$$
H(A, B) \leq H(A) + H(B) \tag{2.58}
$$

となる. 等号が成立するのはすべての j, k について

$$
P(a_j, b_k) = P(a_j)P(b_k) \tag{2.59}
$$

が成り立つときであるから, A と B が独立なときである.

そして, $H(A)$ と $H(A|B)$ の大小関係は, 式(2.50), (2.58)より

$$
H(A|B) \leq H(A) \tag{2.60}
$$

となる. これは, B を知ることにより A の不確実さが減少することを示している. 等号が成立するのは, 式(2.57)で等号が成立するときと同様, A と B が独立なときで, このとき, B を知った後でも A の不確実さは変わらない.

エントロピーの最小値が 0 であることと, 式(2.51), (2.60)から, 最終的に次のような大小関係が得られる.

$$
0 \leq H(A|B) \leq H(A) \leq H(A, B) \tag{2.61}
$$

式(2.61)より, ある条件が付加されると不確実さは減少し, 対象とする事象系の数が増加すれば不確実さも増加するといった, 日常的な感覚が数式で示されたことになる.

なお, 式(2.61)の左側の等号が成立するとき, すなわち, $H(A|B) = 0$ のとき, B を知ることにより A が確定する (5.4.1 項参照). また, 右側の等号が成立するとき, 式(2.51)より $H(B|A) = 0$ となるが, このとき, A を知ることにより B が確定する (5.4.2 項参照).

演習問題

2.1 $a > 0$, $a \neq 1$, $b > 0$, $b \neq 1$, $x > 0$, $y > 0$ であるとき，次の(1)〜(3)が成り立つことを示せ．

(1) $\log_a xy = \log_a x + \log_a y$

(2) $\log_a x^z = z \log_a x$

(3) $\log_a x = \dfrac{\log_b x}{\log_b a}$

2.2 ジョーカーを除く 52 枚のトランプカードから 1 枚のカードを引くことを考える．次の問いに答えよ．

(1) 引いたカードがハートであることを知ったときに得られる情報量 $I(\heartsuit)$ はいくらか．

(2) 引いたカードがエースであることを知ったときに得られる情報量 $I(\mathrm{A})$ はいくらか．

(3) 引いたカードがハートのエースであることを知ったときに得られる情報量 $I(\heartsuit, \mathrm{A})$ を求め，式(2.3)が成立していることを示せ．

2.3 3^k 枚の硬貨の中に 1 枚だけ重量の軽い偽物が含まれている．天秤を使って，次のような手順で，偽物を特定したい．

① 硬貨を 3 等分する．三つの組を第 1 組，第 2 組，第 3 組ということにする．

② 第 1 組と第 2 組を天秤にかける．
　第 1 組が軽ければ，偽物は第 1 組にある．
　第 2 組が軽ければ，偽物は第 2 組にある．
　つり合えば，偽物は第 3 組にある．

③ 偽物が含まれている組の硬貨の枚数が 1 ならば終了．そうでなければ偽物が含まれている組を対象として①へ戻る．

次の問いに答えよ．

(1) 偽物を特定するために得なければならない情報量はいくらか．

(2) 天秤を使用するたびに得られる情報量はいくらか．

(3) 偽物を特定するために要する天秤の使用回数を求めよ．

2.4 次式の事象系 A について，エントロピー $H(A)$ の最大値とそのときの p の値を求めよ．

$$A = \begin{Bmatrix} a_1 & a_2 & a_3 \\ 1/2 & p & 1/2 - p \end{Bmatrix}$$

2.5 事象系 $A = \{a_1, a_2, \ldots, a_J\}$ の中のある事象 a_j を二つの事象 a_{j_1}，a_{j_2} に分割して，新たな事象系 $A' = \{a_1, \ldots, a_{j-1}, a_{j_1}, a_{j_2}, a_{j+1}, \ldots, a_J\}$ を構築した．この分割によりエントロピーはどのくらい増加あるいは減少するか．ただし，a_j，a_{j_1}，a_{j_2} の確率をそれぞれ $P(a_j)$，$P(a_{j_1}) = pP(a_j)$，$P(a_{j_2}) = (1-p)P(a_j)$ $(0 < p < 1)$ とする．

第3章 情報源

本章では，まず，情報源からシンボルがある確率法則に従って次々に生起することを，情報発生のモデルとする．そして，情報源から1個のシンボルが生起したとき，平均的にどのくらいの情報量が発せられたことになるのか，すなわち，情報源が発生するシンボルあたりの情報量(情報源のエントロピー)を導出する．なお，シンボルの生起については，さいころの目のように互いに独立な場合と，気温のように過去の値に依存する場合について考える．

3.1 情報源

情報の発生元を情報源（information source）という．ここでは，情報源から有限種類の情報源シンボル（symbol of information source）$s_1, s_2, \ldots, s_J$ が何らかの確率法則に従って次々に生起することを，情報発生のモデルとする．以降，シンボル s_j $(j = 1, 2, \ldots, J)$ が生起するという事象の表記にも s_j を使う．そして，集合 $S = \{s_1, s_2, \ldots, s_J\}$ を情報源アルファベット（alphabet of information source）という．情報源の表記にも S を使う．

数学的な扱いが簡単な情報源は，それぞれのシンボルが独立に生起するものである．このような情報源では，次に生起するシンボルを決定するとき，過去にどのようなシンボルが生起したかということを知っている必要はない．そのため，このような情報源を無記憶情報源（memoryless source）という．これに対して，シンボル相互間に依存性がある場合には，過去に生起したシンボルが記録されている必要がある．このような情報源を記憶のある情報源（source with memory）という．図 3.1，3.2 に，それぞれ，無記憶情報源，記憶のある情報源から生起したシンボルの例を示す．なお，図 3.2 は 3.3 節で述べる m 重マルコフ情報源である．次節以降では，情報源から生起するシンボルあたりの情報量（情報源のエントロピーという）について考える．

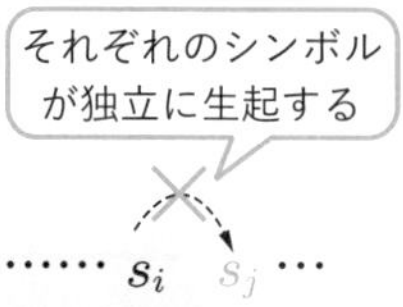

図 3.1　無記憶情報源から生起したシンボルの例

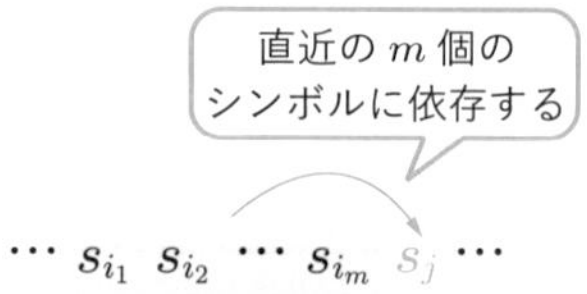

図 3.2　記憶のある情報源から生起したシンボルの例

3.2　無記憶情報源

上述のように，無記憶情報源 S では，シンボルが独立に生起する．これは，一つのシンボルが生起するとき，過去に生起したシンボルの影響を受けることなく，単純に $s_1, s_2, \ldots, s_J$ がそれぞれ $P(s_1), P(s_2), \ldots, P(s_J)$ の確率で生起することを意味する．したがって，無記憶情報源 S を次式のような事象系と捉えることができる．

$$S = \left\{ \begin{array}{cccc} s_1 & s_2 & \ldots & s_J \\ P(s_1) & P(s_2) & \ldots & P(s_J) \end{array} \right\} \tag{3.1}$$

s_j の情報量 $I(s_j)$ は

$$I(s_j) = \log \frac{1}{P(s_j)} \qquad (j = 1, 2, \ldots, J) \tag{3.2}$$

であるから，平均をとると，

$$\begin{aligned} H(S) &= \sum_{j=1}^{J} P(s_j) I(s_j) \\ &= \sum_{j=1}^{J} P(s_j) \log \frac{1}{P(s_j)} \end{aligned} \tag{3.3}$$

となる．この $H(S)$ が無記憶情報源 S のエントロピーである．

例題 3.1　無記憶情報源のエントロピー

次式の無記憶情報源 S のエントロピー $H(S)$ を求めよ．

$$S = \left\{ \begin{array}{ccc} s_1 & s_2 & s_3 \\ 0.2 & 0.3 & 0.5 \end{array} \right\}$$

解答

各シンボルの生起確率を式(3.3)に代入すると，次式のようになる．

$$\begin{aligned}H(S) &= P(s_1)\log\frac{1}{P(s_1)} + P(s_2)\log\frac{1}{P(s_2)} + P(s_3)\log\frac{1}{P(s_3)}\\ &= \frac{1}{5}\log 5 + \frac{3}{10}\log\frac{10}{3} + \frac{1}{2}\log 2 = \frac{4}{5} + \frac{1}{2}\log 5 - \frac{3}{10}\log 3\\ &\simeq 1.485\ [\mathrm{bit}]\end{aligned}$$

上記では一つのシンボルについて考えたが，たとえば，英文字の系列が一つの英単語となるように，実際には，シンボルの系列が意味をもつことが多い．

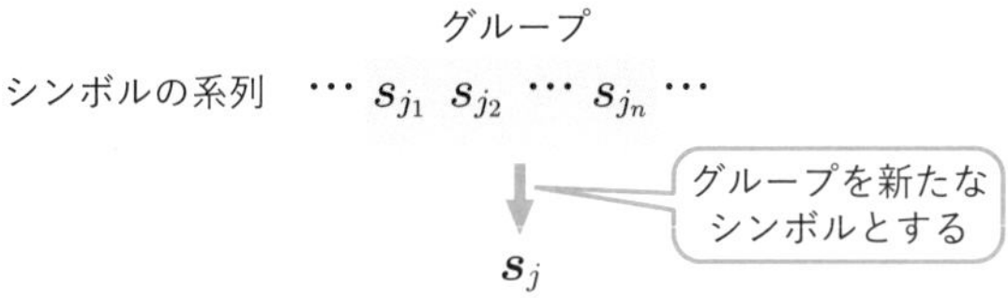

図 3.3 生起したシンボルのグループ化

このことをモデルに反映する一つの方法は，次々と生起するシンボルをいくつかまとめてグループとし，そのグループを新たなシンボルとして扱うことである（図 3.3）．簡単のため，グループのシンボル数を一定の n とすると，

$$\boldsymbol{s}_j = (s_{j_1}, s_{j_2}, \ldots s_{j_n}) \qquad (j_1, j_2, \ldots, j_n = 1, 2, \ldots, J;\ j = 1, 2, \ldots, J^n) \tag{3.4}$$

という J^n 種類のシンボルからなる情報源アルファベットをもつ情報源を新たに考えることになる．この情報源を元の**情報源 S の n 次拡大**（n-th extention）といい，S^n と表す．たとえば，例題 3.1 の無記憶情報源 S の 2 次拡大 S^2 は次のようになる．

$$S^2 = \left\{\begin{matrix} \boldsymbol{s}_1 & \boldsymbol{s}_2 & \boldsymbol{s}_3 & \boldsymbol{s}_4 & \boldsymbol{s}_5 & \boldsymbol{s}_6 & \boldsymbol{s}_7 & \boldsymbol{s}_8 & \boldsymbol{s}_9 \\ 0.04 & 0.06 & 0.1 & 0.06 & 0.09 & 0.15 & 0.1 & 0.15 & 0.25 \end{matrix}\right\}$$

$$= \left\{\begin{matrix} (s_1, s_1) & (s_1, s_2) & (s_1, s_3) & (s_2, s_1) & (s_2, s_2) & (s_2, s_3) & (s_3, s_1) & (s_3, s_2) & (s_3, s_3) \\ 0.04 & 0.06 & 0.1 & 0.1 & 0.06 & 0.09 & 0.1 & 0.15 & 0.25 \end{matrix}\right\}$$

S が無記憶情報源なので，次式が成り立つ（それぞれのシンボルが独立に生起する）ことに注意しよう．

$$P(\boldsymbol{s}_j) = P(s_{j_1}, s_{j_2}) = P(s_{j_1})P(s_{j_2}) \qquad (j_1, j_2 = 1, 2, 3;\ j = 1, 2, \ldots, 9)$$

無記憶情報源 $S = \{s_1, s_2, \ldots, s_J\}$ の n 次拡大 S^n のエントロピー $H(S^n)$ を導出しよう．S のシンボルは独立に生起するから，S^n の各シンボルも独立に生起する．したがって，S^n は無記憶情報源である．S^n のエントロピーは，式(3.3)より，

$$H(S^n) = \sum_{j=1}^{J^n} P(\boldsymbol{s}_j) \log \frac{1}{P(\boldsymbol{s}_j)} \tag{3.5}$$

となる．ここで，

$$\begin{gathered} P(\boldsymbol{s}_j) = P(s_{j_1}, s_{j_2}, \ldots, s_{j_n}) = P(s_{j_1})P(s_{j_2}) \cdots P(s_{j_n}) \\ (j_1, j_2, \ldots, j_n = 1, 2, \ldots, J;\ j = 1, 2, \ldots, J^n) \end{gathered} \tag{3.6}$$

であるから，式(3.6)を式(3.5)に代入すると，

$$\begin{aligned} H(S^n) &= \sum_{j_1=1}^{J} \sum_{j_2=1}^{J} \cdots \sum_{j_n=1}^{J} P(s_{j_1})P(s_{j_2}) \cdots P(s_{j_n}) \log \frac{1}{P(s_{j_1})P(s_{j_2}) \cdots P(s_{j_n})} \\ &= \sum_{j_1=1}^{J} \sum_{j_2=1}^{J} \cdots \sum_{j_n=1}^{J} P(s_{j_1})P(s_{j_2}) \cdots P(s_{j_n}) \log \frac{1}{P(s_{j_1})} \\ &\quad + \sum_{j_1=1}^{J} \sum_{j_2=1}^{J} \cdots \sum_{j_n=1}^{J} P(s_{j_1})P(s_{j_2}) \cdots P(s_{j_n}) \log \frac{1}{P(s_{j_2})} + \cdots \\ &\quad + \sum_{j_1=1}^{J} \sum_{j_2=1}^{J} \cdots \sum_{j_n=1}^{J} P(s_{j_1})P(s_{j_2}) \cdots P(s_{j_n}) \log \frac{1}{P(s_{j_n})} \\ &= \sum_{j_1=1}^{J} P(s_{j_1}) \log \frac{1}{P(s_{j_1})} + \sum_{j_2=1}^{J} P(s_{j_2}) \log \frac{1}{P(s_{j_2})} + \cdots \\ &\quad + \sum_{j_n=1}^{J} P(s_{j_n}) \log \frac{1}{P(s_{j_n})} \\ &= nH(S) \end{aligned} \tag{3.7}$$

となる．したがって，無記憶情報源の n 次拡大のエントロピーは，元の情報源のそれの n 倍になる．

例題 3.2　2 次拡大情報源のエントロピー

例題 3.1 の無記憶情報源 S の 2 次拡大 S^2 のエントロピー $H(S^2)$ を求めよ．

解答

式(3.7)に数値を代入する．例題 3.1 の結果を使うと，次式のようになる．

$$
\begin{aligned}
H(S^2) &= 2H(S) \\
&= \frac{8}{5} + \log 5 - \frac{3}{5}\log 3 \simeq 2.971 \text{ [bit]}
\end{aligned}
$$

3.3　マルコフ情報源

ここでは，生起するシンボル相互間に依存性のある情報源の例としてマルコフ情報源（Markov source）を考える．前節の図 3.2 に示したように，直近の m 個のシンボルに依存して次のシンボルが生起する情報源を m 重マルコフ情報源（m-th order Markov source）という．とくに $m=1$ のときは単純マルコフ情報源（simple Markov source）という．ここで扱うマルコフ情報源は，状態数有限で離散時間型のマルコフ連鎖（Markov chain）である．マルコフ連鎖の一般形がマルコフ過程（Markov process）であり，数学的な扱いが比較的簡単で，また，現実の振る舞いをよく反映していることから，さまざまな確率モデルで用いられている．なお，マルコフ連鎖，マルコフ過程の詳細については確率過程（付録 A.5 節参照）の専門書を参照してほしい．

3.3.1　状態遷移

ある m 重マルコフ情報源から生起した一連の m 個のシンボルを $(s_{i_1}, s_{i_2}, \ldots, s_{i_m})$ とする．この系列に依存して次のシンボルが生起する．ここで，s_j が生起したとすると，$(s_{i_2}, \ldots, s_{i_m}, s_j)$ に依存して，その次のシンボルが生起する．

m 重マルコフ情報源では，一連の m 個のシンボルを状態（state）という．シンボルの種類の数を J とすると，状態数は高々 J^m であることに注意しよう．

上述の例では，図 3.4 に示すように，状態 $(s_{i_1}, s_{i_2}, \ldots, s_{i_m})$ において，シンボル s_j が生起することにより，状態が $(s_{i_2}, \ldots, s_{i_m}, s_j)$ に遷移する（transit）．したがって，このような遷移が起こる確率は，条件付確率 $P(s_j|s_{i_1}, s_{i_2}, \ldots, s_{i_m})$ である．ある状態

図 3.4　状態の遷移

から次の状態へ遷移する確率を遷移確率（transition probability）というが，与えられた状態間の遷移確率をすべて定めることにより，m 重マルコフ情報源を規定することができる．

状態が遷移する様子を有向グラフで表したものが，状態遷移図（state transition diagram）である．節点が状態に，有向枝が状態の遷移に対応し，各有向枝には当該遷移確率がラベル付けされている．なお，図を簡潔にするため，遷移確率が 0 の場合には当該有向枝を表示しないのが慣例となっている．

ここで，簡単な例をあげておこう．2 重マルコフ情報源 $S = \{s_1, s_2\}$ において，考えられるすべての状態は $\{\ (s_1, s_1), (s_1, s_2), (s_2, s_1), (s_2, s_2)\ \}$ である．これら 4 個の状態を順に q_1，q_2，q_3，q_4 と表すことにする．現在の状態から s_1 または s_2 が生起した場合の状態遷移を**表 3.1** にまとめる．ここで，

$$P(s_1|q_1) = 0.9, \quad P(s_2|q_1) = 0.1$$
$$P(s_1|q_2) = 0.8, \quad P(s_2|q_2) = 0.2$$
$$P(s_1|q_3) = 0.6, \quad P(s_2|q_3) = 0.4$$
$$P(s_1|q_4) = 0.3, \quad P(s_2|q_4) = 0.7$$

のように，四つの状態間の遷移確率が与えられることにより，このマルコフ情報源が規定される．状態遷移図を**図 3.5** に示す．

遷移確率 $P(s_j|q_i)$ は状態 q_i の下でシンボル s_j が生起する条件付確率なので，状態 q_i の下でのシンボルあたりのエントロピー $H(S|q_i)$ は，

表 3.1　状態の遷移

現在の状態	生起するシンボル	次の状態
$q_1 = (s_1, s_1)$	s_1	$(s_1, s_1) = q_1$
	s_2	$(s_1, s_2) = q_2$
$q_2 = (s_1, s_2)$	s_1	$(s_2, s_1) = q_3$
	s_2	$(s_2, s_2) = q_4$
$q_3 = (s_2, s_1)$	s_1	$(s_1, s_1) = q_1$
	s_2	$(s_1, s_2) = q_2$
$q_4 = (s_2, s_2)$	s_1	$(s_2, s_1) = q_3$
	s_2	$(s_2, s_2) = q_4$

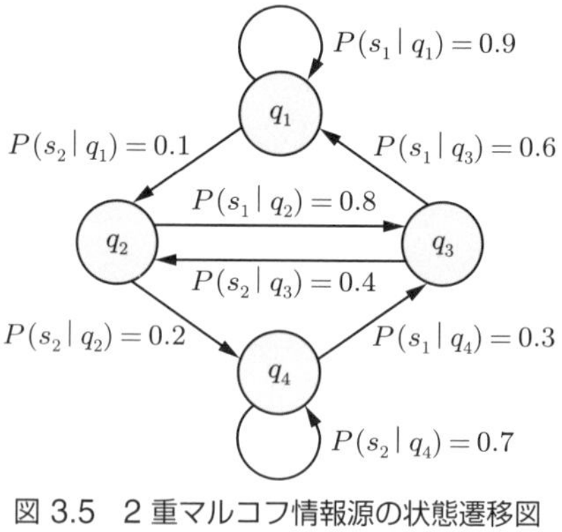

図 3.5　2 重マルコフ情報源の状態遷移図

$$H(S|q_i) = \sum_{j=1}^{J} P(s_j|q_i) \log \frac{1}{P(s_j|q_i)} \tag{3.8}$$

である．ここで，状態が q_i である確率 $P(q_i)$ がわかっているとすると，すべての状態について平均をとることにより，マルコフ情報源 S のエントロピー $H(S)$ が次式のように得られる．

$$\begin{aligned} H(S) &= \sum_{i} P(q_i) H(S|q_i) \\ &= \sum_{i} P(q_i) \sum_{j=1}^{J} P(s_j|q_i) \log \frac{1}{P(s_j|q_i)} \end{aligned} \tag{3.9}$$

乗法定理（付録 A.2 参照）を利用すると，式(3.9)は次式のようにも表される．

$$H(S) = \sum_{i} \sum_{j=1}^{J} P(q_i, s_j) \log \frac{1}{P(s_j|q_i)} \tag{3.10}$$

ただし，式(3.10)中の $P(q_i, s_j)$ は，状態 q_i に対応する一連の m 個のシンボルに引き続いて s_j が生起する確率である．

式(3.9)，(3.10)をそれぞれ式(2.46)，(2.47)と比較すると，これは条件付エントロピーにほかならないので，状態の集合を Q とすると，$H(S|Q)$ と書くべきかもしれない．しかし，情報源 S にはさまざまなものが考えられるため，記憶の有無にかかわらず，そのエントロピーを単に $H(S)$ と書く．なお，情報源のエントロピーの正確な定義については 3.6 節を参照してほしい．

さて，あらためて式(3.9)をみると，遷移確率 $P(s_j|q_i)$ は与えられているので，エントロピー $H(S)$ の計算において残された問題は $P(q_i)$ である．そこで，以降 $P(q_i)$ について考える．

3.3.2 状態分布

マルコフ情報源は，初期状態 (initial state) から遷移を繰り返して次々と状態を変えていく．そして，ある時点では必ずいずれかの状態にある．ここで，初期状態から k ステップ遷移後の状態が q_j である確率を $\pi_j(k)$ とすると，ベクトル $\boldsymbol{\pi}(k) = [\ \pi_1(k), \pi_2(k), \ldots\ ]$ は，k ステップ遷移後の状態の確率分布（状態分布（state distribution）という）を表していると考えられる．

1 ステップで状態 q_i から状態 q_j へ遷移する確率を第 (i,j) 成分とする行列を，$\boldsymbol{P}$ と表す．$\boldsymbol{P}$ を遷移確率行列（transition probability matrix）という．たとえば，図 3.5 のマルコフ情報源の遷移確率行列 $\boldsymbol{P}$ は，次式のようになる．

$$\boldsymbol{P} = \begin{bmatrix} P(s_1|q_1) & P(s_2|q_1) & 0 & 0 \\ 0 & 0 & P(s_1|q_2) & P(s_2|q_2) \\ P(s_1|q_3) & P(s_2|q_3) & 0 & 0 \\ 0 & 0 & P(s_1|q_4) & P(s_2|q_4) \end{bmatrix}$$

$$= \begin{bmatrix} 0.9 & 0.1 & 0 & 0 \\ 0 & 0 & 0.8 & 0.2 \\ 0.6 & 0.4 & 0 & 0 \\ 0 & 0 & 0.3 & 0.7 \end{bmatrix} \tag{3.11}$$

マルコフ情報源では，遷移後の状態は，その前の状態と遷移確率にのみ依存して決定される．したがって，状態分布 $\boldsymbol{\pi}(k)$ について次のような漸化式

$$\boldsymbol{\pi}(k) = \boldsymbol{\pi}(k-1)\boldsymbol{P} \tag{3.12}$$

が成り立つ．式(3.12)より，

$$\boldsymbol{\pi}(k) = \boldsymbol{\pi}(0)\boldsymbol{P}^k \tag{3.13}$$

が得られる．ここで，$\boldsymbol{\pi}(0)$ は初期の状態分布である．また，$\boldsymbol{P}^k$ を k ステップ（k-step）遷移確率行列という．$\boldsymbol{P}^k$ の第 (i,j) 成分は q_i から k ステップ遷移の後に q_j に遷移する確率を表しているが，この確率を $p_{i,j}(k)$ と書く．上述のことから，マルコフ情報源を規定するということは，各 $p_{i,j}(1)$ を与える，すなわち，遷移確率行列 $\boldsymbol{P}$ を与えるということである．以降，$p_{i,j}(1)$ を $p_{i,j}$ と略記することがある．なお，ある状態は次の遷移で必ずいずれかの状態になることから，$\boldsymbol{P}$ の各行における成分の総和はいずれも 1，すなわち，すべての i について

$$\sum_j p_{i,j} = 1 \tag{3.14}$$

が成り立つ．

例題 3.3　状態分布

図 3.5 のマルコフ情報源において初期状態分布 $\boldsymbol{\pi}(0) = [\ 0.4,\ 0.3,\ 0.2,\ 0.1\ ]$ から 2 ステップ遷移後の状態分布 $\boldsymbol{\pi}(2)$ を求めよ．

解答

$k=2$，式(3.11)，初期状態分布を式(3.13)に代入すると，次式のようになる．

$$
\begin{aligned}
\boldsymbol{\pi}(2) &= \boldsymbol{\pi}(0)\boldsymbol{P}^2 \\
&= [\,0.4, 0.3, 0.2, 0.1\,] \begin{bmatrix} 0.9 & 0.1 & 0 & 0 \\ 0 & 0 & 0.8 & 0.2 \\ 0.6 & 0.4 & 0 & 0 \\ 0 & 0 & 0.3 & 0.7 \end{bmatrix}^2 \\
&= [\,0.4, 0.3, 0.2, 0.1\,] \begin{bmatrix} 0.81 & 0.09 & 0.08 & 0.02 \\ 0.48 & 0.32 & 0.06 & 0.14 \\ 0.54 & 0.06 & 0.32 & 0.08 \\ 0.18 & 0.12 & 0.21 & 0.49 \end{bmatrix} \\
&= [\,0.594, 0.156, 0.135, 0.115\,]
\end{aligned}
$$

補足 表 3.2 に状態分布の推移を示す．小数点以下第 7 位を四捨五入した数値では，41 ステップ遷移後に定常分布に等しくなっている．なお，定常分布については 3.3.4 項，定常確率の数値については例題 3.8 を参照してほしい．

表 3.2 図 3.5 のマルコフ情報源における k ステップ遷移後の状態分布

k	$\pi_1(k)$	$\pi_2(k)$	$\pi_3(k)$	$\pi_4(k)$	k	$\pi_1(k)$	$\pi_2(k)$	$\pi_3(k)$	$\pi_4(k)$
0	0.400000	0.300000	0.200000	0.100000	21	0.692182	0.115389	0.115424	0.077005
1	0.480000	0.120000	0.270000	0.130000	22	0.692218	0.115388	0.115413	0.076981
2	0.594000	0.156000	0.135000	0.115000	23	0.692244	0.115387	0.115405	0.076964
3	0.615600	0.113400	0.159300	0.111700	24	0.692263	0.115386	0.115399	0.076952
4	0.649620	0.125280	0.124230	0.100870	25	0.692276	0.115386	0.115395	0.076944
5	0.659196	0.114654	0.130485	0.095665	26	0.692285	0.115385	0.115392	0.076938
6	0.671567	0.118114	0.120423	0.089896	27	0.692291	0.115385	0.115390	0.076934
7	0.676664	0.115326	0.121460	0.086550	28	0.692296	0.115385	0.115388	0.076931
8	0.681874	0.116250	0.118226	0.083650	29	0.692299	0.115385	0.115387	0.076928
9	0.684622	0.115478	0.118095	0.081805	30	0.692302	0.115385	0.115386	0.076927
10	0.687017	0.115700	0.116924	0.080359	31	0.692304	0.115385	0.115386	0.076926
11	0.688469	0.115471	0.116668	0.079392	32	0.692305	0.115385	0.115386	0.076925
12	0.689623	0.115514	0.116194	0.078668	33	0.692306	0.115385	0.115385	0.076924
13	0.690378	0.115440	0.116012	0.078171	34	0.692306	0.115385	0.115385	0.076924
14	0.690947	0.115442	0.115803	0.077807	35	0.692307	0.115385	0.115385	0.076924
15	0.691334	0.115416	0.115696	0.077554	36	0.692307	0.115385	0.115385	0.076924
16	0.691618	0.115412	0.115599	0.077371	37	0.692307	0.115385	0.115385	0.076923
17	0.691816	0.115401	0.115541	0.077242	38	0.692307	0.115385	0.115385	0.076923
18	0.691959	0.115398	0.115494	0.077150	39	0.692307	0.115385	0.115385	0.076923
19	0.692059	0.115393	0.115463	0.077084	40	0.692307	0.115385	0.115385	0.076923
20	0.692131	0.115391	0.115440	0.077038	41	0.692308	0.115385	0.115385	0.076923

3.3.3　状態の分類

表 3.2 に状態分布が収束する様子を示した．このような収束値を式(3.9)の $P(q_i)$ として使いたいが，状態分布が収束するためにはある条件が必要である．その条件を理解するための前提知識として，本項では，状態の分類について説明する．

まず，遷移した後の到達可能性に関する分類を示す．状態 q_i から何ステップ（0 ステップを含む）かの遷移の後に状態 q_j に至ることができるとき，q_i から q_j へは到達可能である（reachable）という．明らかに，自分自身へは到達可能である．たとえば，図 3.6 において，状態 q_1 から到達可能な状態を列挙すると，q_1，q_2，q_4，q_5，q_6 となる．

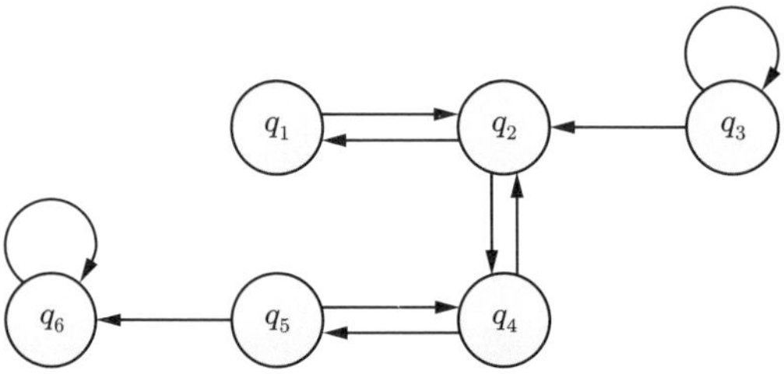

図 3.6　6 状態マルコフ情報源の例

q_i から q_j へ到達可能であり，かつ，q_j から q_i へ到達可能であるとき，q_i と q_j は相互に到達可能であるという．図 3.6 で状態 q_1 と相互に到達可能な状態は q_1，q_2，q_4，q_5 である．その一方で，自身から抜け出すことができない状態，すなわち，$p_{i,i}(1) = 1$ である状態 q_i を吸収的である（absorbing）という．図では，q_6 が吸収的である．

相互に到達可能な状態の集合を同値類（equivalence class）という．図では，$\{q_1, q_2, q_4, q_5\}$，$\{q_3\}$，$\{q_6\}$ の三つの同値類が存在する．一つの同値類で構成されたマルコフ情報源を既約である（irreducible）という．図には同値類が三つ存在するので，このマルコフ情報源は既約ではない．

次に，自身への復帰の可能性に関する分類を示す．状態 q_i から出発し，k ステップの遷移を経て初めて q_i に復帰する確率を $f_i(k)$ とすると，明らかに

$$f_i(1) = p_{i,i}(1) \tag{3.15}$$

である．また，$f_i(2)$ については，1 ステップの遷移ですでに復帰したものを除いて考えなければならないので，

$$f_i(2) = p_{i,i}(2) - f_i(1)p_{i,i}(1) \tag{3.16}$$

となる．以下，同様にして，

$$f_i(k) = p_{i,i}(k) - f_i(1)p_{i,i}(k-1) - f_i(2)p_{i,i}(k-2) - \cdots - f_i(k-1)p_{i,i}(1) \tag{3.17}$$

が得られる．ここで，

$$F_i = \sum_{k=1}^{\infty} f_i(k) \tag{3.18}$$

を考えると，$F_i = 0$ ならば復帰は不可能，$0 < F_i < 1$ ならば復帰は不確実，$F_i = 1$ ならば復帰は確実である．また，

$$M_i = \sum_{k=1}^{\infty} k f_i(k) \tag{3.19}$$

は復帰に要する平均遷移ステップ数を表している．

復帰が確実な状態，すなわち，$F_i = 1$ である状態を再帰的である（reccurent）という．再帰的で復帰に要する平均遷移ステップ数が有限のもの，すなわち，$F_i = 1$，$M_i < \infty$ である状態を正再帰的である（positive reccurent）といい，無限大に発散するもの，すなわち，$F_i = 1$，$M_i = \infty$ である状態を零再帰的である（null reccurent）という．一方，復帰が不確実な状態，すなわち，$F_i < 1$ である状態を過渡的である（transient）という．過渡的な状態では，いったん抜け出すと二度とその状態には戻れない可能性がある．

状態数が有限なマルコフ情報源では，零再帰的な状態は存在しないことが知られている．さらに，状態数が有限で既約なマルコフ情報源の各状態は必ず正再帰的である．

例題 3.4 再帰的状態と過渡的状態

図 3.7 のマルコフ情報源において正再帰的な状態はどれか．また，過渡的な状態はどれか．

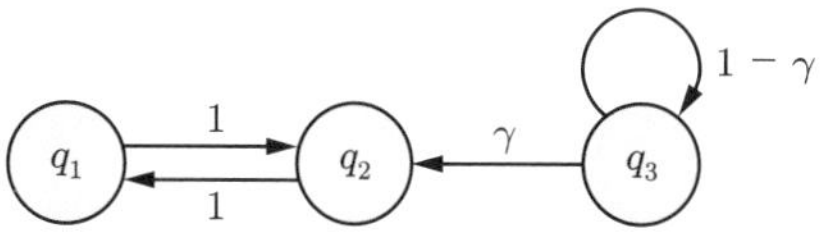

図 3.7 3 状態マルコフ情報源の例

解答

それぞれの状態に初めて復帰する確率は,

$$f_1(k) = \begin{cases} 1 & (k = 2) \\ 0 & (k \neq 2) \end{cases}$$

$$f_2(k) = \begin{cases} 1 & (k = 2) \\ 0 & (k \neq 2) \end{cases}$$

$$f_3(k) = \begin{cases} 1 - \gamma & (k = 1) \\ 0 & (k \neq 1) \end{cases}$$

である．これらより，それぞれ式(3.18)，(3.19)で定義される F_i，M_i を求めると,

$$F_1 = 1, \qquad M_1 = 2$$

$$F_2 = 1, \qquad M_1 = 2$$

$$F_3 = 1 - \gamma \ (< 1)$$

となる．よって，状態 q_1 と q_2 は正再帰的，状態 q_3 は過渡的である．

状態 q_i から出発し，状態 q_i に復帰するのに要する遷移ステップ数について考える．今度は途中で q_i 自身を通過してもよいものとすると，復帰に要するステップ数は $p_{i,i}(k) > 0$ を満足するすべての k である．これらすべての k の最大公約数を状態 q_i の周期（period）という．同じ同値類に属する状態は同一の周期をもつことが知られている．周期が 2 以上のとき，この同値類は周期的である（periodic）という．一方，周期が 1 のとき，この同値類は非周期的である（aperiodic）という．たとえば，図 3.7 のマルコフ情報源の同値類 $\{q_1, q_2\}$ では，q_1，q_2 はいずれも復帰に要する遷移ステップ数は 2 の倍数であるから，周期は 2 である．これに対して，同値類 $\{q_3\}$ は周期 1 であるから，非周期的である．

3.3.4　定常分布

一つの同値類と，その同値類にいつかは遷移してくる複数の過渡的な状態から構成されるマルコフ情報源では，次の二つの方程式を満足する状態分布 $\boldsymbol{\pi}$ がただ一つ存在することが知られている．

$$\boldsymbol{\pi}\boldsymbol{P} = \boldsymbol{\pi} \tag{3.20}$$

$$\boldsymbol{\pi}\mathbf{1}^\top = 1 \tag{3.21}$$

ただし，$\mathbf{1}$ はすべての成分が 1 の行ベクトルで，右肩の $\top$ は転置を表している．なお，式(3.20)のみでは一次独立ではないので，$\boldsymbol{\pi}$ の値を一意に定めるためには，式(3.21)を補って解く必要がある．式(3.20)を平衡方程式（balance equation），式(3.20)，(3.21)の解 $\boldsymbol{\pi}$ を定常分布（stationary distribution）という．また，$\boldsymbol{\pi}$ の第 j 成分 π_j を状態 q_j の定常確率（stationary probability）という．式(3.20)が表していることは，状態分布がいったん $\boldsymbol{\pi}$ になると，それ以降は何回遷移が起こっても状態分布は変わらないということである．

ここで，式(3.20)の意味をよりよく理解するために，確率フローという概念を紹介する．各状態にはバケツが置かれていて，それぞれのバケツの中にはその状態にいる確率に等しい量の水が入っているとする．そして，状態の遷移が起こると，元の状態のバケツの中から遷移確率に等しい割合の水が遷移先のバケツに移動するとする．このように考えた水の移動量を確率フロー（stochastic flow）という．図 3.8 に示すように，初期状態から k ステップ遷移後には状態 q_i，q_j のバケツの中にはそれぞれ $\pi_i(k)$，$\pi_j(k)$ の量の水が入っている．ここで，q_i から q_j への移動しか起こらないと仮定すると，$\pi_i(k)p_{i,j}$ の量の水が移動して，次のステップでのそれぞれのバケツの水量は，

$$\pi_i(k+1) = \pi_i(k)(1 - p_{i,j})$$

$$\pi_j(k+1) = \pi_j(k) + \pi_i(k)p_{i,j}$$

となる．このように考えると，k から次のステップに進むときに，q_j 自身および他の状態から状態 q_j に流入する水量は，

$$\sum_i \pi_i(k)p_{i,j} \tag{3.22}$$

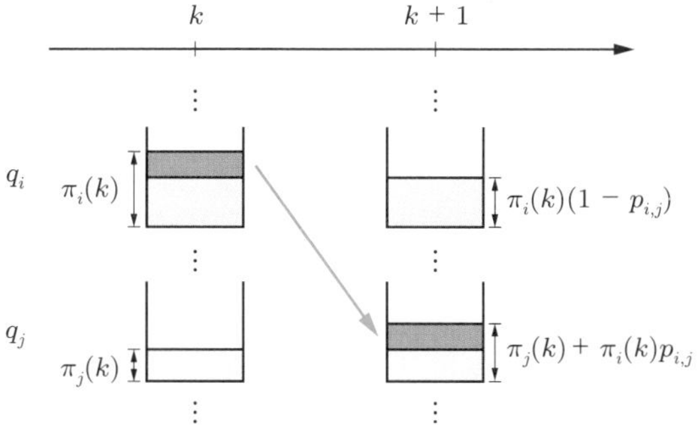

図 3.8　q_i のバケツから q_j のバケツに移動する水

であり，状態 q_j から q_j 自身および他の状態へ流出する水量は，

$$\sum_l \pi_j(k) p_{j,l} \tag{3.23}$$

である．状態 q_j の元の水量 $\pi_j(k)$ に流入量(3.22)を加え，そこからさらに流出量(3.23)を引くと，次のステップにおける状態 q_j の水量 $\pi_j(k+1)$ となるので，

$$\pi_j(k+1) = \pi_j(k) + \sum_i \pi_i(k) p_{i,j} - \sum_l \pi_j(k) p_{j,l} \tag{3.24}$$

である．ここで，式(3.14)を右辺第 3 項に適用すると，

$$\pi_j(k+1) = \sum_i \pi_i(k) p_{i,j} \tag{3.25}$$

となる．式(3.25)は式(3.12)と同等である．したがって，式(3.13)は初期状態から k ステップ遷移後のバケツの水量を表しているとも考えられる．

さて，式(3.20)の左辺の第 j 成分は，

$$\sum_i \pi_i p_{i,j} \tag{3.26}$$

であるが，これは状態 q_j に流入する確率フローである．一方，右辺の第 j 成分は π_j であるが，式(3.14)を使うと，

$$\begin{aligned} \pi_j &= \pi_j \sum_l p_{j,l} \\ &= \sum_l \pi_j p_{j,l} \end{aligned} \tag{3.27}$$

と考えることができ，これは状態 q_j から流出する確率フローである．したがって，式(3.20)は，すべての状態について，ある状態へ流入する確率フローとその状態から流出する確率フローが等しいことを表している．

例題 3.5　定常分布

図 3.7 のマルコフ情報源の定常分布を求めよ．

解答

平衡方程式は，

$$[\,\pi_1, \pi_2, \pi_3\,] \begin{bmatrix} 0 & 1 & 0 \\ 1 & 0 & 0 \\ 0 & \gamma & 1-\gamma \end{bmatrix} = [\pi_1, \pi_2, \pi_3]$$

となる．

$$\pi_1 + \pi_2 + \pi_3 = 1$$

を補ってこれらを解くと，定常確率はそれぞれ，

$$\pi_1 = \pi_2 = 0.5, \quad \pi_3 = 0$$

となる．したがって，定常分布 $\boldsymbol{\pi}$ は次式のようになる．

$$\boldsymbol{\pi} = [\,0.5, 0.5, 0\,]$$

3.3.5 時間平均分布

既約なマルコフ情報源には次のような性質がある．$\dfrac{1}{k}(\boldsymbol{P} + \boldsymbol{P}^2 + \cdots + \boldsymbol{P}^k)$ は，$k \to \infty$ のとき，次式のようにすべての行が同一の分布（$\boldsymbol{w}$ と表す）に収束する．

$$\lim_{k\to\infty} \frac{1}{k}(\boldsymbol{P} + \boldsymbol{P}^2 + \cdots + \boldsymbol{P}^k) = \begin{bmatrix} \boldsymbol{w} \\ \vdots \\ \boldsymbol{w} \end{bmatrix} \tag{3.28}$$

ここで，$\boldsymbol{w}$ の各成分は正である．式(3.28)の両辺に初期分布 $\boldsymbol{\pi}(0)$ を掛けると，

$$\lim_{k\to\infty} \frac{1}{k}(\boldsymbol{\pi}(0)\boldsymbol{P} + \boldsymbol{\pi}(0)\boldsymbol{P}^2 + \cdots + \boldsymbol{\pi}(0)\boldsymbol{P}^k) = \boldsymbol{\pi}(0) \begin{bmatrix} \boldsymbol{w} \\ \vdots \\ \boldsymbol{w} \end{bmatrix} = \boldsymbol{w} \tag{3.29}$$

となり，左辺において式(3.13)を利用すると，

$$\lim_{k\to\infty} \frac{1}{k}(\boldsymbol{\pi}(1) + \boldsymbol{\pi}(2) + \cdots + \boldsymbol{\pi}(k)) = \boldsymbol{w} \tag{3.30}$$

となる．式(3.30)は，十分長い時間にわたって観測した各状態の頻度の割合の分布を表しており，これを時間平均分布（time-average distribution）という．既約なマルコフ情報源では，時間平均分布 $\boldsymbol{w}$ が定常分布に一致することが知られている．

例題 3.6 時間平均分布

図 3.7 の状態遷移図から過渡的である q_3 を除いた**図 3.9** の既約なマルコフ情報源の時間平均分布 $\boldsymbol{w}$ を求めよ．

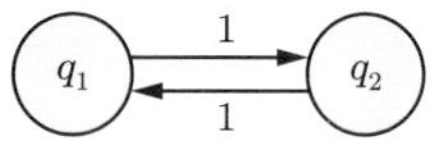

図 3.9 既約なマルコフ情報源の例

解答

遷移確率行列 $\boldsymbol{P}$ は，

$$\boldsymbol{P}=\begin{bmatrix}0 & 1\\ 1 & 0\end{bmatrix}$$

であるから，

$$\boldsymbol{P}^k=\begin{cases}\begin{bmatrix}1 & 0\\ 0 & 1\end{bmatrix} & (k:\text{偶数})\\[2ex] \begin{bmatrix}0 & 1\\ 1 & 0\end{bmatrix} & (k:\text{奇数})\end{cases}$$

となる．これより，k が偶数のとき，

$$\begin{aligned}\frac{1}{k}(\boldsymbol{\pi}(0)\boldsymbol{P}+\boldsymbol{\pi}(0)\boldsymbol{P}^2+\cdots+\boldsymbol{\pi}(0)\boldsymbol{P}^k)&=\frac{1}{k}\left[\,\frac{k}{2}(\pi_1+\pi_2),\frac{k}{2}(\pi_1+\pi_2)\,\right]\\&=\left[\,\frac{1}{2},\frac{1}{2}\,\right]\end{aligned}$$

となり，また k が奇数のとき，

$$\begin{aligned}&\frac{1}{k}(\boldsymbol{\pi}(0)\boldsymbol{P}+\boldsymbol{\pi}(0)\boldsymbol{P}^2+\cdots+\boldsymbol{\pi}(0)\boldsymbol{P}^k)\\&=\frac{1}{k}\left[\,\frac{k-1}{2}(\pi_1+\pi_2)+\pi_2,\frac{k-1}{2}(\pi_1+\pi_2)+\pi_1\,\right]\\&=\frac{1}{k}\left[\,\frac{k-1}{2}\pi_1+\frac{k+1}{2}\pi_2,\frac{k+1}{2}\pi_1+\frac{k-1}{2}\pi_2\,\right]\\&=\left[\,\left(\frac{1}{2}-\frac{1}{2k}\right)\pi_1+\left(\frac{1}{2}+\frac{1}{2k}\right)\pi_2,\left(\frac{1}{2}+\frac{1}{2k}\right)\pi_1+\left(\frac{1}{2}-\frac{1}{2k}\right)\pi_2\,\right]\end{aligned}$$

となる．したがって，時間平均分布 $\boldsymbol{w}$ は次式のようになる．

$$\boldsymbol{w}=\left[\,\frac{1}{2},\frac{1}{2}\,\right]$$

補足

$$[\,\pi_1,\pi_2\,]\begin{bmatrix}0 & 1\\ 1 & 0\end{bmatrix}=[\,\pi_1,\pi_2\,]$$

$$\pi_1+\pi_2=1$$

を解いて定常分布 $\boldsymbol{\pi}$ を求めると，

$$\boldsymbol{\pi}=\left[\,\frac{1}{2},\frac{1}{2}\,\right]$$

となるので，時間平均分布に一致する．

3.3.6 極限分布

既約かつ非周期的なマルコフ情報源をエルゴード的マルコフ情報源[*1]（ergodic Markov source）という．エルゴード的マルコフ情報源では，初期状態分布にかかわらず，何ステップかの遷移の後に任意の状態にいる確率が 0 ではなくなる．すなわち，$\boldsymbol{\pi}(0)$ にかかわらず

$$\pi_j(k) > 0 \tag{3.31}$$

となる k が存在する．したがって，式(3.13)より，$\boldsymbol{P}^k$ のすべての成分が正となる k が存在することになる．このことを確かめるには，$\boldsymbol{P}$ の各成分 $p_{i,j}$ を

$$p_{i,j} = \begin{cases} x & (p_{i,j} > 0) \\ 0 & (p_{i,j} = 0) \end{cases} \tag{3.32}$$

のように表して，$\boldsymbol{P}$ の冪《べき》乗を順次計算し，やがてすべての成分が x となるか否かを確かめればよい．たとえば，図 3.9 のマルコフ情報源の遷移確率行列 $\boldsymbol{P}$ の冪乗を式(3.32)の形式で表すと，例題 3.6 より，

$$\boldsymbol{P}^k = \begin{cases} \begin{bmatrix} x & 0 \\ 0 & x \end{bmatrix} & (k：偶数) \\[2ex] \begin{bmatrix} 0 & x \\ x & 0 \end{bmatrix} & (k：奇数) \end{cases}$$

となるので，このマルコフ情報源はエルゴード的ではない．一方，図 3.10 のマルコフ情報源の遷移確率行列 $\boldsymbol{P}$ は，

$$\boldsymbol{P} = \begin{bmatrix} 1-\alpha & \alpha \\ \beta & 1-\beta \end{bmatrix}$$

である．$\boldsymbol{P}$ を式(3.32)の形式で表すと，すでに

$$\boldsymbol{P} = \begin{bmatrix} x & x \\ x & x \end{bmatrix}$$

の形になっているので，このマルコフ情報源はエルゴード的である．

---

*1 既約なマルコフ情報源をエルゴード的マルコフ情報源といい，既約かつ非周期的なマルコフ情報源を正規マルコフ情報源（regular Markov source）という分類もある．

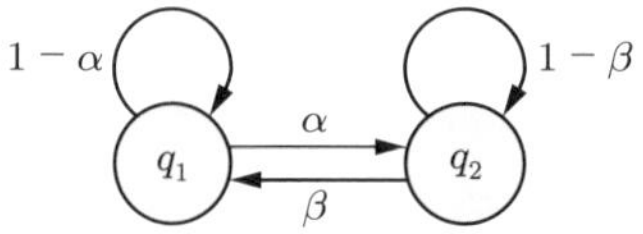

図 3.10　エルゴード的マルコフ情報源の例

エルゴード的マルコフ情報源には次のような性質がある．$\boldsymbol{P}^k$ は，$k \to \infty$ のとき，次式のようにすべての行が同一の分布（$\boldsymbol{z}$ と表す）に収束する．

$$\lim_{k\to\infty} \boldsymbol{P}^k = \begin{bmatrix} \boldsymbol{z} \\ \vdots \\ \boldsymbol{z} \end{bmatrix} \tag{3.33}$$

ここで，$\boldsymbol{z}$ の各成分は正である．式(3.33)の両辺に $\boldsymbol{\pi}(0)$ を掛けると，

$$\lim_{k\to\infty} \boldsymbol{\pi}(0)\boldsymbol{P}^k = \boldsymbol{\pi}(0) \begin{bmatrix} \boldsymbol{z} \\ \vdots \\ \boldsymbol{z} \end{bmatrix} = \boldsymbol{z} \tag{3.34}$$

となる．式(3.34)は，十分多くの遷移を経た後の状態分布は初期状態分布にかかわらず $\boldsymbol{z}$ となることを示している．$\boldsymbol{z}$ を極限分布（limiting distribution）という．エルゴード的マルコフ情報源では，極限分布が定常分布に一致することが知られている．

例題 3.7　極限分布

図 3.10 のマルコフ情報源の極限分布を求めよ．

解答

$\boldsymbol{P}$ の固有方程式

$$|\,\boldsymbol{P} - \lambda\boldsymbol{I}\,| = \begin{vmatrix} 1-\alpha-\lambda & \alpha \\ \beta & 1-\beta-\lambda \end{vmatrix} = 0$$

を変形すると，

$$(\lambda-1)(\lambda-1+\alpha+\beta) = 0$$

となるので，$\boldsymbol{P}$ の固有値は 1，$1-\alpha-\beta$ である．

方程式

$$[\,\boldsymbol{P} - \boldsymbol{I}\,]\,\boldsymbol{x} = \boldsymbol{O}$$

より，固有ベクトル

$$c_1 \begin{bmatrix} 1 \\ 1 \end{bmatrix}$$

が得られ，また，もう一方の方程式

$$[\,\boldsymbol{P} - (1 - \alpha - \beta)\boldsymbol{I}\,]\,\boldsymbol{x} = \boldsymbol{O}$$

より，固有ベクトル

$$c_2 \begin{bmatrix} -\alpha \\ \beta \end{bmatrix}$$

が得られるので，

$$\boldsymbol{Q} = \begin{bmatrix} 1 & -\alpha \\ 1 & \beta \end{bmatrix}$$

を用いて，$\boldsymbol{P}$ を次式のように対角化することができる．

$$\boldsymbol{Q}^{-1}\boldsymbol{P}\boldsymbol{Q} = \begin{bmatrix} 1 & 0 \\ 0 & 1 - \alpha - \beta \end{bmatrix}$$

これより，$\boldsymbol{P}^k$ は，

$$\boldsymbol{P}^k = \frac{1}{\alpha + \beta} \begin{bmatrix} \beta + \alpha(1 - \alpha - \beta)^k & \alpha - \alpha(1 - \alpha - \beta)^k \\ \beta - \beta(1 - \alpha - \beta)^k & \alpha + \beta(1 - \alpha - \beta)^k \end{bmatrix}$$

となるので，極限分布 $\boldsymbol{z}$ は次式のようになる．

$$\boldsymbol{z} = \left[\frac{\beta}{\alpha + \beta}, \frac{\alpha}{\alpha + \beta} \right]$$

補足

$$[\,\pi_1, \pi_2\,] \begin{bmatrix} 1 - \alpha & \alpha \\ \beta & 1 - \beta \end{bmatrix} = [\,\pi_1, \pi_2\,]$$

$$\pi_1 + \pi_2 = 1$$

を解いて定常分布 $\boldsymbol{\pi}$ を求めると，

$$\boldsymbol{\pi} = \left[\frac{\beta}{\alpha + \beta}, \frac{\alpha}{\alpha + \beta} \right]$$

となるので，極限分布に一致する．

3.3.7　エントロピー

さて，話を 3.3.1 項に戻そう．式(3.9)で問題となった $P(q_i)$ として定常確率 π_i を使うと，定常分布 $\boldsymbol{\pi}$ が存在する m 重マルコフ情報源 $S = \{s_1, s_2, \ldots, s_J\}$ のエントロピー $H(S)$ は，

$$H(S) = \sum_{i} \pi_i \sum_{j=1}^{J} P(s_j|q_i) \log \frac{1}{P(s_j|q_i)} \tag{3.35}$$

となる．$P(s_j|q_i)$ は，状態 q_i から次の状態への遷移確率なので，式(3.35)は，次式のように表すこともできる．

$$H(S) = \sum_{i} \pi_i \sum_{l} p_{i,l} \log \frac{1}{p_{i,l}} \tag{3.36}$$

例題 3.8　マルコフ情報源のエントロピー

図 3.5 のマルコフ情報源 S のエントロピー $H(S)$ を求めよ．

解答

平衡方程式は，

$$[\ \pi_1, \pi_2, \pi_3, \pi_4\ ] \begin{bmatrix} 0.9 & 0.1 & 0 & 0 \\ 0 & 0 & 0.8 & 0.2 \\ 0.6 & 0.4 & 0 & 0 \\ 0 & 0 & 0.3 & 0.7 \end{bmatrix} = [\ \pi_1, \pi_2, \pi_3, \pi_4\ ]$$

となる．

$$\pi_1 + \pi_2 + \pi_3 + \pi_4 = 1$$

を補ってこれらを解くと，定常確率はそれぞれ，

$$\pi_1 = \frac{9}{13} \simeq 0.692308, \quad \pi_2 = \pi_3 = \frac{3}{26} \simeq 0.115385, \quad \pi_4 = \frac{1}{13} \simeq 0.076923$$

となる．これらの数値を式(3.35)に代入すると，次式のようになる．

$$\begin{aligned} H(S) = &\ \pi_1 P(s_1|q_1) \log \frac{1}{P(s_1|q_1)} + \pi_1 P(s_2|q_1) \log \frac{1}{P(s_2|q_1)} \\ &+ \pi_2 P(s_1|q_2) \log \frac{1}{P(s_1|q_2)} + \pi_2 P(s_2|q_2) \log \frac{1}{P(s_2|q_2)} \\ &+ \pi_3 P(s_1|q_3) \log \frac{1}{P(s_1|q_3)} + \pi_3 P(s_2|q_3) \log \frac{1}{P(s_2|q_3)} \\ &+ \pi_4 P(s_1|q_4) \log \frac{1}{P(s_1|q_4)} + \pi_4 P(s_2|q_4) \log \frac{1}{P(s_2|q_4)} \end{aligned}$$

$$= \frac{9}{13} \times \left(\frac{9}{10} \log \frac{10}{9} + \frac{1}{10} \log \frac{10}{1} \right) + \frac{3}{26} \times \left(\frac{8}{10} \log \frac{10}{8} + \frac{2}{10} \log \frac{10}{2} \right)$$
$$+ \frac{3}{26} \times \left(\frac{6}{10} \log \frac{10}{6} + \frac{4}{10} \log \frac{10}{4} \right) + \frac{1}{13} \times \left(\frac{3}{10} \log \frac{10}{3} + \frac{7}{10} \log \frac{10}{7} \right)$$
$$= \frac{7}{13} - \frac{7}{130} \log 7 + \log 5 - \frac{87}{65} \log 3 \simeq 0.588 \text{ [bit]}$$

次に，m 重マルコフ情報源 S の n 次拡大 S^n におけるエントロピーについて考える．3.2 節と同様，$S = \{s_1, s_2, \ldots, s_J\}$ から生起する一連の n 個のシンボル $(s_{j_1}, s_{j_2}, \ldots, s_{j_n})$ をまとめて 1 個のシンボル $\boldsymbol{s}_j$ として扱うことにすると，$\boldsymbol{s}_j$ として考えられる種類の数は J^n である．ここで注意しなければならないのは，$\boldsymbol{s}_j$ の生起確率は $\boldsymbol{s}_j$ の先頭のシンボル s_{j_1} に先行する m 個の元のシンボル（これらを $s_{i_1}, s_{i_2}, \ldots, s_{i_m}$ とする）に依存するということである．したがって，条件付確率 $P(\boldsymbol{s}_j | s_{i_1}, s_{i_2}, \ldots, s_{i_m})$ が問題となる．ここで，m 個の元のシンボルの並びを問題とするということは $\lceil m/n \rceil$ 個の新しいシンボルの並びを問題とすることであるから，S^n を J^n 個のシンボル $\{\boldsymbol{s}_1, \boldsymbol{s}_2, \cdots, \boldsymbol{s}_{J^n}\}$ をもつ $\lceil m/n \rceil$ 重マルコフ情報源とみなすことができる．したがって，$m \leq n$ である n 次拡大を単純マルコフ情報源に帰着させることができる．

さて，$\boldsymbol{s}_j$ に先行する $\lceil m/n \rceil$ 個の新しいシンボルを $\boldsymbol{s}_{i_1}, \boldsymbol{s}_{i_2}, \ldots, \boldsymbol{s}_{i_{\lceil m/n \rceil}}$ とすると，

$$\begin{aligned} P(\boldsymbol{s}_j | \boldsymbol{s}_{i_1}, \boldsymbol{s}_{i_2}, \ldots, \boldsymbol{s}_{i_{\lceil m/n \rceil}}) &= P(\boldsymbol{s}_j | s_{i_1}, s_{i_2}, \ldots, s_{i_m}) \\ &= P(s_{j_1}, s_{j_2}, \ldots, s_{j_n} | s_{i_1}, s_{i_2}, \ldots, s_{i_m}) \\ &= P(s_{j_1} | s_{i_1}, s_{i_2}, \ldots, s_{i_m}) \\ &\quad \times P(s_{j_2} | s_{i_2}, \ldots, s_{i_m}, s_{j_1}) \times \cdots \\ &\quad \times P(s_{j_n} | \underbrace{\ldots, s_{i_m}, s_{j_1}, \ldots, s_{j_{n-1}}}_{m}) \end{aligned} \tag{3.37}$$

となるので，式(3.37)を用いて，S の状態遷移確率から S^n の状態遷移確率を計算するとよい．

ここで，図 3.5 の 2 重マルコフ情報源 S の 2 次拡大 S^2 の状態遷移確率を計算してみよう．この場合，m，n，J いずれも 2 であるから，S^2 は 4 個のシンボル $\{\boldsymbol{s}_1, \boldsymbol{s}_2, \boldsymbol{s}_3, \boldsymbol{s}_4\}$ をもつ単純マルコフ情報源となる．$\boldsymbol{s}_1$，$\boldsymbol{s}_2$，$\boldsymbol{s}_3$，$\boldsymbol{s}_4$ に対応する S のシンボルの系列をそれぞれ (s_1, s_1)，(s_1, s_2)，(s_2, s_1)，(s_2, s_2) とする．式(3.37)を用いて，状態遷移確率を求めると次のようになる．

$$P(\boldsymbol{s}_1 | \boldsymbol{s}_1) = P(s_1, s_1 | s_1, s_1) = P(s_1 | s_1, s_1) P(s_1 | s_1, s_1) = 0.9 \times 0.9 = 0.81$$

$$P(\boldsymbol{s}_2|\boldsymbol{s}_1) = P(s_1, s_2|s_1, s_1) = P(s_1|s_1, s_1)P(s_2|s_1, s_1) = 0.9 \times 0.1 = 0.09$$

$$P(\boldsymbol{s}_3|\boldsymbol{s}_1) = P(s_2, s_1|s_1, s_1) = P(s_2|s_1, s_1)P(s_1|s_1, s_2) = 0.1 \times 0.8 = 0.08$$

$$P(\boldsymbol{s}_4|\boldsymbol{s}_1) = P(s_2, s_2|s_1, s_1) = P(s_2|s_1, s_1)P(s_2|s_1, s_2) = 0.1 \times 0.2 = 0.02$$

$$P(\boldsymbol{s}_1|\boldsymbol{s}_2) = P(s_1, s_1|s_1, s_2) = P(s_1|s_1, s_2)P(s_1|s_2, s_1) = 0.8 \times 0.6 = 0.48$$

$$P(\boldsymbol{s}_2|\boldsymbol{s}_2) = P(s_1, s_2|s_1, s_2) = P(s_1|s_1, s_2)P(s_2|s_2, s_1) = 0.8 \times 0.4 = 0.32$$

$$P(\boldsymbol{s}_3|\boldsymbol{s}_2) = P(s_2, s_1|s_1, s_2) = P(s_2|s_1, s_2)P(s_1|s_2, s_2) = 0.2 \times 0.3 = 0.06$$

$$P(\boldsymbol{s}_4|\boldsymbol{s}_2) = P(s_2, s_2|s_1, s_2) = P(s_2|s_1, s_2)P(s_2|s_2, s_2) = 0.2 \times 0.7 = 0.14$$

$$P(\boldsymbol{s}_1|\boldsymbol{s}_3) = P(s_1, s_1|s_2, s_1) = P(s_1|s_2, s_1)P(s_1|s_1, s_1) = 0.6 \times 0.9 = 0.54$$

$$P(\boldsymbol{s}_2|\boldsymbol{s}_3) = P(s_1, s_2|s_2, s_1) = P(s_1|s_2, s_1)P(s_2|s_1, s_1) = 0.6 \times 0.1 = 0.06$$

$$P(\boldsymbol{s}_3|\boldsymbol{s}_3) = P(s_2, s_1|s_2, s_1) = P(s_2|s_2, s_1)P(s_1|s_1, s_2) = 0.4 \times 0.8 = 0.32$$

$$P(\boldsymbol{s}_4|\boldsymbol{s}_3) = P(s_2, s_2|s_2, s_1) = P(s_2|s_2, s_1)P(s_2|s_1, s_2) = 0.4 \times 0.2 = 0.08$$

$$P(\boldsymbol{s}_1|\boldsymbol{s}_4) = P(s_1, s_1|s_2, s_2) = P(s_1|s_2, s_2)P(s_1|s_2, s_1) = 0.3 \times 0.6 = 0.18$$

$$P(\boldsymbol{s}_2|\boldsymbol{s}_4) = P(s_1, s_2|s_2, s_2) = P(s_1|s_2, s_2)P(s_2|s_2, s_1) = 0.3 \times 0.4 = 0.12$$

$$P(\boldsymbol{s}_3|\boldsymbol{s}_4) = P(s_2, s_1|s_2, s_2) = P(s_2|s_2, s_2)P(s_1|s_2, s_2) = 0.7 \times 0.3 = 0.21$$

$$P(\boldsymbol{s}_4|\boldsymbol{s}_4) = P(s_2, s_2|s_2, s_2) = P(s_2|s_2, s_2)P(s_2|s_2, s_2) = 0.7 \times 0.7 = 0.49$$

無記憶情報源の場合と同様，マルコフ情報源についても n 次拡大における 1 シンボルあたりのエントロピーが元のそれの n 倍になることが知られているが，ここでは簡単のため，$m = 1$ の場合についてそのことを確かめることにする．

$m = 1$ のとき $\lceil m/n \rceil = 1$ であるから，S^n は J^n 個のシンボルをもつ単純マルコフ情報源となる．したがって，式(3.10)より，エントロピーは，

$$H(S^n) = \sum_{i=1}^{J^n} \sum_{j=1}^{J^n} P(\boldsymbol{s}_i, \boldsymbol{s}_j) \log \frac{1}{P(\boldsymbol{s}_j|\boldsymbol{s}_i)} \tag{3.38}$$

となる．ここで，式(3.37)は $m = 1$ のとき次式のようになる．

$$P(\boldsymbol{s}_j|\boldsymbol{s}_i) = P(s_{j_1}|s_{i_n})P(s_{j_2}|s_{j_1}) \cdots P(s_{j_n}|s_{j_{n-1}}) \tag{3.39}$$

式(3.38)，(3.39)より，

$$
\begin{aligned}
H(S^n) &= \sum_{i_1=1}^{J} \cdots \sum_{i_n=1}^{J} \sum_{j_1=1}^{J} \cdots \sum_{j_n=1}^{J} P(s_{i_1}, \ldots, s_{i_n}, s_{j_1}, \ldots, s_{j_n}) \log \frac{1}{P(s_{j_1}|s_{i_n})} + \cdots \\
&\quad + \sum_{i_1=1}^{J} \cdots \sum_{i_n=1}^{J} \sum_{j_1=1}^{J} \cdots \sum_{j_n=1}^{J} P(s_{i_1}, \ldots, s_{i_n}, s_{j_1}, \ldots, s_{j_n}) \log \frac{1}{P(s_{j_n}|s_{j_{n-1}})} \\
&= \sum_{i_n=1}^{J} \sum_{j_1=1}^{J} P(s_{i_n}, s_{j_1}) \log \frac{1}{P(s_{j_1}|s_{i_n})} + \cdots \\
&\quad + \sum_{j_{n-1}=1}^{J} \sum_{j_n=1}^{J} P(s_{j_{n-1}}, s_{j_n}) \log \frac{1}{P(s_{j_n}|s_{j_{n-1}})} \\
&= nH(S)
\end{aligned}
\tag{3.40}
$$

となる．

3.4 随伴情報源

定常分布 $\boldsymbol{\pi}$ が存在する m 重マルコフ情報源 $S = \{s_1, s_2, \ldots, s_J\}$ では，シンボル s_j が平均的に

$$
P(s_j) = \sum_{i} \pi_i P(s_j|q_i) \tag{3.41}
$$

の確率で生起すると考えることができる．各シンボルの生起確率が式(3.41)である無記憶情報源をこのマルコフ情報源 S の随伴情報源（adjoint source）といい，$\overline{S}$ と表す．そのエントロピー $H(\overline{S})$ は，式(3.3)より，

$$
H(\overline{S}) = \sum_{j=1}^{J} P(s_j) \log \frac{1}{P(s_j)} \tag{3.42}
$$

である．後に示すように，$H(S) \leq H(\overline{S})$ という関係が成立するので，随伴情報源は $H(S)$ の上限を検討する際に有用となる．

例題 3.9 随伴情報源のエントロピー

図 3.5 のマルコフ情報源 S の随伴情報源 $\overline{S}$ のエントロピー $H(\overline{S})$ を求めよ．

解答

例題 3.8 の結果を式(3.41)に代入すると，各シンボルの生起確率は次式のようになる．

$$
\begin{aligned}
P(s_1) &= \pi_1 P(s_1|q_1) + \pi_2 P(s_1|q_2) + \pi_3 P(s_1|q_3) + \pi_4 P(s_1|q_4) \\
&= \frac{9}{13} \times \frac{9}{10} + \frac{3}{26} \times \frac{8}{10} + \frac{3}{26} \times \frac{6}{10} + \frac{1}{13} \times \frac{3}{10} = \frac{21}{26}
\end{aligned}
$$

$$
\begin{aligned}
P(s_2) &= \pi_1 P(s_2|q_1) + \pi_2 P(s_2|q_2) + \pi_3 P(s_2|q_3) + \pi_4 P(s_2|q_4) \\
&= \frac{9}{13} \times \frac{1}{10} + \frac{3}{26} \times \frac{2}{10} + \frac{3}{26} \times \frac{4}{10} + \frac{1}{13} \times \frac{7}{10} = \frac{5}{26}
\end{aligned}
$$

これらの値を式(3.42)に代入すると，次式のようになる．

$$
\begin{aligned}
H(\overline{S}) &= P(s_1) \log \frac{1}{P(s_1)} + P(s_2) \log \frac{1}{P(s_2)} \\
&= \frac{21}{26} \log \frac{26}{21} + \frac{5}{26} \log \frac{26}{5} \\
&= 1 + \log 13 - \frac{21}{26} \log 7 - \frac{5}{26} \log 5 - \frac{21}{26} \log 3 \\
&\simeq 0.706 \text{ [bit]}
\end{aligned}
$$

例題 3.9 の結果を例題 3.8 の結果と比較すると，$H(\overline{S})$ のほうが $H(S)$ よりも大きくなっている．これは，$\overline{S}$ のシンボルが互いに独立に生起するのに対して，S のシンボルは条件付で生起することによるものと考えられる．シャノンの補助定理(2.52)を利用して，$H(S) \leq H(\overline{S})$ となることを証明しよう．

$$
\sum_i \sum_{j=1}^{J} P(q_i, s_j) = 1 \tag{3.43}
$$

$$
\sum_i \sum_{j=1}^{J} P(s_j)\pi_i = 1 \tag{3.44}
$$

であるから，式(2.52)より，次のような大小関係が得られる．

$$
\sum_i \sum_{j=1}^{J} P(q_i, s_j) \log \frac{1}{P(q_i, s_j)} \leq \sum_i \sum_{j=1}^{J} P(q_i, s_j) \log \frac{1}{P(s_j)\pi_i} \tag{3.45}
$$

等号が成立するのは，すべての i，j について，

$$
P(q_i, s_j) = \pi_i P(s_j) \tag{3.46}
$$

となるときである．式(3.45)の左辺を変形すると，

$$
\sum_i \sum_{j=1}^{J} P(q_i, s_j) \log \frac{1}{P(q_i, s_j)}
$$

$$= \sum_i \sum_{j=1}^{J} P(q_i, s_j) \log \frac{1}{P(s_j|q_i)\pi_i}$$

$$= \sum_i \sum_{j=1}^{J} P(q_i, s_j) \log \frac{1}{P(s_j|q_i)} + \sum_i \sum_{j=1}^{J} P(q_i, s_j) \log \frac{1}{\pi_i}$$

$$= H(S) + \sum_i \pi_i \log \frac{1}{\pi_i} \tag{3.47}$$

となる．一方，式(3.45)の右辺を変形すると，

$$\sum_i \sum_{j=1}^{J} P(q_i, s_j) \log \frac{1}{P(s_j)\pi_i}$$

$$= \sum_i \sum_{j=1}^{J} P(q_i, s_j) \log \frac{1}{P(s_j)} + \sum_i \sum_{j=1}^{J} P(q_i, s_j) \log \frac{1}{\pi_i}$$

$$= \sum_{j=1}^{J} P(s_j) \log \frac{1}{P(s_j)} + \sum_i \pi_i \log \frac{1}{\pi_i}$$

$$= H(\overline{S}) + \sum_i \pi_i \log \frac{1}{\pi_i} \tag{3.48}$$

となる．したがって，

$$H(S) \leq H(\overline{S}) \tag{3.49}$$

が得られる．等号成立はすべての i，j について式(3.46)が満足されなければならないので，S が無記憶情報源の場合に限られる．

次に，m 重マルコフ情報源 S の n 次拡大 S^n の随伴情報源 $\overline{S^n}$ について考える．S の一連の n 個のシンボル $(s_{j_1}, s_{j_2}, \ldots, s_{j_n})$ をまとめて 1 個のシンボル $\boldsymbol{s}_j$ として扱うことにすると，$\boldsymbol{s}_j$ として考えられる種類の数は J^n である．そして，$\overline{S^n}$ は無記憶情報源であるから，そのエントロピー $H(\overline{S^n})$ は，式(3.3)より，

$$H(\overline{S^n}) = \sum_{j=1}^{J^n} P(\boldsymbol{s}_j) \log \frac{1}{P(\boldsymbol{s}_j)} \tag{3.50}$$

である．十分大きな n を考えているので，$n > m$ とすると，$P(\boldsymbol{s}_j)$ は，

$$P(\boldsymbol{s}_j) = P(s_{j_1}, \ldots, s_{j_n})$$

$$
\begin{aligned}
&= P(s_{j_1}, \ldots, s_{j_m}, s_{j_{m+1}}, \ldots, s_{j_{n-1}}, s_{j_n}) \\
&= P(s_{j_1}, \ldots, s_{j_m}) P(s_{j_{m+1}} | s_{j_1}, \ldots, s_{j_m}) \cdots \\
&\quad P(s_{j_n} | s_{j_{n-m}}, \ldots, s_{j_{n-1}})
\end{aligned} \tag{3.51}
$$

と表すことができるので，式(3.51)を式(3.50)に代入すると，

$$
\begin{aligned}
H(\overline{S^n}) &= \sum_{j_1=1}^{J} \cdots \sum_{j_n=1}^{J} P(s_{j_1}, \ldots, s_{j_n}) \times \left(\log \frac{1}{P(s_{j_1}, \ldots, s_{j_m})} \right. \\
&\qquad \left. + \log \frac{1}{P(s_{j_{m+1}} | s_{j_1}, \ldots, s_{j_m})} + \cdots + \log \frac{1}{P(s_{j_n} | s_{j_{n-m}}, \ldots, s_{j_{n-1}})} \right) \\
&= \sum_{j_1=1}^{J} \cdots \sum_{j_m=1}^{J} P(s_{j_1}, \ldots, s_{j_m}) \log \frac{1}{P(s_{j_1}, \ldots, s_{j_m})} \\
&\quad + \sum_{j_1=1}^{J} \cdots \sum_{j_{m+1}=1}^{J} P(s_{j_1}, \ldots, s_{j_m}, s_{j_{m+1}}) \log \frac{1}{P(s_{j_{m+1}} | s_{j_1}, \ldots, s_{j_m})} + \cdots \\
&\quad + \sum_{j_{n-m}=1}^{J} \cdots \sum_{j_n=1}^{J} P(s_{j_{n-m}}, \ldots, s_{j_{n-1}}, s_{j_n}) \log \frac{1}{P(s_{j_n} | s_{j_{n-m}}, \ldots, s_{j_{n-1}})} \\
&= H(\overline{S^m}) + (n-m) H(S) \\
&= nH(S) + H(\overline{S^m}) - H(S^m)
\end{aligned} \tag{3.52}
$$

となる．式(3.52)の両辺を n で割ると，

$$
\frac{H(\overline{S^n})}{n} = H(S) + \frac{H(\overline{S^m}) - H(S^m)}{n} \tag{3.53}
$$

となり，式(3.53)の右辺第 2 項の分子は n に無関係であるから，十分大きな n では，

$$
\lim_{n \to \infty} \frac{H(\overline{S^n})}{n} = H(S) \tag{3.54}
$$

となる．ここで，すべての n について

$$
\frac{H(S^n)}{n} = \frac{nH(S)}{n} = H(S) \tag{3.55}
$$

であるから，式(3.54)は，n が大きくなるのに伴って，S^n のシンボル $\boldsymbol{s}_j$ の相互のマルコフ的な制約が小さくなっていくことを示している．

それでは，具体的な数値で確かめてみよう．図 3.5 の 2 重マルコフ情報源 S におけ

る式(3.53)の値を計算する．例題 3.8 より，

$$H(S) \simeq 0.587813 \text{ [bit]}$$

である．また，$m = 2$ なので，$H(\overline{S^2})$ を計算しなければならない．S^2 のシンボル表記を 3.3.7 項で例示した 2 次拡大と同様とすると，たとえば，$P(\boldsymbol{s}_1) = P(s_1, s_1)$ なので，これは例題 3.8 で求めた π_1 に等しい．したがって，

$$\begin{aligned} H(\overline{S^2}) &= \frac{9}{13}\log\frac{13}{9} + \frac{3}{26}\log\frac{26}{3} + \frac{3}{26}\log\frac{26}{3} + \frac{1}{13}\log 13 \\ &= \frac{3}{13} + \log 13 - \frac{21}{13}\log 3 \simeq 1.371 \text{ [bit]} \end{aligned}$$

となる．これらの値を式(3.53)に代入して順次計算した結果を，**表 3.3** に示す．

表 3.3　$H(\overline{S^n})/n$ **の収束の様子**

n	$H(\overline{S^n})/n$	n	$H(\overline{S^n})/n$	n	$H(\overline{S^n})/n$
1	0.706274	11	0.605564	100	0.589766
2	0.685442	12	0.604085	200	0.588789
3	0.652899	13	0.602833	300	0.588464
4	0.636628	14	0.601760	400	0.588301
5	0.626865	15	0.600830	500	0.588204
6	0.620356	16	0.600017	600	0.588138
7	0.615707	17	0.599299	700	0.588092
8	0.612220	18	0.598661	800	0.588057
9	0.609508	19	0.598090	900	0.588030
10	0.607339	20	0.597576	1000	0.588008

3.5　英文の近似

ここでは，応用例として，情報源を使って英文を生成する方法を紹介する．情報源 S から出力されるシンボルを，**表 3.4** に示すように英単語に対応させることにする．

表 3.4 において各シンボルの生起確率が与えられると，S を無記憶情報源とみなすことができる．しかし，各単語の出現確率を実際に求めることは困難である．そこで，シャノンは適当な書籍の中からランダムに単語を抽出することにした．このようにして生成されたのが**図 3.11** である．これは，おおよそ文章といえるものではない．

それでは，現在の単語に依存して次の単語が出現する単純マルコフ情報源を考えることにしよう．条件付の出現確率を求めることは，単なる出現確率を求めることより

表 3.4　シンボルと英単語の対応表

S	英単語
s_1	a
s_2	aa
s_3	aardvark
s_4	aardwolf
s_5	aba
$\vdots$	$\vdots$

representing and speedily is an good apt
or come can different natural here he
the a in came the to of to expert
gray come to furnishes the line message
had be these

図 3.11　無記憶情報源から出力された英文

もさらに困難であるが，これについてもシャノンは書籍を利用した簡便な手法を用いている．たとえば，the が抽出されたとすると，次に the が現れるまで読み飛ばし，その the のすぐ後の単語を抽出する．この操作を繰り返して生成されたのが図 3.12 である．支離滅裂ではあるが，英文らしきものが出力されている．したがって，単純マルコフ情報源のような簡単なモデルでも有用な近似となっていると考えられる．

the head and in frontal attack on an
english writer that the character of
this point is therefore another method
for the letters that the time of who
ever told the problem for an unexpected

図 3.12　単純マルコフ情報源から出力された英文

3.6　一般的な情報源のエントロピー

これまで，無記憶情報源，記憶のある情報源の一例であるマルコフ情報源のエントロピーについて検討したが，本章の最後に，一般的な記憶のある情報源のエントロピーの定義を紹介しよう．ただし，一般的といっても，情報源シンボルの結合確率が時刻に依存しないという制限の付いた情報源を仮定している．このような情報源を定常情報源（stationary source）という．

情報源 $S = \{s_1, s_2, \ldots, s_J\}$ の n 次拡大 S^n のエントロピー $H(S^n)$ は，

$$H(S^n) = \sum_{i_1=1}^{J} \sum_{i_2=1}^{J} \cdots \sum_{i_n=1}^{J} P(s_{i_1}, s_{i_2}, \ldots, s_{i_n}) \log \frac{1}{P(s_{i_1}, s_{i_2}, \ldots, s_{i_n})} \tag{3.56}$$

であり，これは n シンボルあたりのエントロピーである．そこで，n で割って 1 シンボルあたりのエントロピーを求めるが，このとき，有限の n を考えるのではなく，n を無限大とする．

$$H(S) = \lim_{n\to\infty} \frac{H(S^n)}{n} \tag{3.57}$$

他方，第 k ステップで生起するシンボルあたりのエントロピーが $H(S|S^{k-1})$ であることから，これの極限をとって，

$$H(S) = \lim_{k\to\infty} H(S|S^{k-1}) \tag{3.58}$$

を情報源のエントロピーとする定義もある．

詳細な説明は他の専門書にゆずるが，両者の定義は等価であり，マルコフ情報源においても，式(3.35)に示したエントロピーがこれらの定義に合致することが知られている．

演習問題

3.1 3 個のさいころを投げて出た 1 の目の数について情報源 S を構成せよ．また，S のエントロピー $H(S)$ はいくらか．

3.2 次式の無記憶情報源 S の 3 次拡大 S^3 のエントロピー $H(S^3)$ を求めよ．

$$S = \begin{Bmatrix} s_1 & s_2 & s_3 & s_4 \\ 0.2 & 0.3 & 0.1 & 0.4 \end{Bmatrix}$$

3.3 図 3.13 の単純マルコフ情報源 S のエントロピー $H(S)$ を求めよ．

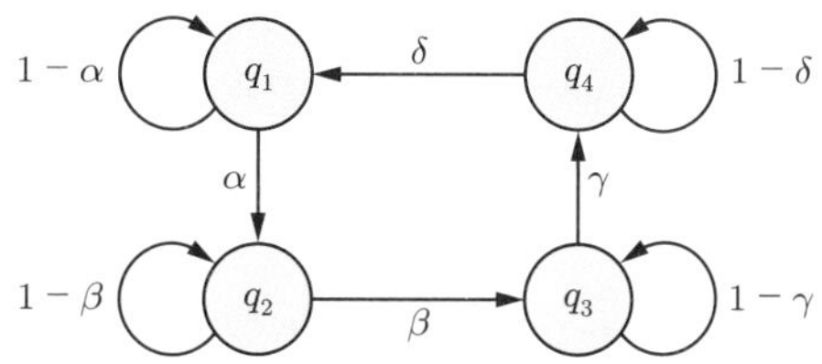

図 3.13

3.4 3 重マルコフ情報源 $S = \{s_1, s_2\}$ の状態遷移図を描け．考えられる状態，遷移をすべて含むこと．

第4章 情報源符号化

情報交換を行う当事者間では，ある共通の表現を用いる必要がある．そこで，情報源で発生したシンボルの系列を共通のシンボルの系列に変換する．この変換を符号といい，その際の操作を符号化という．本章では，符号の定義を述べた後，さまざまな符号を紹介する．符号化の逆の操作を復号というが，複数通りの復号が存在するようでは，実用にならないことは明らかである．そこで，本章では，一意に復号可能な性質を保ったままで効率的な符号を作る方法について考え，そこから重要な定理を導く．

4.1 符　号

あるアルファベットに属するシンボルの系列から別のアルファベットに属するシンボルの系列への写像を符号 (code) といい，その際の変換操作を符号化 (coding, encoding) という．ここでは，情報源アルファベット S に属する情報源シンボル $s_1, s_2, \ldots, s_J$ ($\in S$) の系列から，符号アルファベット (code alphabet) X に属する符号シンボル $x_1, x_2, \ldots, x_r$ ($\in X$) の系列への写像を考える．符号化により得られる系列を符号語 (codeword) という．また，符号シンボルの種類の数が r である符号を r 元符号 (r-ary code) という．情報工学では，通常，$X = \{0, 1\}$ の 2 元符号 (binary code) を扱うので，本書もそれにならう．以降，簡単のために，とくに断らない限り，情報源は無記憶であるとする．

情報源 $S = \{s_1, s_2, s_3, s_4\}$ の 2 元符号化の例を次に示す．この符号を $\mathcal{A}$ とする．

S	$\mathcal{A}$
s_1	0
s_2	10
s_3	00
s_4	10

表の右列の見出しは，正確には「符号 $\mathcal{A}$ による符号語の集合」であるが，単に $\mathcal{A}$ と書いている．さて，符号 $\mathcal{A}$ では，各情報源シンボルに符号語を割り当てている．表より，たとえば，(s_1, s_4, s_3) は，01000 に符号化される．

符号は，ブロック符号と逐次符号の二つに大別される．ブロック符号（block code）は，情報源シンボルの系列を m 個ずつのブロックに区切り，ブロックごとに符号語を割り当てる．これに対して，逐次符号（sequential code）は，最近生起した m 個のシンボルに順次符号語を割り当てる．**図 4.1** に $m = 2$ の場合の両者の違いを示す．$s_1, s_3, s_2, s_1, \ldots$ と生起した情報源シンボルに対して，ブロック符号では (s_1, s_3)，(s_2, s_1) に符号語を割り当てている．これに対して，逐次符号では (s_1, s_3)，(s_3, s_2)，(s_2, s_1) に符号語を割り当てている．本書ではブロック符号について検討するが，簡単のため，$m = 1$ とする．すなわち，$s_1, s_2, \ldots, s_J$ のそれぞれに 0，1 の系列を割り当てる．

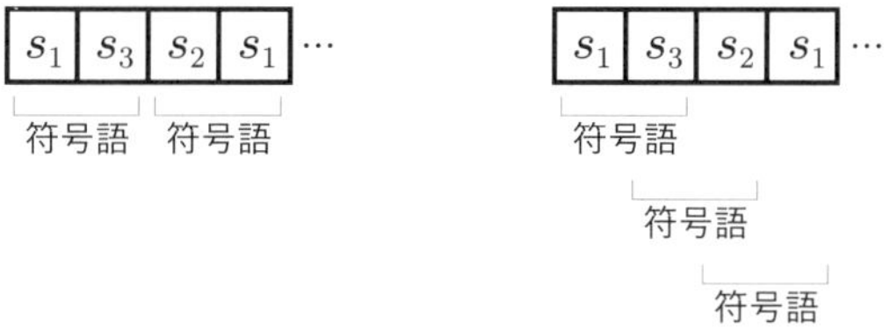

（a）ブロック符号　　（b）逐次符号

図 4.1　ブロック符号と逐次符号

さて，あらためて符号 $\mathcal{A}$ について考えよう．符号 $\mathcal{A}$ では，符号語 10 は情報源シンボルの s_2 と s_4 の両方に対応している．このように，同じ符号語が存在する符号を特異な符号（singular code）という．符号語から元の情報源シンボルの系列を復元することを復号（decoding）というが，符号語から一意に復号可能でなければ実用的な符号とはいえない．一意に復号可能であるためには，少なくともすべての符号語が異なっていなければならないが，そのような符号を非特異な符号（nonsingular code）という．

それでは，符号 $\mathcal{A}$ の s_4 に対応する符号語を，次のように 01 に変更してみよう．この符号を $\mathcal{B}$ とする．

S	$\mathcal{B}$
s_1	0
s_2	10
s_3	00
s_4	01

各符号語は異なっているので，符号 $\mathcal{B}$ は確かに非特異な符号である．しかし，00 を復号するとき，s_1 の連続か s_3 単独かを判別することができない．このことから，一意に復号可能であるためには，任意の符号語の系列が情報源シンボルの系列に一意に対応していなければならないことがわかる．

ここで，一意に復号可能な符号を定義するために，符号の拡大という概念を導入する．符号 $\mathcal{C}$ は，情報源シンボル s_j を符号語 $\boldsymbol{x}_j$ に写すとする．このとき，n 個の情報源シンボルの系列 $(s_{j_1}, s_{j_2}, \ldots, s_{j_n})$ を n 個の符号語の系列 $(\boldsymbol{x}_{j_1}, \boldsymbol{x}_{j_2}, \ldots, \boldsymbol{x}_{j_n})$ に写す符号を符号 $\mathcal{C}$ の n 次拡大といい，$\mathcal{C}^n$ と表す．符号の n 次拡大もまた符号である．

符号 $\mathcal{B}$ の 2 次拡大 $\mathcal{B}^2$ を次に示す．

S^2	$\mathcal{B}^2$	S^2	$\mathcal{B}^2$
(s_1, s_1)	00	(s_3, s_1)	000
(s_1, s_2)	010	(s_3, s_2)	0010
(s_1, s_3)	000	(s_3, s_3)	0000
(s_1, s_4)	001	(s_3, s_4)	0001
(s_2, s_1)	100	(s_4, s_1)	010
(s_2, s_2)	1010	(s_4, s_2)	0110
(s_2, s_3)	1000	(s_4, s_3)	0100
(s_2, s_4)	1001	(s_4, s_4)	0101

元の符号 $\mathcal{B}$ は非特異であるが，その 2 次拡大 $\mathcal{B}^2$ は特異な符号となっている．したがって，連続した符号語を必ずしも一意に復号できないのである．

符号の n 次拡大があらゆる有限の n に対して非特異の場合，この符号を一意に復号可能な符号（uniquely decodable code）という．一意に復号可能な符号の例として，次のような符号 $\mathcal{D}$，$\mathcal{E}$ を考える．

S	$\mathcal{D}$	$\mathcal{E}$
s_1	0	0
s_2	10	01
s_3	110	011
s_4	1110	0111

いずれの符号も符号シンボル 0 が符号語間の区切りのように作用している．したがって，いずれの符号も n 次拡大があらゆる n に対して非特異となるので，一意に復号可能である．

ここで，符号 $\mathcal{D}$，$\mathcal{E}$ による復号について検討しよう．いま，ある人が符号シンボルを 1 個ずつ受信しながら復号しているとする．符号 $\mathcal{D}$，$\mathcal{E}$ による系列 $0101110110\cdots$ の復号の様子をそれぞれ図 4.2，4.3 に示す．符号 $\mathcal{D}$ では 0 を受信した瞬間にある符号

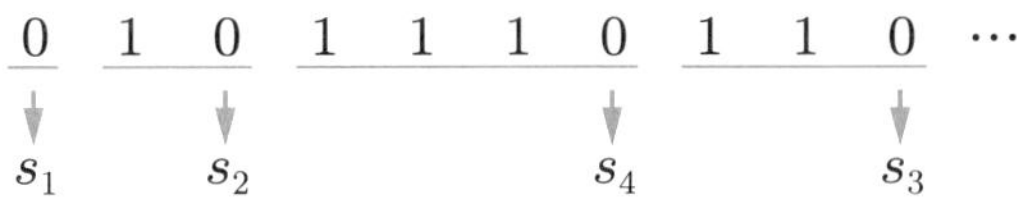

図 4.2　符号 $\mathcal{D}$ による復号

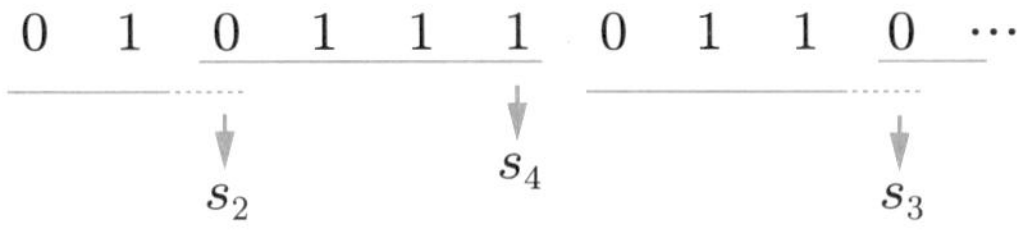

図 4.3　符号 $\mathcal{E}$ による復号

語の受信を完了したことがわかるので，その時点で即座に復号することができる．一方，符号 $\mathcal{E}$ では，符号語の受信を完了したことが即座にわかるのは s_4 に対応する符号語 0111 を受信したときのみである．たとえば 01 を受信した時点では s_2，s_3，s_4 のいずれなのか断定できない．引き続いて，たとえば 0 を受信してはじめて s_2 であることがわかるのであるが，そのときには s_2 の次の情報源シンボルに対応する符号語の受信がすでに始まっている．

効率的な復号を考えた場合，符号 $\mathcal{D}$ のように，各符号語の受信完了と同時に復号が可能となることが重要な要素となることは明らかである．一意に復号可能な符号において，当該符号語に後続する符号シンボルを参照することなく復号可能な場合，この符号を瞬時に復号可能な符号（instantaneous decodable code）という．したがって，符号 $\mathcal{D}$ は瞬時に復号可能な符号であるが，符号 $\mathcal{E}$ は瞬時に復号不可能な符号である．ここまでで述べた符号を図 4.4 にまとめる．

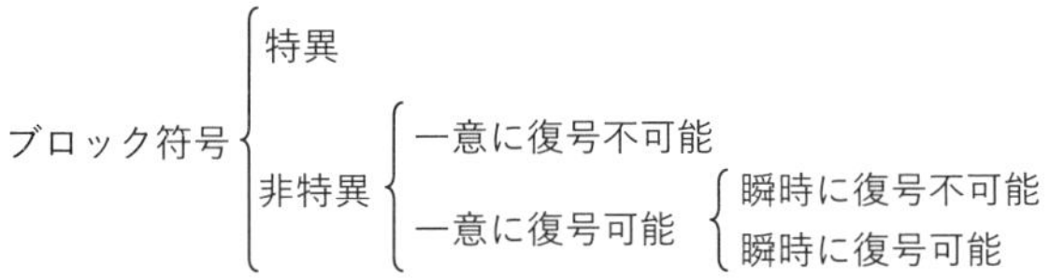

図 4.4　ブロック符号の分類

図 4.4 とは別の観点からの分類として，符号語長（codeword length），すなわち符号語を構成する符号シンボルの数によるものがある．これまでに示したような各符号語長が一定ではない符号を可変長符号（variable-length code）という．これに対して，すべての符号語について符号語長が等しい符号を固定長符号（fixed-length code）ま

たは等長符号（equal-length code）という．長さ2の非特異な固定長符号の例として符号 $\mathcal{F}$ を次に示す．

S	$\mathcal{F}$
s_1	00
s_2	01
s_3	10
s_4	11

固定長符号では，非特異であれば瞬時に復号可能である．

計算機内部では，文字を表現するために固定長符号が使われている．キーボードから打ち込んだ文字がそのまま画面に表示される英数字および記号（いわゆる半角文字）と制御文字を表現する ASCII（American Standard Code for Information Interchange）符号（付録 B 参照）は，符号語長 7 の固定長符号である．変換作業の後に画面に表示される漢字，ひらがな，カタカナなど（いわゆる全角文字）を表現する固定長符号にはいくつかの種類が存在するが，符号語長 16 のものがよく使われている．

4.2　瞬時に復号可能であるための条件

前節で検討したように，ある符号語の受信途中に他の符号語が登場するか否かが，瞬時に復号可能か否かの判定基準となっているようである．そこで，ある符号語の受信中の過程を表す方法を導入することにする．

長さ l のある符号語を $\boldsymbol{x}_j = (x_{j_1}, x_{j_2}, \ldots, x_{j_l})$ とする．先頭から $1, 2, \ldots, l$ 個分の部分系列 $x_{j_1}, (x_{j_1}, x_{j_2}), \ldots, (x_{j_1}, x_{j_2}, \ldots, x_{j_l})$ を $\boldsymbol{x}_j$ のプレフィックス（prefix）という．たとえば，符号語 0111 のプレフィックスは 0, 01, 011, 0111 である．プレフィックスを用いて，符号が瞬時に復号可能であるための条件（付録 C 参照）を次のように表すことができる．

「ある符号が瞬時に復号可能であるための必要十分条件は，その符号に属するどの符号語も他の符号語のプレフィックスになっていないことである．」

この条件が十分条件であること，すなわち，いかなる符号語も他の符号語のプレフィックスになっていなければ，受信した符号シンボルの系列を瞬時に復号することができるということは，符号 $\mathcal{D}$ による復号からも明らかである．

一方，この条件が必要条件である，すなわち，瞬時に復号可能であれば，その符号に属するどの符号語も他の符号語のプレフィックスになっていないことは，対偶を考えると明白である．その対偶とは，ある符号語が他の符号語のプレフィックスであると，受信した符号シンボルの系列を瞬時に復号することはできないということである．

したがって，すべての符号語について他のどの符号語のプレフィックスにもなっていないことを調べ上げれば，その符号が瞬時に復号可能と判定できるのである．

例題 4.1　瞬時に復号可能か否かの判定

4.1 節の符号 $\mathcal{D}$，$\mathcal{E}$ について，瞬時に復号可能か否かを判定せよ．

S	$\mathcal{D}$	$\mathcal{E}$
s_1	0	0
s_2	10	01
s_3	110	011
s_4	1110	0111

解答

各符号語のプレフィックスを列挙すると，次のようになる．

S	$\mathcal{D}$	プレフィックス
s_1	0	0
s_2	10	$1, 10$
s_3	110	$1, 11, 110$
s_4	1110	$1, 11, 111, 1110$

S	$\mathcal{E}$	プレフィックス
s_1	0	0
s_2	01	$0, 01$
s_3	011	$0, 01, 011$
s_4	0111	$0, 01, 011, 0111$

符号 $\mathcal{D}$ の各符号語は他のどの符号語のプレフィックスにもなっていないので，瞬時に復号可能である．一方，符号 $\mathcal{E}$ は，たとえば，s_2 の符号語のプレフィックスである 0 は s_1 の符号語であるから，瞬時に復号不可能である．

グラフの一種である木（tree）を用いると，プレフィックスを視覚的に捉えることができる．木は，一つの節点（node）が複数の子節点をもち，それぞれの子節点が複数の孫節点をもち，... という具合に分岐していく構造である．図示する場合には，**図 4.5** のように，下方に広がっていくように節点を配置し，親子関係のある節点同士をを枝（branch）とよばれる線で結ぶ．とくに，親のない節点を根（root），子のない節点を葉（leaf）という．なお，分岐数の最大が r である木を r 分木（r-ary tree）という．たとえば，図 4.5 の木は 2 分木である．

次のような三つの方針に基づいて生成された木を，符号の木（code tree）という．

（1）r 元符号の場合，r 分木とする．

（2）分岐した各枝に，異なる符号シンボルを 1 個ずつ割り当てる．

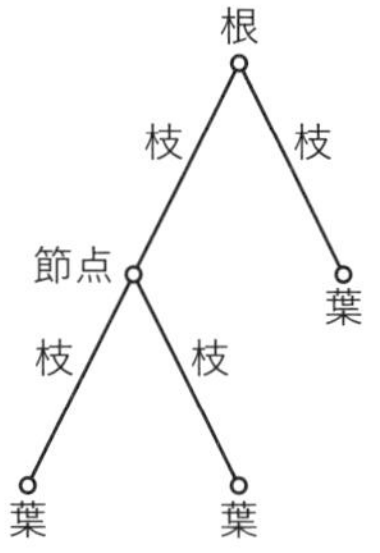

図 4.5　木

(3) 根からある節点に至る枝に割り当てられた符号シンボルを順に並べてできる系列をその節点に対応する系列とする．

符号 $\mathcal{D}$，$\mathcal{E}$ の木をそれぞれ**図 4.6**，**4.7** に示す．いずれも 2 元符号であるので，2 分木である．図に示されているように，根からある節点 N に至るまでの途中の節点に対応する符号シンボルの系列は，節点 N に対応する系列のプレフィックスとなっている．したがって，葉に対応する符号語は，他のどの符号語のプレフィックスにもなっていないことがわかる．よって，ある符号を木で表した場合，葉に対応する符号語のみから構成されている符号は瞬時に復号可能である．なお，r 元符号の木において葉以外のすべての節点が r 本に分岐している場合，この木を全 r 分木（full r-ary tree）という．図 4.6，4.7 で示した二つの符号の木はいずれも全 2 分木ではない．符号 $\mathcal{D}$ で，さらに 1111 という符号語に該当する葉があれば，**図 4.8** に示すような全 2 分木となる．

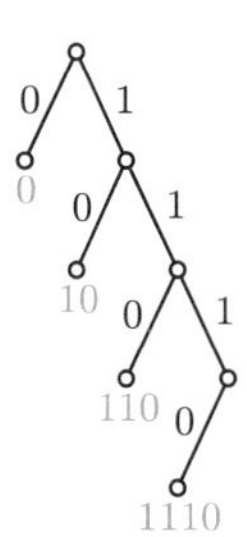

図 4.6　符号 $\mathcal{D}$ の木

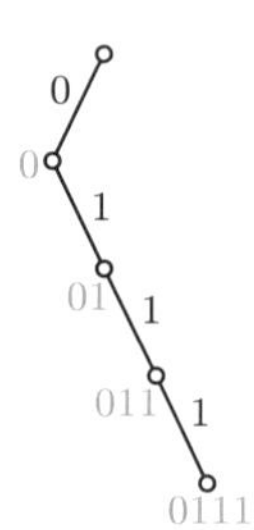

図 4.7　符号 $\mathcal{E}$ の木

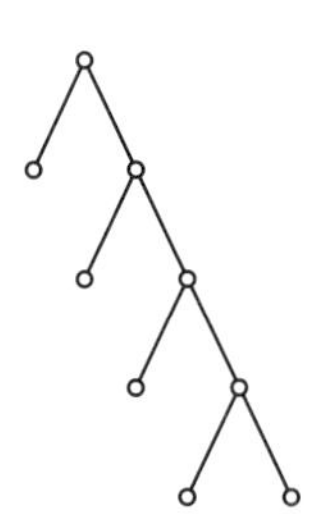

図 4.8　全 2 分木の例

4.3 クラフトの不等式

前節までで考えたように，復号の際の効率を考慮すると，瞬時に復号可能な符号が望ましい．一方，情報通信の観点からは，符号語長が短いほうがよい．そこで，以降では，瞬時に復号可能な符号の長さについて考えよう．

情報源シンボル $s_1, s_2, \ldots, s_J$ の r 元符号化を考える．s_j（$j = 1, 2, \ldots, J$）に割り当てる符号語の長さを l_j とする．瞬時に復号可能な符号を木で表すと，すべての符号語は葉に対応している．さて，図 4.9 に示すように，この木の根元から大きさ 1 の養分を与えることにしよう．この養分は各節点でその直下の枝に $1/r$ ずつ分配されるものとする．すると，長さ l_j の符号語に対応する節点には r^{-l_j} の養分が到達することになる．このように考えると，符号語に対応する節点に到達する養分の合計は，

$$\sum_{j=1}^{J} r^{-l_j} \tag{4.1}$$

となる．根に与えられた養分は 1 であるため，すべての符号語が葉に対応している木においては，式(4.1)の値は 1 を超えることはない．

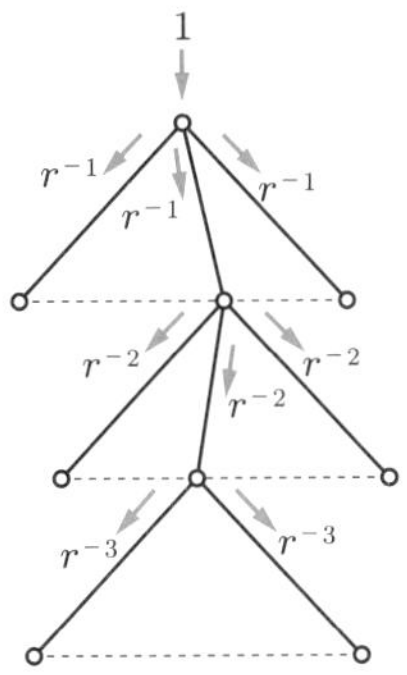

図 4.9　養分の分配

したがって，瞬時に復号可能な符号の符号語長について次の不等式が成立する．

$$\sum_{j=1}^{J} r^{-l_j} \le 1 \tag{4.2}$$

等号が成立するのは符号の木が全 r 分木なときである．式(4.2)をクラフトの不等式（Kraft inequality）という．ここで，含意

$$\text{瞬時に復号可能} \quad \Longrightarrow \quad \text{クラフトの不等式が成立} \tag{4.3}$$

については，上で示したように，真である．したがって，その対偶である

$$\text{クラフトの不等式が不成立} \quad \Longrightarrow \quad \text{瞬時に復号不可能} \tag{4.4}$$

も真である．しかし，含意(4.3)の逆

$$\text{クラフトの不等式が成立} \quad \Longrightarrow \quad \text{瞬時に復号可能} \tag{4.5}$$

は必ずしも真とはならない．クラフトの不等式は長さに関する条件のみで，符号シンボルの割り当てには一切触れていないので，クラフトの不等式が成立することのみからは，特異か否かすらも判別することはできない．クラフトの不等式が成立することは，4.2 節で紹介した判定方法を試す価値があることの裏付けにしかなっていないのである．

例題 4.2　クラフトの不等式

次の三つの符号が瞬時に復号可能か否かを調べよ．

S	$\mathcal{G}$	$\mathcal{I}$	$\mathcal{J}$
s_1	0	0	00
s_2	10	10	100
s_3	110	110	110
s_4	11	111	11

解答

符号 $\mathcal{G}$ では，

$$2^{-1} + 2^{-2} + 2^{-3} + 2^{-2} = \frac{9}{8} > 1$$

となり，クラフトの不等式が満足されないので，瞬時に復号不可能である．

符号 $\mathcal{I}$ では，

$$2^{-1} + 2^{-2} + 2^{-3} + 2^{-3} = 1$$

となり，クラフトの不等式が満足される．各符号語のプレフィックスを列挙すると，次のようになる．

S	$\mathcal{I}$	プレフィックス
s_1	0	0
s_2	10	$1, 10$
s_3	110	$1, 11, 110$
s_4	111	$1, 11, 111$

すべての符号語について他のいかなる符号語のプレフィックスにもなっていないから，

この符号は瞬時に復号可能である．

符号 $\mathcal{J}$ では，

$$2^{-2} + 2^{-3} + 2^{-3} + 2^{-2} = \frac{3}{4} < 1$$

であり，クラフトの不等式が満たされる．ところが，s_4 に対応する符号語は s_3 に対応する符号語のプレフィックスであるから，瞬時に復号不可能である．

次に，クラフトの不等式を満足する瞬時に復号可能な符号を作ることができることを示す．これが示されれば，本節の冒頭で述べたことと合わせて，クラフトの不等式の成立は，瞬時に復号可能な符号が存在するための必要十分条件となる．

クラフトの不等式を満足する符号語長 $l_1, l_2, \ldots, l_J$ が与えられたとする．

$$l_{\max} = \max[\, l_1, l_2, \ldots, l_J \,] \tag{4.6}$$

とし，長さ l $(= 1, 2, \ldots, l_{\max})$ の符号語の個数を $N(l)$ とすると，クラフトの不等式を次式のように書くことができる．

$$\sum_{l=1}^{l_{\max}} N(l) r^{-l} \leq 1 \tag{4.7}$$

式(4.7)の両辺に $r^{l_{\max}}$ を掛けると，

$$\sum_{l=1}^{l_{\max}} N(l) r^{l_{\max}-l} \leq r^{l_{\max}} \tag{4.8}$$

となる．したがって，

$$\begin{aligned} N(l_{\max}) &\leq r^{l_{\max}} - N(1) r^{l_{\max}-1} - N(2) r^{l_{\max}-2} - \cdots - N(l_{\max}-1) r \\ &= (r^{l_{\max}-1} - N(1) r^{l_{\max}-2} - N(2) r^{l_{\max}-3} - \cdots - N(l_{\max}-1)) r \end{aligned} \tag{4.9}$$

である．ここで，$N(l_{\max}) \geq 0$ であるから，式(4.9)を次式のように書き換えることができる．

$$\begin{aligned} 0 &\leq r^{l_{\max}} - N(1) r^{l_{\max}-1} - N(2) r^{l_{\max}-2} - \cdots - N(l_{\max}-1) r \\ &= (r^{l_{\max}-1} - N(1) r^{l_{\max}-2} - N(2) r^{l_{\max}-3} - \cdots - N(l_{\max}-1)) r \end{aligned} \tag{4.10}$$

両辺を r で割ると次の不等式が得られる．

$$
\begin{aligned}
N(l_{\max}-1) &\le r^{l_{\max}-1} - N(1)r^{l_{\max}-2} - N(2)r^{l_{\max}-3} - \cdots - N(l_{\max}-2)r \\
&= (r^{l_{\max}-2} - N(1)r^{l_{\max}-3} - N(2)r^{l_{\max}-4} - \cdots - N(l_{\max}-2))r
\end{aligned}
\tag{4.11}
$$

以下，同様にして，

$$
\begin{aligned}
N(l_{\max}-2) &\le r^{l_{\max}-2} - N(1)r^{l_{\max}-3} - N(2)r^{l_{\max}-4} - \cdots - N(l_{\max}-3)r \\
&= (r^{l_{\max}-3} - N(1)r^{l_{\max}-4} - N(2)r^{l_{\max}-5} - \cdots - N(l_{\max}-3))r
\end{aligned}
\tag{4.12}
$$

$$\vdots$$

$$N(3) \le r^3 - N(1)r^2 - N(2)r = (r^2 - N(1)r - N(2))r \tag{4.13}$$

$$N(2) \le r^2 - N(1)r = (r - N(1))r \tag{4.14}$$

$$N(1) \le r \tag{4.15}$$

が得られる．式(4.9)から式(4.15)まではクラフトの不等式から導かれたものであるから，これらの不等式を満足する，瞬時に復号可能な符号を構成できることが示されればよいことになる．具体的には，**図 4.10** に示すように，まず，$N(1)$ 個の符号シンボルを任意に選んで長さ 1 の符号語を作る．この結果，長さ 1 のプレフィックスが $(r-N(1))$ 個残る．残ったプレフィックスに符号シンボルを 1 個付加すると，高々 $(r-N(1))r$ 個の長さ 2 の符号語を作ることができる．幸いなことに，式(4.14)より，長さ 2 の符号語の数 $N(2)$ は $(r-N(1))r$ 以下である．同様にして，上述の手順の各ステップに

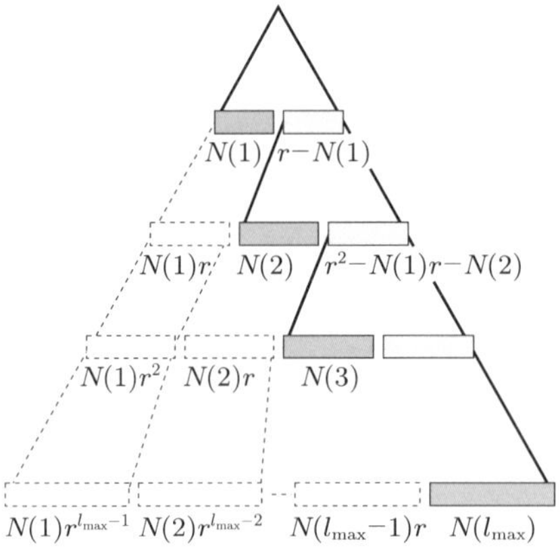

図 4.10　$l_{\max}$ 段の r 分完全木

おいて，つねに十分な数のプレフィックスが保証されており，繰り返すことで瞬時に復号可能な符号を構成できる．

例題 4.3　瞬時に復号可能な符号の構成

上述の手法で，それぞれの符号語長が 1，2，3，3 である瞬時に復号可能な 2 元符号を構成せよ．

解答

まず，長さ 1 の符号語として 0 を選ぶ．この結果，長さ 1 のプレフィックスが一つ残るが，それは 1 である．したがって，長さ 2 の符号語として 10，11 の二つが考えられるが，ここでは 10 を選ぶことにする．最後に，残った長さ 2 のプレフィックス 11 に 0，1 を付加すると，長さ 3 の符号語 110，111 が得られる．

S	符号
s_1	0
s_2	10
s_3	110
s_4	111

4.4　マクミランの不等式

クラフトの不等式は瞬時に復号可能な符号が存在するための必要十分条件であるが，マクミラン（Brockway McMillan）は，クラフトの不等式が一意に復号可能な符号が存在するための必要十分条件でもあることを証明した．このため，式(4.2)をマクミランの不等式とよぶこともある．以下に，その証明を紹介しよう．

まず，瞬時に復号可能な符号は一意に復号可能な符号に含まれるから，十分条件となっていることは明らかである．

次に必要条件となっていることを示す．情報源 $S = \{s_1, s_2, \ldots, s_J\}$ の符号化で得られた一意に復号可能な符号を $\mathcal{C}$ とする．

情報源 S の n 次拡大 S^n の各シンボルは，

$$(s_1 + s_2 + \cdots + s_J)^n \tag{4.16}$$

を多項式とみなして展開した各項に対応する．このことから，符号 $\mathcal{C}$ の n 次拡大 $\mathcal{C}^n$ におけるクラフトの不等式の左辺は，

$$\left(\sum_{j=1}^{J} r^{-l_j}\right)^n \tag{4.17}$$

となる．ここで，

$$l_{\max} = \max[\, l_1, l_2, \ldots, l_J \,] \tag{4.18}$$

$$l_{\min} = \min[\, l_1, l_2, \ldots, l_J \,] \tag{4.19}$$

とおくと，

$$\begin{aligned}\left(\sum_{j=1}^{J} r^{-l_j}\right)^n &= (r^{-l_1} + r^{-l_2} + \cdots + r^{-l_J})^n \\ &= N(nl_{\min})r^{-nl_{\min}} + \cdots + N(nl_{\max})r^{-nl_{\max}}\end{aligned} \tag{4.20}$$

となる．ただし，$N(l)$ は n 次拡大符号 $\mathcal{C}^n$ の符号語で長さが l になるものの個数である．したがって，符号が一意に復号可能であれば，$N(l)$ は，長さ l の r 元シンボルの系列の総数 r^l 以下である．よって，次の不等式が成立する．

$$\begin{aligned}\left(\sum_{j=1}^{J} r^{-l_j}\right)^n &= \sum_{l=nl_{\min}}^{nl_{\max}} N(l)r^{-l} \\ &\leq \sum_{l=nl_{\min}}^{nl_{\max}} r^l r^{-l} = nl_{\max} - nl_{\min} + 1 \\ &\leq nl_{\max}\end{aligned} \tag{4.21}$$

式(4.21)はすべての n に対して成り立たなければならない．ここで，仮に $\sum_{j=1}^{J} r^{-l_j} > 1$ ならば，n が増加するにつれて，式(4.21)の左辺は n 乗で増加するのに対して，右辺は n に比例して増加するだけである．したがって，式(4.21)がすべての n に対して成り立つためには，

$$\sum_{j=1}^{J} r^{-l_j} \leq 1 \tag{4.22}$$

でなければならない．

4.5　平均符号長

情報源シンボルの系列で表された情報を符号化して伝送することを考えると，伝送する符号シンボルの総数を減らしたい．そのためには，符号語長の平均（平均符号長という）を小さくすることを考える必要がある．ここでは，平均符号長を定義した後，瞬時に復号可能な符号における平均符号長の下限について考える．

情報源シンボル $s_1, s_2, \ldots, s_J$ を符号シンボル $x_1, x_2, \ldots, x_r$ の系列で符号化する．s_j に割り当てる符号語の長さを l_j とすると，この符号の平均符号長（average code length）L は次式で与えられる．

$$L = \sum_{j=1}^{J} P(s_j) l_j \tag{4.23}$$

例題 4.4　平均符号長

各情報源シンボルの生起確率が次のように与えられたときの符号 $\mathcal{F}$，$\mathcal{I}$ の平均符号長を求めよ．

S	$P(s_j)$	$\mathcal{F}$	$\mathcal{I}$
s_1	0.4	00	0
s_2	0.3	01	10
s_3	0.2	10	110
s_4	0.1	11	111

解答

まず，符号 $\mathcal{F}$ は固定長符号であるから，情報源シンボルの生起確率にかかわらず，その平均符号長は 2 である．

符号 $\mathcal{I}$ については，各符号語長と生起確率を式(4.23)に代入して平均符号長 $L_{\mathcal{I}}$ を計算すると，次式のようになる．

$$L_{\mathcal{I}} = 0.4 \times 1 + 0.3 \times 2 + 0.2 \times 3 + 0.1 \times 3 = 1.9$$

補足　ここであげた例では，符号 $\mathcal{I}$ のほうが効率的である．ところが，仮に各情報源シンボルの生起確率が等しいとすると，符号 $\mathcal{I}$ の平均符号長は，

$$0.25 \times 1 + 0.25 \times 2 + 0.25 \times 3 + 0.25 \times 3 = 2.25$$

となるので，符号 $\mathcal{F}$ のほうが効率的となる．

シャノンの補助定理(2.52)とクラフトの不等式(4.2)を利用して，瞬時に復号可能な

符号における平均符号長の下限を導出することができる．

情報源を $S=\{s_1,s_2,\ldots,s_J\}$ とする．$q_j \geq 0$ かつ $\sum_{j=1}^{J} q_j = 1$ である J 個の数を考えると，シャノンの補助定理(2.52)より，

$$\sum_{j=1}^{J} P(s_j)\log\frac{1}{P(s_j)} \leq \sum_{j=1}^{J} P(s_j)\log\frac{1}{q_j} \tag{4.24}$$

となる．等号が成立するのはすべての j について $P(s_j)=q_j$ のときである．式(4.24)の左辺に注目すると，これは式(3.3)のエントロピー $H(S)$ である．したがって，

$$H(S) \leq -\sum_{j=1}^{J} P(s_j)\log q_j \tag{4.25}$$

となる．ここで，q_j を次式のように選ぶことにする．

$$q_j = \frac{r^{-l_j}}{\displaystyle\sum_{k=1}^{J} r^{-l_k}} \tag{4.26}$$

式(4.26)を式(4.25)に代入すると，

$$\begin{aligned} H(S) &\leq -\sum_{j=1}^{J} P(s_j)\log r^{-l_j} + \sum_{j=1}^{J} P(s_j)\log\sum_{k=1}^{J} r^{-l_k} \\ &= \log r\sum_{j=1}^{J} P(s_j)l_j + \log\sum_{j=1}^{J} r^{-l_j} \end{aligned} \tag{4.27}$$

となるので，式(4.23)から，

$$H(S) \leq L\log r + \log\sum_{j=1}^{J} r^{-l_j} \tag{4.28}$$

となる．式(4.28)において等号が成立するのは，式(4.24)の等号が成立するとき，すなわち，すべての j について

$$P(s_j) = q_j \tag{4.29}$$

のときである．ここでは，瞬時に復号可能な符号を考えているので，クラフトの不等式(4.2)

$$\sum_{j=1}^{J} r^{-l_j} \leq 1$$

が成立する．したがって，式(4.2)，(4.28)より，

$$H(S) \leq L \log r \tag{4.30}$$

となる．式(4.30)において等号が成立するのは，式(4.29)が成立していて，かつ

$$\sum_{j=1}^{J} r^{-l_j} = 1 \tag{4.31}$$

のときである．式(4.30)より，

$$\frac{H(S)}{\log r} \leq L \tag{4.32}$$

であるが，式(4.32)の左辺は，

$$\begin{aligned} \frac{H(S)}{\log r} &= \sum_{j=1}^{J} \frac{p(s_j) \log \dfrac{1}{P(s_j)}}{\log r} \\ &= \sum_{j=1}^{J} p(s_j) \log_r \frac{1}{P(s_j)} \end{aligned} \tag{4.33}$$

のように変形することができ，これは情報量が r 元単位で表されている場合の情報源 S のエントロピー（便宜上 $H_r(S)$ と表す）である．したがって，次の不等式が得られる．

$$H_r(S) \leq L \tag{4.34}$$

式(4.23)で定義される平均符号長 L は，情報量とはまったく無関係に定められた量であるが，式(4.34)により両者の関係が明らかになった．情報源シンボルの系列を符号化して伝送する場合，少なくとも一意に復号可能な符号を用いなければ相手に正確な情報が伝わらない．符号化によって得られる r 元符号シンボルの系列は短いほうが望ましいが，残念ながらこれには下限が存在する．理想的な符号化により平均符号長をこの下限とすることができるのであれば，この下限はそれぞれの情報源シンボルが本来もっていた情報量の平均とみなすことができるというのが，式(4.34)の意味するところである．

一方，見方を変えると，式(4.34)は，情報源アルファベット S で記述されたメッセージを r 元符号シンボルの系列で表した場合，元のメッセージが一意に判読可能で

あるためには，情報源シンボルあたり $H_r(S)$ 個の符号シンボルが必要となることを示している．たとえば，各情報源シンボルの生起確率が等しいとすると，式(2.22)より $H(S) = \log J$ である．これまでの説明から，一意に復号可能であるためには，シンボルあたり $\log J$ 個の 0，1 が必要となる．いくつかの J について $\log J$ の値を示すと，次のようになる．

J	2	3	4	5	6	7	8
$\log J$	1.000	1.585	2.000	2.322	2.585	2.807	3.000

この表から，たとえば $J = 5$ のとき，すべての情報源シンボルに長さ 2 の 0，1 の系列を割り当てて符号を構成すると，一意に復号不可能であることがわかる．

4.6　符号の効率と冗長度

前節で，情報源 S の r 元符号化における平均符号長 L の下限は，エントロピー $H_r(S)$ に等しいことが示された．したがって，L に対する $H_r(S)$ の比率（η とおく）はつねに 1 以下であり，

$$\eta = \frac{H_r(S)}{L} \leq 1 \tag{4.35}$$

が成立する．η は平均符号長 L が短くなるほど 1 に近づくので，効率的な符号化が行われた度合いを示していると考えられる．η をその符号の効率（efficiency）という．明らかに $0 \leq \eta \leq 1$ で，$H_r(S) = L$ のときに効率 $\eta = 1$ となる．一方，

$$1 - \eta \tag{4.36}$$

を符号の冗長度（redundancy）という．

例題 4.5　符号の効率

例題 4.4 の符号 $\mathcal{I}$ の効率を計算せよ．

S	$P(s_j)$	$\mathcal{I}$
s_1	0.4	0
s_2	0.3	10
s_3	0.2	110
s_4	0.1	111

解答

例題 4.4 の結果から，平均符号長 $L = 1.9$ である．また，例題 2.1 での計算結果を利用すると，エントロピー $H(S) \simeq 1.846$ である．したがって，式(4.35)より，符号 $\mathcal{I}$ の効率 $\eta \simeq 0.972$ である．

4.7 コンパクト符号化に関する検討

情報源 S の符号化において，一意に復号可能な符号の中で効率 η が最大となる符号，すなわち，平均符号長が最小となる符号をコンパクト符号（compact code）という．ただし，コンパクト符号の平均符号長は必ずしもエントロピー $H(S)$ に等しくなるわけではない．ここでは，4.5 節で導出した平均符号長の下限を与える式(4.34)の等号成立条件を足掛かりにして，瞬時に復号可能でコンパクトな符号の各符号語長を決定する方法について考えよう．各符号語長が与えられれば，例題 4.3 と同様の方法により，比較的容易に，瞬時に復号可能でコンパクトな符号を見いだすことができる．

式(4.34)において等号が成立するのは，式(4.29)と式(4.31)が同時に成り立つときであるから，

$$P(s_j) = q_j = \frac{r^{-l_j}}{\displaystyle\sum_{k=1}^{J} r^{-l_k}} = r^{-l_j} \tag{4.37}$$

となる．したがって，次式のような関係が成立する．

$$\log_r \frac{1}{P(s_j)} = l_j \tag{4.38}$$

これは，$\log_r \dfrac{1}{P(s_j)}$ が整数であることを意味する．そのような例を以下に示す．

S	$P(s_j)$	$-\log P(s_j)$
s_1	1/2	1
s_2	1/4	2
s_3	1/8	3
s_4	1/8	3

上表の情報源 S のエントロピーを求めると，

$$H(S) = \frac{1}{2}\log 2 + \frac{1}{4}\log 4 + \frac{1}{8}\log 8 + \frac{1}{8}\log 8 = \frac{7}{4} = 1.75$$

となる．また，この符号の平均符号長 L は，

$$L = \frac{1}{2} \times 1 + \frac{1}{4} \times 2 + \frac{1}{8} \times 3 + \frac{1}{8} \times 3 = \frac{7}{4} = 1.75$$

であるから，両者の値は一致する．ちなみに，符号の一例は符号 $\mathcal{I}$ である．

それでは，$\log_r \dfrac{1}{P(s_j)}$ が整数でない場合，すなわち，式(4.34)の等号が成立しない場合はどうだろうか．もし同様の方法が適用できるのであれば，$l_j = \left\lceil \log_r \dfrac{1}{P(s_j)} \right\rceil$ とすればよいのではないだろうか．このようにして l_j を決定しているのが，後の 4.9.2 項に示すシャノン符号である．しかし，例題 4.5 と同様な場合を考えると，

S	$P(s_j)$	$-\log P(s_j)$	$\lceil -\log P(s_j) \rceil$
s_1	0.4	1.322	2
s_2	0.3	1.737	2
s_3	0.2	2.322	3
s_4	0.1	3.322	4

となるので，符号 $\mathcal{I}$ に比べて平均符号長が大きくなるのは明らかである．

残念ながら，$\log_r \dfrac{1}{P(s_j)}$ が整数ではない場合については，本節で示した方法を用いることはできないことが明らかになったわけだが，次節の情報源符号化定理へと話がつながる．

4.8　情報源符号化定理

前節では，平均符号長が式(4.34)で与えられる下限となる r 元符号を生成する方法について考えた．しかし，その方法が有用となるのは $\log_r \dfrac{1}{P(s_j)}$ が整数のときのみであることが判明した．ここでは，$\log_r \dfrac{1}{P(s_j)}$ が整数ではない場合について，もう少し検討してみることにする．

情報源シンボル s_j に対応する符号語長 l_j として $\left\lceil \log_r \dfrac{1}{P(s_j)} \right\rceil$ を選んだとすると，

$$\log_r \frac{1}{P(s_j)} \leq l_j < \log_r \frac{1}{P(s_j)} + 1 \tag{4.39}$$

となる．式(4.39)に $P(s_j)$ を掛け，j について総和をとると，

$$\sum_{j=1}^{J} P(s_j)\log_r \frac{1}{P(s_j)} \le \sum_{j=1}^{J} P(s_j) l_j < \sum_{j=1}^{J} P(s_j)\left(\log_r \frac{1}{P(s_j)} + 1\right) \tag{4.40}$$

となる．したがって，次式のようになる．

$$H_r(S) \le L < H_r(S) + 1 \tag{4.41}$$

さて，式(4.41)はすべての無記憶情報源に適用できる．無記憶情報源 S の n 次拡大 S^n もまた無記憶情報源であることから，

$$H_r(S^n) \le L^{(n)} < H_r(S^n) + 1 \tag{4.42}$$

となる．ただし，$L^{(n)}$ は n 次拡大符号の平均符号長である．式(3.7)より，S^n のエントロピーは S のエントロピーの n 倍であるから，

$$nH_r(S) \le L^{(n)} < nH_r(S) + 1 \tag{4.43}$$

であり，n で割ると，

$$H_r(S) \le \frac{L^{(n)}}{n} < H_r(S) + \frac{1}{n} \tag{4.44}$$

となる．したがって，次の極限値が得られる．

$$\lim_{n\to\infty} \frac{L^{(n)}}{n} = H_r(S) \tag{4.45}$$

式(4.45)は，瞬時に復号可能な符号を考える場合，前節で検討したような符号であっても，拡大次数を大きくすることにより，情報源シンボルあたりの平均符号長をいくらでも $H_r(S)$ に近付けることが可能であることを示している．以上のことから，平均符号長を最小にする瞬時に復号可能な符号の存在が示されたことになる．これを情報源符号化定理（source coding theorem）という．

それでは，情報源シンボルあたりの平均符号長 $L^{(n)}/n$ がエントロピー $H(S)$ へ収束する様子を具体的に調べてみよう．例題 4.5 の情報源 S の n 次拡大 S^n に対して，前節で検討した符号化を行った場合の情報源シンボルあたりの平均符号長 $L^{(n)}/n$ を次に示す．

n	1	2	3	4	5	6	7	8	9	10
$L^{(n)}/n$	2.400	2.155	1.961	1.987	1.973	1.925	1.929	1.894	1.903	1.901

これを見ると，$n = 3$ 以上では，$L^{(n)}/n$ はゆっくりと収束していくようである．最終的には $H(S) \simeq 1.846$ に収束する．

情報源符号化定理はエルゴード的マルコフ情報源についても成立することが知られている．3.4 節で紹介した随伴情報源を利用して，このことを示す．

m 重マルコフ情報源 S の n 次の拡大 S^n の随伴情報源 $\overline{S^n}$ は無記憶情報源であるから，式(4.42)と同様，次式が成立する．

$$H_r(\overline{S^n}) \leq L^{(n)} < H_r(\overline{S^n}) + 1 \tag{4.46}$$

式(3.52)を式(4.46)に代入すると，

$$nH_r(S) + H_r(\overline{S^m}) - H_r(S^m) \leq L^{(n)} < nH_r(S) + H_r(\overline{S^m}) - H_r(S^m) + 1 \tag{4.47}$$

となり，n で割ると，

$$H_r(S) + \frac{H_r(\overline{S^m}) - H_r(S^m)}{n} \leq \frac{L^{(n)}}{n} < H_r(S) + \frac{H_r(\overline{S^m}) - H_r(S^m) + 1}{n} \tag{4.48}$$

が得られる．したがって，n を十分大きくすると，情報源シンボルあたりの平均符号長をいくらでも $H_r(S)$ に近づけることができる．

4.9 情報源符号化の例

ここでは，コンパクト符号化への挑戦の軌跡として，いくつかの符号を紹介する．いずれも，生起確率の大きな情報源シンボルに短い符号語を割り当てることによって，平均符号長の短縮を図っていることがポイントである．

4.9.1 モールス符号

モールス（Samuel F. B. Morse）は，1932 年に電信用の文字符号を考案した．モールス符号では，各英文字を，短期間の通電状態の「トン（dot）」，長期間の通電状態の「ツー（dash）」，絶縁状態の「空白」の組合せで表す．そして，それぞれの期間長を次のように定めている．

- ツーはトンの 3 倍の長さである．

- トンとツーの間にはトンに等しい長さの空白を挿入する.
- 文字間にはトンの 3 倍の長さの空白を挿入する.
- 単語間にはトンの 7 倍の長さの空白を挿入する.

モールス符号表を**表 4.1** に示す．表ではトンを■，ツーを■■■，空白を□で表している．各文字の出現頻度については，印刷所の活字箱に入っている文字数に基づいてモールスが推定したものである．出現頻度の多いものに短い符号語を割り当てて平均符号長を短くしようとしている苦労のほどがうかがわれる．

モールス符号で SOS を表すと次のようになる．

■□■□■□□□■■■□■■■□■■■□□□■□■□■

表 4.1　モールス符号表

英文字	符号語	出現頻度
E	■	12000
T	■■■	9000
A	■□■■■	8000
I	■□■	8000
N	■■■□■	8000
O	■■■□■■■□■■■	8000
S	■□■□■	8000
H	■□■□■□■	6400
R	■□■■■□■	6200
D	■■■□■□■	4400
L	■□■■■□■□■	4000
U	■□■□■■■	3400
C	■■■□■□■■■□■	3000
M	■■■□■■■	3000
F	■□■□■■■□■	2500
W	■□■■■□■■■	2000
Y	■■■□■□■■■□■■■	2000
G	■■■□■■■□■	1700
P	■□■■■□■■■□■	1700
B	■■■□■□■□■	1600
V	■□■□■□■■■	1200
K	■■■□■□■■■	800
Q	■■■□■■■□■□■■■	500
J	■□■■■□■■■□■■■	400
X	■■■□■□■□■■■	400
Z	■■■□■■■□■□■	200

余談であるが，救助要請信号を SOS としたのは，モールス符号で打電しやすく，注意を引きやすいためといわれている．SOS が Save Our Souls（または Ship）の略というのは俗説のようである．

4.9.2　シャノン符号

シャノンの符号化法では，まず，4.7 節で検討した符号化法と同様の方法で符号語長を決定する．そして，0，1 の割り当てを行うが，その際に式(4.39)を利用した巧妙な手法を用いている．$S = \{s_1, s_2, \ldots, s_J\}$ の符号化の手順は次のとおりである．

① 情報源シンボル s_j を生起確率 $P(s_j)$ の降順に並べる．これを $t_1, t_2, \ldots, t_J$ とする．

② t_j の符号語長 $l_j = \lceil -\log P(t_j) \rceil$ を計算する．

③ $u_1 = 0$ として，順次 $u_j = u_{j-1} + P(t_{j-1})$ を計算する．

④ u_j を 2 進数展開し（付録 D 参照），小数点以下 l_j 桁までの系列を t_j の符号語とする．

式(4.39)より

$$\log \frac{1}{P(t_j)} \leq l_j < \log \frac{1}{P(t_j)} + 1 \tag{4.49}$$

$$\log P(t_j) \geq -l_j > \log P(t_j) - 1 \tag{4.50}$$

となる．したがって，

$$2^{-l_j} \leq P(t_j) < 2^{-(l_j - 1)} \tag{4.51}$$

となる．ここで，

$$P(t_j) = u_{j+1} - u_j \tag{4.52}$$

であるから，u_{j+1} と u_j では 2 進表現の小数点以下第 l_j 桁が異なる．したがって，u_j は u_{j+1} のプレフィックスではないので，シャノン符号は瞬時に復号可能である．シャノン符号は，すべての $P(s_j)$ が 2 の冪乗の逆数の場合はコンパクトであるが，それ以外の場合は必ずしもコンパクトではないことは 4.7 節で検討したとおりである．

例題 4.6　シャノン符号

次の情報源 S をシャノン符号化せよ．

$$S = \begin{Bmatrix} s_1 & s_2 & s_3 & s_4 \\ 0.4 & 0.3 & 0.2 & 0.1 \end{Bmatrix}$$

解答

シャノン符号化の手順を表にまとめると，次のようになる．

S		$P(t_j)$	$-\log P(t_j)$	$\lceil -\log P(t_j) \rceil$	u_j	$(u_j)_2$
s_1	t_1	0.4	1.322	2	0.0	0.00
s_2	t_2	0.3	1.737	2	0.4	$0.\dot{0}11\dot{0}$
s_3	t_3	0.2	2.322	3	0.7	$0.1\dot{0}11\dot{0}$
s_4	t_4	0.1	3.322	4	0.9	$0.1\dot{1}10\dot{0}$

よって，シャノン符号は次のようになる．

S	符号
s_1	00
s_2	01
s_3	101
s_4	1110

4.9.3 ファノ符号

ファノ（Fano）符号化は，符号の木を根から葉に向かって構築する．各符号語を葉に対応させるので瞬時に復号可能である．$S = \{s_1, s_2, \ldots, s_J\}$ に対するファノ符号化の手順は次のとおりである．

① 情報源シンボル s_j を生起確率 $P(s_j)$ の降順に並べる．これを $t_1, t_2, \ldots, t_J$ とする．

② $P(t_1) + \cdots + P(t_j)$ と $P(t_{j+1}) + \cdots + P(t_J)$ の差ができるだけ小さくなるように二つのグループ $\{t_1, \ldots, t_j\}$，$\{t_{j+1}, \ldots, t_J\}$ に分割し，一方のグループに符号シンボル 0，他方に 1 を割り当てる．

③ ②でできたそれぞれのグループについて②と同様の操作を繰り返して，最終的に各グループの構成要素数が 1 になるようにする．

図 4.11 にファノ符号化による符号の木の構築の概念を示す．図では 0 の割り当て先を生起確率の大きなシンボルのグループとしているが，どちらのグループでもかまわない．したがって，ファノ符号は必ずしも一意には定まらない．

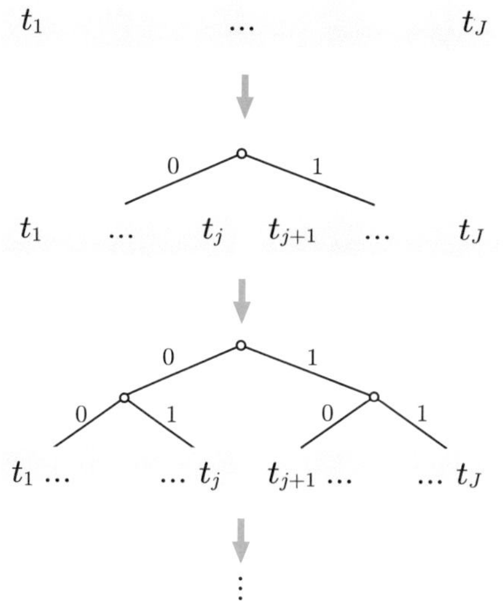

図 4.11　ファノ符号化による符号の木の構築

例題 4.7　ファノ符号

次の情報源 S をファノ符号化し，平均符号長 L を求めよ．

$$S = \left\{ \begin{array}{ccccc} s_1 & s_2 & s_3 & s_4 & s_5 \\ 0.18 & 0.14 & 0.40 & 0.12 & 0.16 \end{array} \right\}$$

解答

上述の手順に従って，グループ分割と符号シンボルの割り当てを繰り返すと，図 4.12 のようになる．

S		$P(t_j)$						
s_3	t_1	0.40	0	0.58	0	0.40		
s_1	t_2	0.18			1	0.18		
s_5	t_3	0.16	1	0.42	0	0.16		
s_2	t_4	0.14			1	0.26	0	0.14
s_4	t_5	0.12					1	0.12

図 4.12

よって，ファノ符号は，

S	符号
s_1	01
s_2	110
s_3	00
s_4	111
s_5	10

となり，その平均符号長 L は次式のようになる．

$$L = 0.18 \times 2 + 0.14 \times 3 + 0.40 \times 2 + 0.12 \times 3 + 0.16 \times 2 = 2.26$$

補足　図 4.12 により得られる符号の木を横倒しのまま描くと，**図 4.13** のようになる．

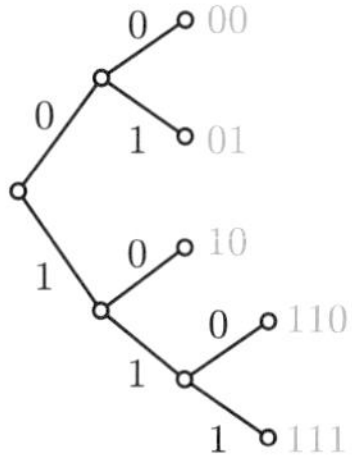

図 4.13

ファノ符号は，シャノン符号と同様，すべての $P(s_j)$ が 2 の冪乗の逆数であればコンパクトであるが，それ以外の場合は必ずしもコンパクトにはならない．しかし，実際には，とくに情報源シンボルの種類が多い場合にコンパクトとなることが多い．

4.9.4　ハフマン符号

ハフマン（Huffman）符号化は，ファノの符号化法とは逆方向，すなわち，葉から根に向かって符号の木を組み上げる手法である．そして，各符号語を葉に対応させるので，瞬時に復号可能である．また，後に示すように，コンパクトである．

符号化の手順を示す前に，まず，情報源の縮退を定義する．情報源 $S = \{s_1, s_2, \ldots, s_J\}$ において生起確率のもっとも小さい 2 個の情報源シンボルをまとめて 1 個の情報源シンボルとみなし，新たに $J-1$ 個のシンボルをもつ情報源を作る．この操作を縮退（reduction）という．たとえば，次の情報源

$$S = \left\{ \begin{array}{cccc} s_1 & s_2 & s_3 & s_4 \\ 0.4 & 0.3 & 0.2 & 0.1 \end{array} \right\}$$

において s_3 と s_4 の 2 個のシンボルをまとめて s_3' とした縮退情報源 S' は，

$$S' = \left\{ \begin{matrix} s_1 & s_2 & s'_3 \\ 0.4 & 0.3 & 0.3 \end{matrix} \right\}$$

となる．s'_3 の生起確率は元の 2 個のシンボルの生起確率の和であり，次式が成り立つ．

$$P(s'_3) = P(s_3) + P(s_4)$$

準備が整ったところで，ハフマン符号化の手順をまとめると次のようになる．

① 情報源シンボルを生起確率の降順に並べる．
② 最後尾の 2 個のシンボルをまとめて，縮退情報源を構成する．
③ ①，②の操作を情報源シンボル数が 2 となるまで繰り返す．
④ 最後の縮退から一段ずつ遡って順次 0，1 を割り当てる．

例題 4.8　ハフマン符号

例題 4.7 の情報源 S をハフマン符号化し，平均符号長 L を求めよ．

解答

符号化の様子を示すと，**図 4.14** のようになる．

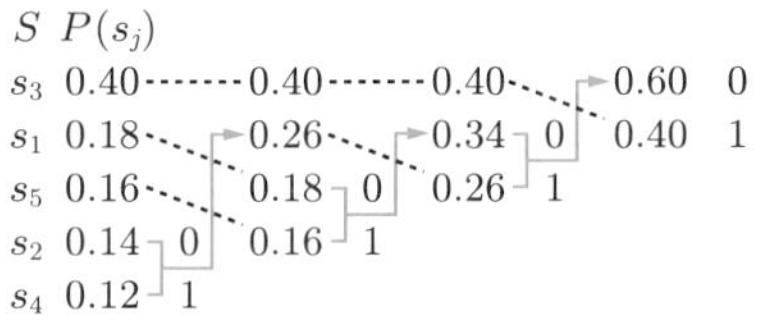

図 4.14

ただし，図では，同一の節点を破線で接続している．よって，ハフマン符号は，

S	符号
s_1	000
s_2	010
s_3	1
s_4	011
s_5	001

となり，その平均符号長 L は次式のようになる．

$$L = 0.18 \times 3 + 0.14 \times 3 + 0.40 \times 1 + 0.12 \times 3 + 0.16 \times 3 = 2.2$$

補足　図 4.14 では，左側を葉，右側を根とする**図 4.15** のような横倒しの木が得られ

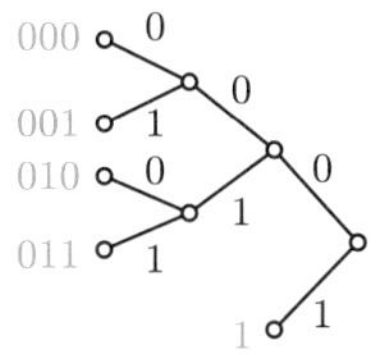

図 4.15

ている．平均符号長については，例題 4.7 のファノ符号化の場合より短くなっている．

例題 4.8 から明らかなように，ハフマン符号は必ずしも一意には定まらない．なぜなら，情報源シンボルの生起確率が同じものが複数ある場合，生起確率の大きい順に並べる際にどちらを上にするかは自由であり，また，0，1 を順次割り当てる際にどちらに 0 を割り当てるかも自由であるからである．

より一般的に，r 元ハフマン符号を構成する場合には，r 個の情報源シンボルの縮退を繰り返す．このとき，1 回の縮退で情報源シンボルの数が $r-1$ 減る．最終的に r 個が残ればよいから，縮退の回数 $\mathcal{K}$，元の情報源シンボルの個数 J および r の間に

$$J = (r-1)\mathcal{K} + r \tag{4.53}$$

が成立することが望ましい．しかし，実際には望ましい個数であるとは限らない．そのときは，生起確率が 0 のダミーのシンボルを追加して個数を調整する必要がある．そこで，まずは，

$$J \leq (r-1)\chi + r \tag{4.54}$$

を満足する整数 χ の最小値（χ' とする）を縮退の回数とする．すると，追加すべきダミーシンボルの個数は，

$$(r-1)\chi' + r - J \tag{4.55}$$

であることがわかる．

例題 4.9　3 元ハフマン符号

次の情報源 S を 3 元ハフマン符号化せよ．

$$S = \left\{ \begin{array}{cccccccc} s_1 & s_2 & s_3 & s_4 & s_5 & s_6 & s_7 & s_8 \\ 0.02 & 0.3 & 0.2 & 0.09 & 0.01 & 0.03 & 0.1 & 0.25 \end{array} \right\}$$

解答

$r=3$，$J=8$ を式(4.54)に代入すると，

$$8 \leq 2\chi + 3$$

となるので，縮退の回数は 3 である．したがって，式(4.55)より，

$$2 \times 3 + 3 - 8 = 1$$

となるので，1 個のダミーシンボルを追加すればよいことになる．これを s_9 とする．符号化の様子を表すと，**図 4.16** のようになる．

したがって，3 元ハフマン符号は次のようになる．

S	符号	S	符号
s_1	0120	s_5	0121
s_2	1	s_6	011
s_3	00	s_7	02
s_4	010	s_8	2

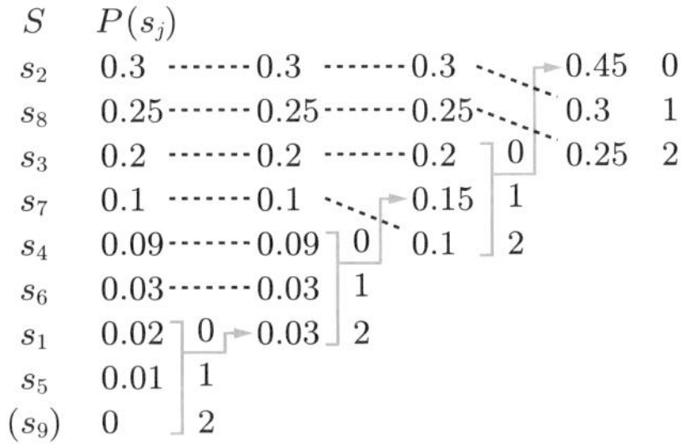

図 4.16

最後に，次にあげるコンパクト符号の性質を用いて，ハフマン符号がコンパクトであることを証明する．これらの性質の具体例は，例題 4.8，4.9 に示した符号である．

a) コンパクト符号の性質(1)　情報源シンボルの生起確率が大きいほどそれに対応する符号語長は短くなる．すなわち，$P(s_1) \leq P(s_2) \leq \cdots \leq P(s_J)$ とすると，$l_1 \geq l_2 \geq \cdots \geq l_J$ となる．

証明　背理法を用いて証明する．$P(s_1) \leq P(s_2) \leq \cdots \leq P(s_J)$ を満足するコンパクト符号 $\mathcal{C}$ を考える．いま，$\mathcal{C}$ のある二つの符号語において $l_i < l_j$ $(i < j)$ であると仮定する．ここで，s_i と s_j に対応する符号語を交換することにより得られる符号を $\mathcal{C}'$ とする．$\mathcal{C}$，$\mathcal{C}'$ の平均符号長をそれぞれ L，L' とすると，

$$L=\sum_{k=1}^{i-1}P(s_k)l_k+P(s_i)l_i+\sum_{k=i+1}^{j-1}P(s_k)l_k+P(s_j)l_j+\sum_{k=j+1}^{J}P(s_k)l_k \tag{4.56}$$

$$L'=\sum_{k=1}^{i-1}P(s_k)l_k+P(s_i)l_j+\sum_{k=i+1}^{j-1}P(s_k)l_k+P(s_j)l_i+\sum_{k=j+1}^{J}P(s_k)l_k \tag{4.57}$$

である．したがって，

$$\begin{aligned}L-L'&=P(s_i)l_i-P(s_i)l_j+P(s_j)l_j-P(s_j)l_i\\&=(P(s_i)-P(s_j))(l_i-l_j)>0\end{aligned} \tag{4.58}$$

となり，これは $\mathcal{C}$ がコンパクトであることに矛盾する．

b）コンパクト符号の性質(2)　r 元コンパクト符号では，符号の木を考えたときに，最後の枝だけが異なるもっとも長い符号語が少なくとも二つ（ダミーシンボルに対応する符号語を含むと必ず r 個）存在する．

証明　この性質も背理法を用いることにより容易に証明することができる．コンパクト符号 $\mathcal{C}$ において，もっとも長い符号語が1個のみ存在するとする．このとき，この符号語の最後の符号シンボルを取り除くことにより，瞬時に復号可能な性質を保ったまま平均符号長を短くすることができる．なぜなら，この符号語のプレフィックスとなる符号語は存在しないからである．これは符号 $\mathcal{C}$ がコンパクトであることに矛盾する．

性質(2) から，ある r 元コンパクト符号を構成する各符号語（ダミーシンボルに対応するものを含む）は全 r 分木の葉に対応しており，したがって，ハフマンの符号化における縮退は根からもっとも離れた葉から根に向かって全 r 分木を組み上げていることに対応していることがわかる．さて，準備が整ったところで，ハフマン符号がコンパクトであることを証明しよう．

ハフマン符号がコンパクトであることの証明　数学的帰納法により証明する．元の情報源 S から κ ($\kappa=1,2,\ldots,\mathcal{K}$) 回の縮退後に得られた情報源を S_κ とする．

まず，縮退化の最終段階における情報源 $S_{\mathcal{K}}$ のシンボルの数は r である．これら r 個のシンボルに $x_1, x_2, \ldots, x_r$ を割り当てた符号 $\mathcal{C}_{\mathcal{K}}$ は明らかにコンパクトである．

ある縮退情報源 S_κ に対してコンパクトな符号 $\mathcal{C}_\kappa$ が見いだされたものとする．また，S_κ の直前の縮退情報源 $S_{\kappa-1}$ に対する符号を $\mathcal{C}_{\kappa-1}$ とする．このとき，$\mathcal{C}_\kappa$ がコンパクトであれば，$\mathcal{C}_{\kappa-1}$ もコンパクトであることが示されればよいことになる．

まず，$\mathcal{C}_\kappa$，$\mathcal{C}_{\kappa-1}$ の平均符号長の関係を明らかにしておこう．S_κ のあるシンボル s_i が，その直前の縮退情報源 $S_{\kappa-1}$ のもっとも生起確率の小さい r 個のシンボル $s_{i_1}, s_{i_2}, \ldots, s_{i_r}$ より作られたものとする．また，$S_\kappa = \{s_1, s_2, \ldots, s_{J_\kappa}\}$ のシンボル s_j に対応する符号語の長さを l_j とする．$\mathcal{C}_\kappa$ の平均符号長 L_κ は，

$$L_\kappa = \sum_{j=1}^{i-1} P(s_j) l_j + P(s_i) l_i + \sum_{j=i+1}^{J_\kappa} P(s_j) l_j \tag{4.59}$$

である．一方，$\mathcal{C}_{\kappa-1}$ の平均符号長 $L_{\kappa-1}$ は，

$$L_{\kappa-1} = \sum_{j=1}^{i-1} P(s_j) l_j + (P(s_{i_1}) + P(s_{i_2}) + \cdots + P(s_{i_r}))(l_i + 1) + \sum_{j=i+1}^{J_\kappa} P(s_j) l_j \tag{4.60}$$

である．式(4.59)，(4.60)より次の関係が導かれる．

$$L_\kappa = L_{\kappa-1} - P(s_{i_1}) - P(s_{i_2}) - \cdots - P(s_{i_r}) \tag{4.61}$$

さて，$\mathcal{C}_\kappa$ がコンパクトであれば $\mathcal{C}_{\kappa-1}$ もコンパクトであることは，背理法により次のように証明できる．

$\mathcal{C}_\kappa$ はコンパクトであるが，$\mathcal{C}_{\kappa-1}$ はコンパクトではないと仮定する．すなわち，$\tilde{L}_{\kappa-1} < L_{\kappa-1}$ であるコンパクト符号 $\tilde{\mathcal{C}}_{\kappa-1}$ が存在すると仮定する．

上述のコンパクト符号の性質（1）から，$\tilde{\mathcal{C}}_{\kappa-1}$ では，生起確率のもっとも小さいシンボルに対応する符号語（$\tilde{\boldsymbol{x}}_{i_1}$ とする）の長さが各符号語長の中で最大となる．そして，性質（2）から，$\tilde{\boldsymbol{x}}_{i_1}$ と最後の符号シンボルだけが異なる符号語が（ダミーの情報源シンボルに対応する符号語を含めて）他に $r-1$ 個存在する．これらの符号語を $\tilde{\boldsymbol{x}}_{i_2}, \ldots, \tilde{\boldsymbol{x}}_{i_r}$ とする．

$\tilde{\boldsymbol{x}}_{i_1}, \tilde{\boldsymbol{x}}_{i_2}, \ldots, \tilde{\boldsymbol{x}}_{i_r}$ をまとめて新しく $\tilde{\mathcal{C}}_\kappa$ を作ると，式(4.61)の導出と同様にし

て $\tilde{L}_\kappa$ と $\tilde{L}_{\kappa-1}$ の間に次のような関係が成立する．

$$\tilde{L}_\kappa = \tilde{L}_{\kappa-1} - P(s_{i_1}) - P(s_{i_2}) - \cdots - P(s_{i_r}) \tag{4.62}$$

式(4.61)，(4.62)より，$\tilde{L}_{\kappa-1} < L_{\kappa-1}$ ならば $\tilde{L}_\kappa < L_\kappa$ である符号 $\tilde{\mathcal{C}}_\kappa$ を作ることができ，これは $\mathcal{C}_\kappa$ がコンパクトであることに矛盾する．したがって，$\mathcal{C}_\kappa$ がコンパクトであれば，$\mathcal{C}_{\kappa-1}$ もコンパクトであることが示された．

演習問題

4.1 無記憶情報源 $S = \{s_1, \ldots, s_6\}$ を 2 元の瞬時に復号可能な符号に符号化することを考える．このときそれぞれの符号語長を 3，2，3，2，3，3 とすることが可能かどうか述べよ．もし，可能であれば符号の一例をあげよ．

4.2 無記憶情報源 $S = \{s_1, s_2, \ldots, s_J\}$ の 2 元符号化を行う際に，s_j に対応する符号語長 $l_j = \left\lfloor \log \dfrac{1}{P(s_j)} \right\rfloor$ とすると，この符号は瞬時に復号可能なものとなるか，説明せよ．

4.3 次の無記憶情報源 S についての問いに答えよ．

$$S = \left\{ \begin{array}{cccccc} s_1 & s_2 & s_3 & s_4 & s_5 & s_6 \\ 0.18 & 0.20 & 0.30 & 0.12 & 0.08 & 0.12 \end{array} \right\}$$

(1) S を 2 元ファノ符号化し，その平均符号長 L_1 を求めよ．

(2) S を 2 元ハフマン符号化し，その平均符号長 L_2 を求めよ．

4.4 無記憶情報源 $S = \{s_1, \ldots, s_{J-2}, s_{J-1}, s_J\}$ の縮退を行って，新たな情報源 $S' = \{s_1, \ldots, s_{J-2}, s'_{J-1}\}$ を作ったとする．このとき減少するエントロピーはいくらか．

第5章 通信路

前章までで情報の発生元である情報源について検討した．以降では，情報源から発せられた情報を通信路を通して伝送することを考える．通信路は伝送される情報に応じて離散通信路と連続通信路に分類されるが，以降ではこれまでと同様，離散情報を考えるので離散通信路を扱うことにする．本章では，通信路のモデル化を行って，通信路を通して受信側が得る情報量，すなわち通信路が運ぶ情報量を定義し，その最大値について説明する．

5.1 通信路

送信側は，通信路（channel）を通して受信側へ情報を伝送する．そのとき，通信路上で雑音が発生すると，受信側が誤った情報を受け取ることになる．

これまでと同様，シンボルの系列で情報を表現するが，送信側と受信側で別の記号を用いることにする．送信側が送出するシンボルの集合（アルファベット）を $A = \{a_1, a_2, \ldots, a_J\}$，受信側が受け取るシンボルの集合（アルファベット）を $B = \{b_1, b_2, \ldots, b_K\}$ とする．なお，J と K は必ずしも等しいとは限らない．また，$a_j (j = 1, 2, \ldots, J)$，$b_k (k = 1, 2, \ldots, K)$ を，当該シンボルが生起するという事象の表記にも使う．ある確率法則に従って雑音が発生するとして，送出された a_j が b_k として受け取られる確率は，条件付き確率 $P(b_k|a_j)$ と表される．

以降では，通信路を主体として，A を入力アルファベット（input alphabet），その要素 $a_1, a_2, \ldots, a_J$ を入力シンボル（input symbol）といい，B を出力アルファベット（output alphabet），その要素 $b_1, b_2, \ldots, b_k$ を出力シンボル（output symbol）という．

図 5.1 に，有向グラフによって通信路を表す通信路線図（channel diagram）を示す．通信路線図では，左側に入力シンボルに相当する節点，右側に出力シンボルに相

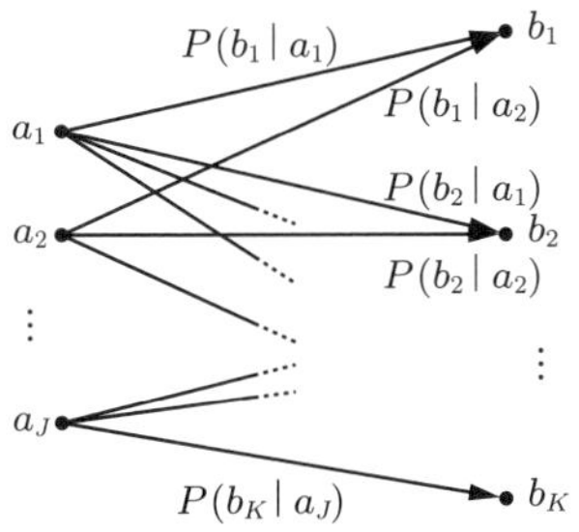

図 5.1 通信路線図

当する節点が並べられ，対応する条件付確率でラベル付けされた有向枝が両節点を接続している．なお，図を簡潔にするため，$P(b_k|a_j) = 0$ の場合には a_j から b_k へ向かう有向枝を表示しない．

以降，とくに断らない限り，各入力シンボルは独立に生起すると仮定する．すると，出力シンボルが b_k である確率 $P(b_k)$ は，

$$P(b_k) = \sum_{j=1}^{J} P(a_j)P(b_k|a_j) \qquad (k = 1, 2, \ldots, K) \tag{5.1}$$

となるので，これらをまとめて行列で表すと，次式のようになる．

$$\begin{aligned} &[\, P(a_1), \ldots, P(a_J)\,] \begin{bmatrix} P(b_1|a_1) & P(b_2|a_1) & \cdots & P(b_K|a_1) \\ P(b_1|a_2) & P(b_2|a_2) & \cdots & P(b_K|a_2) \\ \vdots & \vdots & \ddots & \vdots \\ P(b_1|a_J) & P(b_2|a_J) & \cdots & P(b_K|a_J) \end{bmatrix} \\ &= [\, P(b_1), \ldots, P(b_K)\,] \end{aligned} \tag{5.2}$$

式(5.1)から，入力シンボルの生起確率 $P(a_j)$ と条件付確率 $P(b_k|a_j)$ が与えられれば，出力シンボルの生起確率 $P(b_k)$ を求めることができる．一方，$P(b_k)$ と $P(b_k|a_j)$ が与えられたときに $P(a_j)$ を求めるためには，式(5.2)の連立方程式を $P(a_j)$ について解かなければならないが，この連立方程式の解は必ずしも存在するとは限らない．

式(5.2)の左辺に現れた $P(b_k|a_j)$ を第 (j, k) 成分とする行列を通信路行列（channel matrix）といい，$\boldsymbol{P}$ と表す．以降，通信路の表記にも $\boldsymbol{P}$ を使う．どの入力シンボルも消滅することはなく，何らかの出力シンボルとして受信されるため，通信路行列 $\boldsymbol{P}$ では，すべての行において成分の和が 1 になる．すなわち，次式が成り立つ．

$$\sum_{k=1}^{K} P(b_k|a_j) = 1 \qquad (j = 1, 2, \ldots, J) \tag{5.3}$$

通信路行列が時間的にあるいは過去に伝送したシンボルの系列に依存して変化する通信路を，記憶のある通信路（channel with memory）という．一方，通信路行列が変化しない通信路を，無記憶通信路（memoryless channel）という．現実の通信路は記憶のある通信路であるが，本書では，簡単のため，無記憶通信路のみを扱う．

もっとも単純であるが重要な通信路として 2 元対称通信路（binary symmetric channel）がある．この通信路では，入力アルファベット，出力アルファベットともに $\{0, 1\}$ である．また，0 を入力したとき 1 が出力される確率と，1 を入力したとき 0 が出力される確率が等しいと仮定し，これを p と表すことにする．p は通信路上で 2 元シンボルに誤りが生じる確率であり，これをビット誤り率（bit error rate）という．2 元対称通信路の通信路行列は次式のようになる．

$$\boldsymbol{P} = \begin{bmatrix} 1-p & p \\ p & 1-p \end{bmatrix} \tag{5.4}$$

また，通信路線図は図 5.2 のようになる．

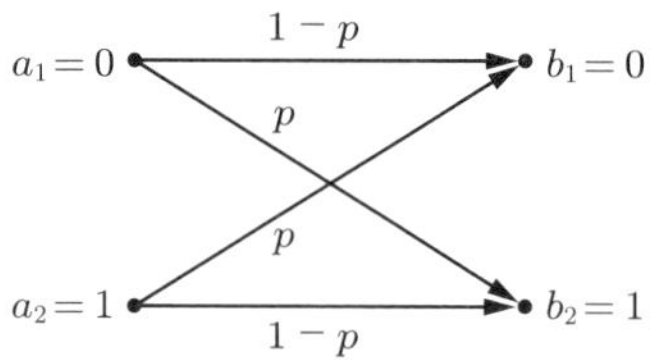

図 5.2　2 元対称通信路

さて，乗法定理より，

$$P(a_j|b_k) = \frac{P(a_j)P(b_k|a_j)}{P(b_k)} \tag{5.5}$$

である．式(5.1)を式(5.5)の右辺の分母に代入すると，

$$P(a_j|b_k) = \frac{P(a_j)P(b_k|a_j)}{\displaystyle\sum_{i=1}^{J} P(a_i)P(b_k|a_i)} \tag{5.6}$$

となる．式(5.6)をベイズの定理（Bayes' theorem）という．ベイズの定理は，$P(a_j)$ と

$P(b_k|a_j)$ が与えられることにより，$P(a_j|b_k)$ を計算することができることを示している．$P(b_k|a_j)$ を前向き確率 (forward probability)，$P(a_j|b_k)$ を後向き確率 (backward probability) という．

例題 5.1　2 元対称通信路における後向き確率

2 元対称通信路における後向き確率を求めよ．ただし，$P(a_1)=\omega$，$P(a_2)=1-\omega$ とする（以降，2 元対称通信路については，断りなくこれらの生起確率を使うこととする）．

解答

各入力シンボルの生起確率と式(5.4)の $\boldsymbol{P}$ の各成分を式(5.6)に代入して各後向き確率を計算すると，次のようになる．

$$P(a_1|b_1)=\frac{P(a_1)P(b_1|a_1)}{P(a_1)P(b_1|a_1)+P(a_2)P(b_1|a_2)}=\frac{\omega(1-p)}{\omega(1-p)+(1-\omega)p}$$
$$=\frac{\omega(1-p)}{\omega+p-2\omega p}$$

$$P(a_1|b_2)=\frac{P(a_1)P(b_2|a_1)}{P(a_1)P(b_2|a_1)+P(a_2)P(b_2|a_2)}=\frac{\omega p}{\omega p+(1-\omega)(1-p)}$$
$$=\frac{\omega p}{1-\omega-p+2\omega p}$$

$$P(a_2|b_1)=\frac{P(a_2)P(b_1|a_2)}{P(a_1)P(b_1|a_1)+P(a_2)P(b_1|a_2)}=\frac{(1-\omega)p}{\omega(1-p)+(1-\omega)p}$$
$$=\frac{(1-\omega)p}{\omega+p-2\omega p}$$

$$P(a_2|b_2)=\frac{P(a_2)P(b_2|a_2)}{P(a_1)P(b_2|a_1)+P(a_2)P(b_2|a_2)}=\frac{(1-\omega)(1-p)}{\omega p+(1-\omega)(1-p)}$$
$$=\frac{(1-\omega)(1-p)}{1-\omega-p+2\omega p}$$

情報源や符号と同様に，通信路にも拡大の概念がある．通信路の n 次拡大では連続した n 個のシンボルをまとめて 1 個のシンボルとして扱う．したがって，$\boldsymbol{a}_j=(a_{j_1},a_{j_2},\ldots,a_{j_n})$，$\boldsymbol{b}_k=(b_{k_1},b_{k_2},\ldots,b_{k_n})$ とすると，n 次拡大通信路の通信路行列は，次式を第 (j,k) 成分とする $J^n\times K^n$ 行列となる．

$$\begin{aligned}P(\boldsymbol{b}_k|\boldsymbol{a}_j)&=P(b_{k_1},b_{k_2},\ldots,b_{k_n}|a_{j_1},a_{j_2},\ldots,a_{j_n})\\&=P(b_{k_1}|a_{j_1})P(b_{k_2}|a_{j_2})\cdots P(b_{k_n}|a_{j_n})\end{aligned}\tag{5.7}$$

ここで，行列 $\boldsymbol{U}$（第 (i,j) 成分を $u_{i,j}$ とする），$\boldsymbol{V}$ に対して，

$$\boldsymbol{U} \otimes \boldsymbol{V} = \begin{bmatrix} u_{1,1}\boldsymbol{V} & u_{1,2}\boldsymbol{V} & \cdots \\ u_{2,1}\boldsymbol{V} & u_{2,2}\boldsymbol{V} & \cdots \\ \vdots & \vdots & \end{bmatrix} \tag{5.8}$$

と定義されるクロネッカー積（Kronecker product）という演算を導入すると，通信路 $\boldsymbol{P}$ の n 次拡大は次式のようなクロネッカーの n 乗となる．

$$\underbrace{\boldsymbol{P} \otimes \cdots \otimes \boldsymbol{P}}_{n} \tag{5.9}$$

例題 5.2　2元対称通信路の2次拡大

2元対称通信路の2次拡大の通信路行列を求めよ．

解答

式(5.4)の $\boldsymbol{P}$ のクロネッカーの2乗を求めると，次式のようになる．

$$\begin{aligned} \boldsymbol{P} \otimes \boldsymbol{P} &= \begin{bmatrix} (1-p)\boldsymbol{P} & p\boldsymbol{P} \\ p\boldsymbol{P} & (1-p)\boldsymbol{P} \end{bmatrix} \\ &= \begin{bmatrix} (1-p)^2 & (1-p)p & p(1-p) & p^2 \\ (1-p)p & (1-p)^2 & p^2 & p(1-p) \\ p(1-p) & p^2 & (1-p)^2 & (1-p)p \\ p^2 & p(1-p) & (1-p)p & (1-p)^2 \end{bmatrix} \end{aligned}$$

5.2　事前エントロピーと事後エントロピー

ここでは，次節で検討する相互情報量のための準備として，事前エントロピー，事後エントロピーについて述べる．送信前に入力シンボルが a_j である確率は a_j の生起確率 $P(a_j)$ である．一方，受信後，すなわち，b_k を取り出した後に入力シンボルが a_j であった確率は $P(a_j|b_k)$ である．前者を入力シンボルの事前確率（priori probability），後者を入力シンボルの事後確率（posteriori probability）という．

入力シンボルの事前確率，事後確率についてそれぞれエントロピーを計算することができ，A の事前エントロピー（priori entropy）は，

$$H(A) = \sum_{j=1}^{J} P(a_j) \log \frac{1}{P(a_j)} \tag{5.10}$$

である．一方，b_k が受信された後での A の事後エントロピー（posteriori entropy）は，

$$H(A|b_k) = \sum_{j=1}^{J} P(a_j|b_k) \log \frac{1}{P(a_j|b_k)} \tag{5.11}$$

である．すべての出力シンボルについて式(5.11)の平均をとった $H(A|B)$ を平均事後エントロピー（average posteriori entropy）または曖昧《あいまい》度（equivocation）という．$H(A|B)$ は次式のようになる．

$$\begin{aligned} H(A|B) &= \sum_{k=1}^{K} P(b_k) H(A|b_k) \\ &= \sum_{k=1}^{K} P(b_k) \sum_{j=1}^{J} P(a_j|b_k) \log \frac{1}{P(a_j|b_k)} \end{aligned} \tag{5.12}$$

式(5.12)は，乗法定理を利用すると，次式のようにも表される．

$$H(A|B) = \sum_{j=1}^{J} \sum_{k=1}^{K} P(a_j, b_k) \log \frac{1}{P(a_j|b_k)} \tag{5.13}$$

曖昧度 $H(A|B)$ は受信後にもなお残る入力シンボルの不確実さである．したがって，通信路上で誤りが発生しなければ $H(A|B) = 0$ となる（5.4.1 項参照）．

同様にして，$H(B|A)$ は次のようになる．

$$H(B|A) = \sum_{j=1}^{J} P(a_j) \sum_{k=1}^{K} P(b_k|a_j) \log \frac{1}{P(b_k|a_j)} \tag{5.14}$$

$$H(B|A) = \sum_{j=1}^{J} \sum_{k=1}^{K} P(a_j, b_k) \log \frac{1}{P(b_k|a_j)} \tag{5.15}$$

$H(B|A)$ を散布度（dissemination）という．通信路上の誤りにより，一つの入力シンボルはさまざまな出力シンボルとなって受信側に現れるが，その広がりを表しているのが散布度 $H(B|A)$ である．

例題 5.3　2 元対称通信路における事前エントロピー，曖昧度，散布度

2 元対称通信路における事前エントロピー，曖昧度，散布度を求めよ．

解答

式(5.10)より，事前エントロピー $H(A)$ は次式のようになる．

$$H(A) = \sum_{j=1}^{2} P(a_j)\log\frac{1}{P(a_j)} = \omega\log\frac{1}{\omega} + (1-\omega)\log\frac{1}{1-\omega}$$
$$= \mathcal{H}(\omega)$$

曖昧度 $H(A|B)$ については，式(2.50)を使って求めることができる．まず，式(5.1)より，$P(b_1)$ と $P(b_2)$ は次式のようになる．

$$P(b_1) = \sum_{j=1}^{2} P(a_j)P(b_1|a_j) = \omega(1-p) + (1-\omega)p$$
$$P(b_2) = \sum_{j=1}^{2} P(a_j)P(b_2|a_j) = \omega p + (1-\omega)(1-p)$$

したがって，

$$H(B) = \mathcal{H}(\omega p + (1-\omega)(1-p))$$

となる．式(2.35)を使って各 $P(a_j, b_k)$ を求めると，次式のようになる．

$$P(a_1, b_1) = P(a_1)P(b_1|a_1) = \omega(1-p)$$
$$P(a_1, b_2) = P(a_1)P(b_2|a_1) = \omega p$$
$$P(a_2, b_1) = P(a_2)P(b_1|a_2) = (1-\omega)p$$
$$P(a_2, b_2) = P(a_2)P(b_2|a_2) = (1-\omega)(1-p)$$

これらを使って，$H(A, B)$ を求めると，

$$\begin{aligned}
H(A,B) &= \sum_{j=1}^{2}\sum_{k=1}^{2} P(a_j, b_k)\log\frac{1}{P(a_j, b_k)} \\
&= \omega(1-p)\log\frac{1}{\omega(1-p)} + \omega p\log\frac{1}{\omega p} \\
&\quad +(1-\omega)p\log\frac{1}{(1-\omega)p} + (1-\omega)(1-p)\log\frac{1}{(1-\omega)(1-p)} \\
&= \omega(1-p)\log\frac{1}{\omega} + \omega(1-p)\log\frac{1}{1-p} + \omega p\log\frac{1}{\omega} + \omega p\log\frac{1}{p} \\
&\quad +(1-\omega)p\log\frac{1}{1-\omega} + (1-\omega)p\log\frac{1}{p} \\
&\quad +(1-\omega)(1-p)\log\frac{1}{1-\omega} + (1-\omega)(1-p)\log\frac{1}{1-p}
\end{aligned}$$

$$= \mathcal{H}(\omega) + \mathcal{H}(p)$$

となる．式(2.50)より，曖昧度 $H(A|B)$ は次式のようになる．

$$\begin{aligned} H(A|B) &= H(A,B) - H(B) \\ &= \mathcal{H}(\omega) + \mathcal{H}(p) - \mathcal{H}(\omega p + (1-\omega)(1-p)) \end{aligned}$$

また，式(2.51)より，散布度 $H(B|A)$ は次式のようになる．

$$H(B|A) = H(A,B) - H(A) = \mathcal{H}(p)$$

5.3 相互情報量

曖昧度 $H(A|B)$ は B を受信後の A の不確実さである．一方，A の不確実さはもともと $H(A)$ であった．したがって，受信者からすると，B を受けとることにより，A に関する不確実さは

$$I(A;B) = H(A) - H(A|B) \tag{5.16}$$

だけ減少したと解釈することができる．これは，B を観測することにより受信者が得た情報量にほかならない．さらに見方を変えると，$I(A;B)$ の情報量が通信路により運ばれたと解釈することもできる．$I(A;B)$ を A と B の相互情報量 (mutual information) という．

式(2.61)に示された大小関係

$$0 \leq H(A|B) \leq H(A)$$

と相互情報量の定義式(5.16)から，相互情報量 $I(A;B)$ のとる値の範囲は次のようになる．

$$0 \leq I(A;B) \leq H(A) \tag{5.17}$$

式(5.17)において左側の等号が成立するのは $H(A) = H(A|B)$ のとき，すなわち，A と B が独立なときである．一方，右側の等号が成立するのは $H(A|B) = 0$ のとき，すなわち，B を受け取ることにより A に関する不確実さがまったくなくなる場合である．

ここで，2 元対称通信路の相互情報量について検討しよう．例題 5.3 の結果を適宜使う．式(5.16)より，相互情報量 $I(A;B)$ は次式のようになる．

$$I(A;B) = H(A) - H(A|B)$$

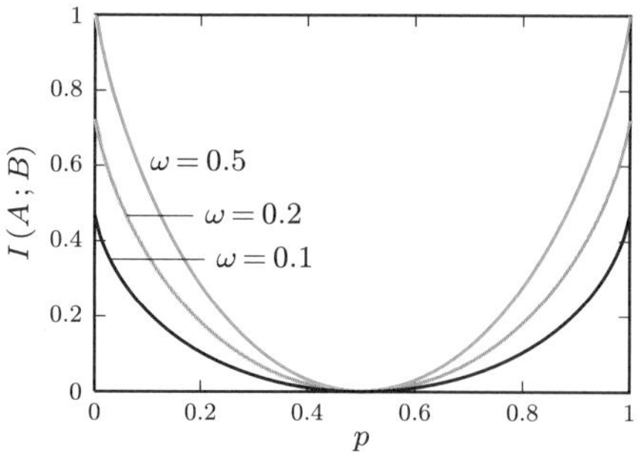

図 5.3　2 元対称通信路における相互情報量とビット誤り率の関係

$$= \mathcal{H}(\omega p + (1-\omega)(1-p)) - \mathcal{H}(p) \tag{5.18}$$

$\omega = 0.5, 0.2, 0.1$ のときの相互情報量 $I(A;B)$ とビット誤り率 p の関係を**図 5.3** に示す．通信路がまったく誤りなく情報を伝送する場合，すなわち $p = 0$ のとき，

$$\begin{aligned} H(A|B) &= \mathcal{H}(\omega) + \mathcal{H}(p) - \mathcal{H}(\omega p + (1-\omega)(1-p)) \\ &= \mathcal{H}(\omega) + \mathcal{H}(0) - \mathcal{H}(1-\omega) \\ &= 0 \end{aligned}$$

となるので，$I(A;B)$ は最大となる（5.4.1 項参照）．一方，通信路が完璧に誤った情報を伝送する場合，すなわち $p = 1$ のときにも $I(A;B)$ は最大となる．後者の場合は逆の意味で誤りのない通信路となっている．また，$p = 0.5$ のとき，式(5.18)より，

$$I(A;B) = \mathcal{H}(0.5) - \mathcal{H}(0.5) = 0$$

となり，これが最小値である．なお，このとき，

$$P(b_1) = \omega(1-p) + (1-\omega)p = 0.5\omega + 0.5(1-\omega) = 0.5$$

$$P(b_2) = \omega p + (1-\omega)(1-p) = 0.5\omega + 0.5(1-\omega) = 0.5$$

となる．これは通信路の出口で硬貨を投げていることに等しく，通信路そのものはまったく情報を伝送していないことになる．

さて，相互情報量の定義式(5.16)を変形しよう．

$$\begin{aligned} I(A;B) &= H(A) - H(A|B) \\ &= \sum_{j=1}^{J} P(a_j) \log \frac{1}{P(a_j)} - \sum_{j=1}^{J} \sum_{k=1}^{K} P(a_j, b_k) \log \frac{1}{P(a_j|b_k)} \end{aligned}$$

$$= \sum_{j=1}^{J}\sum_{k=1}^{K} P(a_j, b_k) \log \frac{1}{P(a_j)} - \sum_{j=1}^{J}\sum_{k=1}^{K} P(a_j, b_k) \log \frac{1}{P(a_j|b_k)}$$

$$= \sum_{j=1}^{J}\sum_{k=1}^{K} P(a_j, b_k) \log \frac{P(a_j|b_k)}{P(a_j)} \tag{5.19}$$

ここで，式(5.19)は，乗法定理を利用すると，

$$I(A;B) = \sum_{j=1}^{J}\sum_{k=1}^{K} P(a_j, b_k) \log \frac{P(a_j, b_k)}{P(a_j)P(b_k)} \tag{5.20}$$

とも表される．式(5.20)より，$a_1, a_2, \ldots, a_J$ と $b_1, b_2, \ldots, b_K$ をそっくり入れ替えても，$I(A;B)$ の値は変わらないので，

$$\begin{aligned} I(A;B) &= I(B;A) \\ &= H(B) - H(B|A) \end{aligned} \tag{5.21}$$

である．したがって，$I(A;B)$ の計算には，式(5.16)の代わりに式(5.21)を使うこともできる．

また，式(5.20)より，

$$\begin{aligned} I(A;B) &= \sum_{j=1}^{J}\sum_{k=1}^{K} P(a_j, b_k) \log \frac{1}{P(a_j)} + \sum_{j=1}^{J}\sum_{k=1}^{K} P(a_j, b_k) \log \frac{1}{P(b_k)} \\ &\quad - \sum_{j=1}^{J}\sum_{k=1}^{K} P(a_j, b_k) \log \frac{1}{P(a_j, b_k)} \\ &= H(A) + H(B) - H(A,B) \end{aligned} \tag{5.22}$$

が得られる．ここで，式(5.16)，(5.21)を再度示す．

$$\begin{aligned} I(A;B) &= H(A) - H(A|B) \\ &= H(B) - H(B|A) \end{aligned}$$

さらに，式(2.50)，(2.51)も再度示す．

$$\begin{aligned} H(A,B) &= H(B) + H(A|B) \\ &= H(A) + H(B|A) \end{aligned}$$

これらの式に基づいて，相互情報量とエントロピーの関係を**図 5.4** のように表すこと

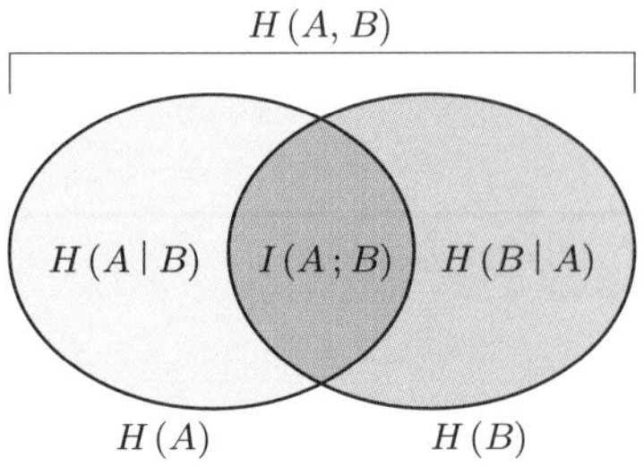

図 5.4　相互情報量とエントロピーの関係

がある．図で，$H(A)$ の円の内側は A に関して不確実さが残っている状態で，外側は A に関して不確実さのない状態である．あるいは，内側は A が起こる前，外側は A が起こった後と解釈することもできる．

本節の最後に，通信路の n 次拡大の相互情報量 $I(A^n; B^n)$ を求めよう．入力アルファベットを $A^n = \{\boldsymbol{a}_1, \boldsymbol{a}_2, \ldots, \boldsymbol{a}_{J^n}\}$，出力アルファベットを $B^n = \{\boldsymbol{b}_1, \boldsymbol{b}_2, \ldots, \boldsymbol{b}_{K^n}\}$ とし，$\boldsymbol{a}_j = (a_{j_1}, a_{j_2}, \ldots, a_{j_n})$ （$j = 1, 2, \ldots, J^n$），$\boldsymbol{b}_k = (b_{k_1}, b_{k_2}, \ldots, b_{k_n})$ （$k = 1, 2, \ldots, K^n$）とする．また，入力シンボルは独立に生起するとする．すなわち，

$$P(\boldsymbol{a}_j) = P(a_{j_1})P(a_{j_2}) \cdots P(a_{j_n}) \tag{5.23}$$

とする．式(5.19)より，次式のようになる．

$$I(A^n; B^n) = \sum_{j=1}^{J^n} \sum_{k=1}^{K^n} P(\boldsymbol{a}_j, \boldsymbol{b}_k) \log \frac{P(\boldsymbol{a}_j | \boldsymbol{b}_k)}{P(\boldsymbol{a}_j)} \tag{5.24}$$

ここで，

$$P(\boldsymbol{a}_j, \boldsymbol{b}_k) = P(a_{j_1}, b_{k_1})P(a_{j_2}, b_{k_2}) \cdots P(a_{j_n}, b_{k_n}) \tag{5.25}$$

$$P(\boldsymbol{a}_j | \boldsymbol{b}_k) = P(a_{j_1} | b_{k_1})P(a_{j_2} | b_{k_2}) \cdots P(a_{j_n} | b_{k_n}) \tag{5.26}$$

である．式(5.23)，(5.25)，(5.26)を式(5.24)に代入すると，

$$\begin{aligned} &I(A^n; B^n) \\ &= \sum_{j_1=1}^{J} \cdots \sum_{j_n=1}^{J} \sum_{k_1=1}^{K} \cdots \sum_{k_n=1}^{K} P(a_{j_1}, b_{k_1}) \cdots P(a_{j_n}, b_{k_n}) \\ &\quad \times \log \frac{P(a_{j_1} | b_{k_1}) \cdots P(a_{j_n} | b_{k_n})}{P(a_{j_1}) \cdots P(a_{j_n})} \end{aligned}$$

$$
\begin{aligned}
&= \sum_{j_1=1}^{J} \cdots \sum_{j_n=1}^{J} \sum_{k_1=1}^{K} \cdots \sum_{k_n=1}^{K} P(a_{j_1}, b_{k_1}) \cdots P(a_{j_n}, b_{k_n}) \log \frac{P(a_{j_1}|b_{k_1})}{P(a_{j_1})} + \cdots \\
&\quad + \sum_{j_1=1}^{J} \cdots \sum_{j_n=1}^{J} \sum_{k_1=1}^{K} \cdots \sum_{k_n=1}^{K} P(a_{j_1}, b_{k_1}) \cdots P(a_{j_n}, b_{k_n}) \log \frac{P(a_{j_n}|b_{k_n})}{P(a_{j_n})} \\
&= \sum_{j_1=1}^{J} \sum_{k_1=1}^{K} P(a_{j_1}, b_{k_1}) \log \frac{P(a_{j_1}|b_{k_1})}{P(a_{j_1})} + \cdots \\
&\quad + \sum_{j_n=1}^{J} \sum_{k_n=1}^{K} P(a_{j_n}, b_{k_n}) \log \frac{P(a_{j_n}|b_{k_n})}{P(a_{j_n})} \\
&= nI(A;B) \qquad (5.27)
\end{aligned}
$$

となる．したがって，n 次拡大通信路の相互情報量は，元の通信路のそれの n 倍になる．

5.4 特徴のある通信路

ここでは，その性質に特徴のある 3 種類の通信路を紹介し，それらの相互情報量を導出する．

5.4.1 雑音のない通信路

ある出力シンボルが取り出されたとする．そのときの入力シンボルを一意に決定することのできる通信路を雑音のない通信路（noiseless channel）という．したがって，出力シンボル b_k が取り出されたときの入力シンボルを a_j とすると，

$$
P(a_i|b_k) = \begin{cases} 1 & (i = j) \\ 0 & (i \neq j) \end{cases} \qquad (5.28)
$$

である．ベイズの定理(5.6)より，

$$
P(a_i|b_k) = \frac{P(a_i)P(b_k|a_i)}{\displaystyle\sum_{l=1}^{J} P(a_l)P(b_k|a_l)} \qquad (5.29)
$$

であるから，

$$
\begin{cases} P(b_k|a_l) \neq 0 & (l = j) \\ P(b_k|a_l) = 0 & (l \neq j) \end{cases} \tag{5.30}
$$

ならば，入力シンボルの生起確率にかかわらず，式(5.28)が満足される．式(5.30)は，通信路行列 $\boldsymbol{P}$ の各列において 0 以外の成分がただ一つ存在することを表している．

雑音のない通信路として，たとえば，次のような通信路行列 $\boldsymbol{P}$ が考えられる．

$$
\boldsymbol{P} = \begin{bmatrix} 0.6 & 0 & 0.4 & 0 & 0 \\ 0 & 0.5 & 0 & 0.3 & 0.2 \end{bmatrix}
$$

$\boldsymbol{P}$ の通信路線図を**図 5.5** に示す．

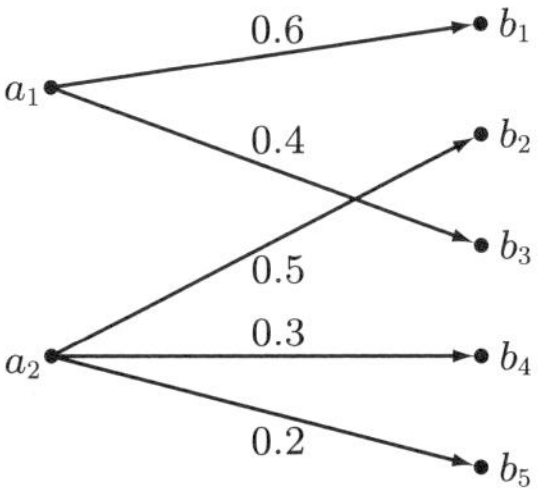

図 5.5　雑音のない通信路の例

雑音のない通信路の相互情報量 $I(A;B)$ は

$$
\begin{aligned} I(A;B) &= H(A) - H(A|B) \\ &= H(A) - \sum_{k=1}^{K} P(b_k) \sum_{j=1}^{J} P(a_j|b_k) \log \frac{1}{P(a_j|b_k)} \end{aligned} \tag{5.31}
$$

であるが，式(5.28)より $P(a_j|b_k)$ は 0 または 1 である．したがって，式(5.31)の右辺第 2 項の後半の和の部分は，すべての項が $1 \log 1$ または $0 \log \dfrac{1}{0}$ であるので，曖昧度 $H(A|B) = 0$ となるから，

$$
I(A;B) = H(A) \tag{5.32}
$$

となる．

5.4.2　確定的通信路

入力シンボルが決まるとそのときの出力シンボルを一意に決定することができる通

信路を，確定的通信路（deterministic chennel）という．したがって，入力シンボルが a_j のときの出力シンボルを b_k とすると，

$$P(b_i|a_j) = \begin{cases} 1 & (i = k) \\ 0 & (i \neq k) \end{cases} \tag{5.33}$$

である．これは，通信路行列 $\boldsymbol{P}$ の各行において 1 となる成分がただ一つ存在することを示している．

確定的通信路の例として，次のような通信路行列 $\boldsymbol{P}$ が考えられる．

$$\boldsymbol{P} = \begin{bmatrix} 1 & 0 \\ 0 & 1 \\ 1 & 0 \\ 0 & 1 \\ 0 & 1 \end{bmatrix}$$

$\boldsymbol{P}$ の通信路線図を図 5.6 に示す．

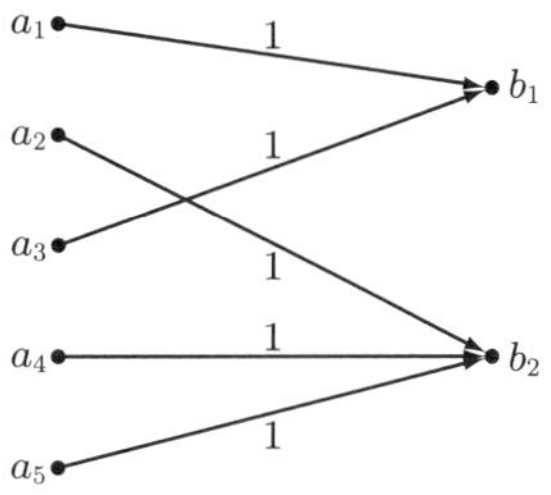

図 5.6　確定的通信路の例

確定的通信路の相互情報量 $I(A;B)$ は

$$\begin{aligned} I(A;B) &= H(B) - H(B|A) \\ &= H(B) - \sum_{j=1}^{J} P(a_j) \sum_{k=1}^{K} P(b_k|a_j) \log \frac{1}{P(b_k|a_j)} \end{aligned} \tag{5.34}$$

であるが，通信路行列のすべての成分が 0 または 1 であることより，$P(b_k|a_j)$ は 0 または 1 である．したがって，式(5.34)の右辺第 2 項の後半の和の部分は，すべての項が $1 \log 1$ または $0 \log \frac{1}{0}$ であるので，散布度 $H(B|A) = 0$ となるから，

$$I(A;B) = H(B) \tag{5.35}$$

となる．

5.4.3　一様通信路

一様通信路（uniform channel）は，入力に関して一様な通信路，出力に関して一様な通信路，二重に一様な通信路の 3 種に分類される．

a）入力に関して一様な通信路　通信路行列の任意の行が第 1 行の成分を並べ替えたものとなっているとき，このような通信路を入力に関して一様な（uniform from the input）通信路という．入力シンボル a_j が与えられたという条件下での出力シンボルの生起確率の分布は，

$$[\, P(b_1|a_j), P(b_2|a_j), \ldots, P(b_K|a_j)\,] \tag{5.36}$$

すなわち，通信路行列 $\boldsymbol{P}$ の第 j 行であるから，入力に関して一様な通信路では，この分布は入力シンボルにかかわらず（出力シンボルの順番を入れ替えれば）同一となる．

入力に関して一様な通信路の例として 2 元消失通信路（binary erasure channel）がある．2 元消失通信路の通信路線図を**図 5.7** に示す．2 元消失通信路とは，2 元対称通信路に判定不能という出力シンボル（図 5.7 では×）を加えた通信路である．通信路行列 $\boldsymbol{P}$ は，

$$\boldsymbol{P} = \begin{bmatrix} 1-p-q & q & p \\ p & q & 1-p-q \end{bmatrix} \tag{5.37}$$

である．

入力に関して一様な通信路の相互情報量 $I(A;B)$ は

$$\begin{aligned} I(A;B) &= H(B) - H(B|A) \\ &= H(B) - \sum_{j=1}^{J} P(a_j) \sum_{k=1}^{K} P(b_k|a_j) \log \frac{1}{P(b_k|a_j)} \end{aligned} \tag{5.38}$$

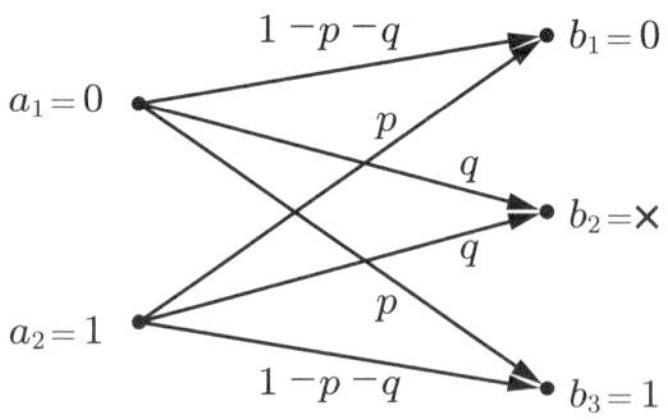

図 5.7　2 元消失通信路

である．式(5.38)の右辺第 2 項の後半は，通信路行列 $\boldsymbol{P}$ の第 j 行のすべての成分について，

$$\sum_{k=1}^{K} P(b_k|a_j) \log \frac{1}{P(b_k|a_j)} \tag{5.39}$$

を計算することになるが，入力に関して一様な通信路の定義より，この値はすべての j において等しくなる．したがって，

$$I(A;B) = H(B) - \sum_{k=1}^{K} P(b_k|a_j) \log \frac{1}{P(b_k|a_j)} \quad (j \text{ は任意}) \tag{5.40}$$

となる．

b）出力に関して一様な通信路　通信路行列の任意の列が第 1 列の成分を並べ替えたものとなっているとき，このような通信路を出力に関して一様な（uniform from the output）通信路という．たとえば，次のような通信路 $\boldsymbol{P}$ である．

$$\boldsymbol{P} = \begin{bmatrix} 0.7 & 0.3 \\ 0.5 & 0.5 \\ 0.3 & 0.7 \end{bmatrix}$$

出力に関して一様な通信路では，すべての入力シンボルの生起確率が等しければ，すべての出力シンボルの生起確率も等しくなる．このことを以下に示す．

式(5.1)に示したように，出力シンボル b_k の生起確率 $P(b_k)$ は，

$$P(b_k) = \sum_{j=1}^{J} P(a_j)P(b_k|a_j)$$

である．したがって，すべての j について $P(a_j)$ が等しい，すなわち，$P(a_j) = \dfrac{1}{J}$ であれば，

$$P(b_k) = \frac{1}{J} \sum_{j=1}^{J} P(b_k|a_j) \tag{5.41}$$

となる．ここで，$\sum_{j=1}^{J} P(b_k|a_j)$ は，通信路行列の第 k 列のすべての成分の和であるから，出力に関して一様な通信路の定義より，定数である．よって，すべての k について $P(b_k)$ は等しくなるので，

$$P(b_k) = \frac{1}{K} \tag{5.42}$$

となる．

c）二重に一様な通信路　入力および出力のいずれに関しても一様な通信路を，二重に一様な（doubly uniform）通信路という．二重に一様な通信路では，通信路行列の任意の行，列が，それぞれ第1行，第1列の成分を並べ替えたものとなっている．

二重に一様な通信路の例として，2元対称通信路の拡張である r 元対称通信路（r-ary symmetric channel）がある．入力シンボル，出力シンボルともに個数が r で，ビット誤り率を p とすると，r 元対称通信路の通信路行列 $\boldsymbol{P}$ は次式のように表される．

$$\boldsymbol{P} = \begin{bmatrix} 1-p & \dfrac{p}{r-1} & \cdots & \dfrac{p}{r-1} \\ \dfrac{p}{r-1} & 1-p & \ddots & \vdots \\ \vdots & \ddots & \ddots & \dfrac{p}{r-1} \\ \dfrac{p}{r-1} & \cdots & \dfrac{p}{r-1} & 1-p \end{bmatrix} \tag{5.43}$$

5.5　通信路容量

通信路が運ぶ情報量である相互情報量 $I(A;B)$ の最大値を，その通信路の通信路容量（channel capacity）という．通信路が規定される，すなわち，通信路行列 $\boldsymbol{P}$ が与えられると，相互情報量 $I(A;B)$ は入力シンボルの生起確率 $P(a_j)$ のみに依存する．したがって，通信路容量 C とは，$\sum_{j=1}^{J} P(a_j) = 1$ の条件の下で各 $P(a_j)$ を変化させたときの $I(A;B)$ の最大値

$$C = \max_{P(a_1)+P(a_2)+\cdots+P(a_J)=1} I(A;B) \tag{5.44}$$

である．

2元対称通信路において，ビット誤り率 $p = 0.01, 0.1$ のときの相互情報量 $I(A;B)$ と生起確率 $P(a_1)$ の関係を，**図 5.8** に示す．$P(a_1) = 0.5$ のとき，式(5.18)より，

$$I(A;B) = \mathcal{H}(0.5) - \mathcal{H}(p) = 1 - \mathcal{H}(p)$$

となり，$I(A;B)$ が最大となる．

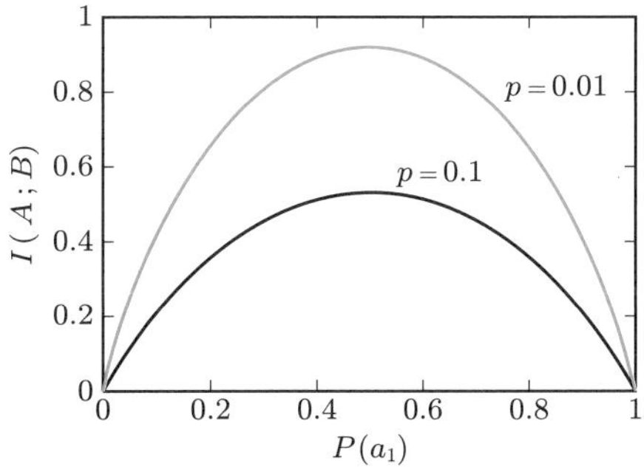

図 5.8　2 元対称通信路における相互情報量と a_1 の生起確率の関係

多変数関数の最大値問題であるため，通信路容量の計算は複雑になる場合が多いが，一様通信路ではその性質を利用して比較的簡単に計算することができる．以下では，その計算法を紹介する．

入力に関して一様な通信路の相互情報量 $I(A;B)$ は，式(5.40)に示したように，

$$I(A;B) = H(B) - \sum_{k=1}^{K} P(b_k|a_j) \log \frac{1}{P(b_k|a_j)} \quad (j\ \text{は任意})$$

である．右辺第 2 項は定数なので，$I(A;B)$ を最大にするためには，$H(B)$ を最大にすればよい．

例題 5.4　2 元消失通信路の通信路容量

2 元消失通信路の通信路容量 C を求めよ．

解答

まず，$H(B|A)$ を求める．

$$H(B|A) = (1-p-q) \log \frac{1}{1-p-q} + q \log \frac{1}{q} + p \log \frac{1}{p}$$

次に，$H(B)$ の最大値を求める．各出力シンボルの生起確率は，

$$P(b_1) = \omega(1-p-q) + (1-\omega)p$$

$$P(b_2) = \omega q + (1-\omega)q = q$$

$$P(b_3) = \omega p + (1-\omega)(1-p-q)$$

となる．$P(b_2)$ は ω に依存せずつねに q であるから，

$$P(b_1) = P(b_3) = \frac{1-q}{2}$$

のとき $H(B)$ は最大となる．そこで，

$$\omega(1-p-q)+(1-\omega)p=\frac{1-q}{2}$$

とおくと，$\omega=\frac{1}{2}$ となり，このとき，

$$\begin{aligned} H(B)&=\frac{1-q}{2}\log\frac{2}{1-q}+q\log\frac{1}{q}+\frac{1-q}{2}\log\frac{2}{1-q}\\ &=(1-q)\log\frac{2}{1-q}+q\log\frac{1}{q} \end{aligned}$$

となる．よって，求める通信路容量 C は次式のようになる．

$$C=(1-q)\log\frac{2}{1-q}-(1-p-q)\log\frac{1}{1-p-q}-p\log\frac{1}{p}$$

ここで，さらに出力に関しても一様，すなわち，二重に一様であるとする．すると，すべての入力シンボルの生起確率が等しければ，すべての出力シンボルの生起確率も等しくなり，すべての k について $P(b_k)=\frac{1}{K}$ となることから，2.3 節の結果より，$H(B)=\log K$ となる．したがって，二重に一様な通信路の通信路容量は，

$$C=\log K-\sum_{k=1}^{K}P(b_k|a_j)\log\frac{1}{P(b_k|a_j)}\quad (j\text{ は任意})\tag{5.45}$$

となる．

例題 5.5　r 元対称通信路の通信路容量

r 元対称通信路の通信路容量 C を計算せよ．

解答

$K=r$，式(5.43)の $\boldsymbol{P}$ の任意の行の成分を式(5.45)に代入して C を計算すると，次式のようになる．

$$\begin{aligned} C&=\log r-\left[(1-p)\log\frac{1}{1-p}+(r-1)\frac{p}{r-1}\log\frac{r-1}{p}\right]\\ &=\log r-\left[(1-p)\log\frac{1}{1-p}+p\log\frac{1}{p}+p\log(r-1)\right]\\ &=\log r-\mathcal{H}(p)-p\log(r-1) \end{aligned}$$

上述の計算法は一様通信路についてのみ適用可能である．一般的な通信路については，次に示すラグランジュの未定係数法（Lagrange's method of indeterminate coefficients）を用いた計算法が知られている．ただし，後で説明するように，通信路行

列 $\boldsymbol{P}$ は正方行列であるとする．

ラグランジュの未定係数法とは，n 変数関数 $f(y_1, y_2, \ldots, y_n)$ が m 個の拘束条件 $g_i(y_1, y_2, \ldots, y_n) = 0$ $(i = 1, 2, \ldots, m)$ の下で極値をとるときの各変数の値を見いだす方法である．次式のような補助関数 z を考える．

$$z = f + \sum_{i=1}^{m} \lambda_i g_i \tag{5.46}$$

$\lambda_1, \lambda_2, \ldots, \lambda_m$ が未定係数である．式(5.46)の右辺第 2 項は，各拘束条件 g_i に λ_i を掛けて和をとったものであるから，z は f と同じ値をとる．したがって，f が極値をとるとすると，そのとき z も極値をとり，

$$\frac{\partial z}{\partial y_1} = 0,\ \frac{\partial z}{\partial y_2} = 0,\ \ldots,\ \frac{\partial z}{\partial y_n} = 0 \tag{5.47}$$

が成立する．また，そもそも

$$g_1 = 0,\ g_2 = 0,\ \ldots,\ g_m = 0 \tag{5.48}$$

である．式(5.47)，(5.48)は，$y_1, y_2, \ldots, y_n$，$\lambda_1, \lambda_2, \ldots, \lambda_m$ を変数とする連立方程式であるから，これらを解くと，f が極値をとるときの $y_1, y_2, \ldots, y_n$ が得られる．

さて，ここでの問題は，拘束条件 $\sum P(a_j) - 1 = 0$ の下で J 個の変数 $P(a_1)$, $P(a_2), \ldots, P(a_J)$ をもつ $I(A;B)$ の最大値を見いだすことだが，これを拘束条件 $\sum P(b_k) - 1 = 0$ の下で K 個の変数 $P(b_1), P(b_2), \ldots, P(b_K)$ をもつ $I(A;B)$ の最大値を見いだすという問題に変換する．

まず，$I(A;B)$ は，

$$\begin{aligned} I(A;B) &= H(B) - H(B|A) \\ &= \sum_{k=1}^{K} P(b_k) \log \frac{1}{P(b_k)} + \sum_{k=1}^{K} P(b_k) \sum_{j=1}^{J} P(a_j|b_k) \log P(b_k|a_j) \end{aligned}$$

である．ここで，とりあえず，

$$\sum_{j=1}^{J} P(a_j|b_k) \log P(b_k|a_j) = x_k \tag{5.49}$$

とおくと，

$$I(A;B) = \sum_{k=1}^{K} P(b_k) \log \frac{1}{P(b_k)} + \sum_{k=1}^{K} P(b_k) x_k \tag{5.50}$$

となるので，$I(A;B)$ を $P(b_k)$ の式で表すことができる．

補助関数を

$$z = \sum_{k=1}^{K} P(b_k) \log \frac{1}{P(b_k)} + \sum_{k=1}^{K} P(b_k) x_k + \lambda \left(\sum_{k=1}^{K} P(b_k) - 1 \right) \tag{5.51}$$

とし，z を $P(b_k)$ で偏微分したものを 0 とおくと，次式のようになる．

$$\frac{\partial z}{\partial P(b_k)} = -\log P(b_k) - \log e + x_k + \lambda = 0 \tag{5.52}$$

両辺に $P(b_k)$ を掛けると，次式のようになる．

$$-P(b_k) \log P(b_k) - P(b_k) \log e + P(b_k) x_k + \lambda P(b_k) = 0 \tag{5.53}$$

すべての k について同様な式が得られるので，それらの和をとると，

$$-\sum_{k=1}^{K} P(b_k) \log P(b_k) - \log e + \sum_{k=1}^{K} P(b_k) x_k + \lambda = 0 \tag{5.54}$$

となる．ここで，左辺の第1項と第3項の和は，式(5.50)より，$I(A;B)$ であるが，この場合は通信路容量 C に等しくなっているので，

$$C - \log e + \lambda = 0 \tag{5.55}$$

である．式(5.52)，(5.55)より，λ を消去すると，

$$-\log P(b_k) + x_k - C = 0 \tag{5.56}$$

となり，$P(b_k)$ について解くと，

$$P(b_k) = 2^{x_k - C} \tag{5.57}$$

となる．すべての k について同様な式が得られるので，それらの総和をとると，

$$\sum_{k=1}^{K} P(b_k) = 1 = 2^{-C} \sum_{k=1}^{K} 2^{x_k} \tag{5.58}$$

となる．したがって，通信路容量 C は次式のようになる．

$$C = \log \sum_{k=1}^{K} 2^{x_k} \tag{5.59}$$

さて，x_k については，式(5.49)のようにおいたことから

$$-\sum_{k=1}^{K} P(b_k) x_k = H(B|A) \tag{5.60}$$

なので，

$$-\sum_{j=1}^{J} \sum_{k=1}^{K} P(a_j, b_k) x_k = H(B|A) \tag{5.61}$$

$$-\sum_{j=1}^{J} P(a_j) \sum_{k=1}^{K} P(b_k|a_j) x_k = -\sum_{j=1}^{J} P(a_j) \sum_{k=1}^{K} P(b_k|a_j) \log P(b_k|a_j) \tag{5.62}$$

となる．すると，各 j について，

$$\sum_{k=1}^{K} P(b_k|a_j) x_k = \sum_{k=1}^{K} P(b_k|a_j) \log P(b_k|a_j) \tag{5.63}$$

が成立するはずであるから，式(5.63)は K 個の変数 $x_1, x_2, \ldots, x_K$ をもつ J 個の方程式である．これら J 個の方程式を散布度連立方程式という．$x_1, x_2, \ldots, x_K$ を決定するためには，散布度連立方程式が一意の解をもたなければならないので，$J = K$，すなわち，通信路行列 $\boldsymbol{P}$ が正方行列の場合に限りこの方法が適用できることになる．

例題 5.6　通信路容量

次式の通信路 $\boldsymbol{P}$ の通信路容量 C を求めよ．

$$\boldsymbol{P} = \begin{bmatrix} 1-p & p \\ q & 1-q \end{bmatrix}$$

解答

散布度連立方程式は次のようになる．

$$\begin{cases} (1-p)x_1 + px_2 = (1-p)\log(1-p) + p\log p = -\mathcal{H}(p) \\ qx_1 + (1-q)x_2 = q\log q + (1-q)\log(1-q) = -\mathcal{H}(q) \end{cases}$$

これを解くと，

$$x_1 = \frac{p\mathcal{H}(q) - (1-q)\mathcal{H}(p)}{1-p-q}$$

$$x_2 = \frac{q\mathcal{H}(p) - (1-p)\mathcal{H}(q)}{1-p-q}$$

が得られるので，式(5.59)より，通信路容量 C は次式のようになる．

$$C = \log\left(2^{\frac{p\mathcal{H}(q)-(1-q)\mathcal{H}(p)}{1-p-q}} + 2^{\frac{q\mathcal{H}(p)-(1-p)\mathcal{H}(q)}{1-p-q}}\right)$$

演習問題

5.1 次式の通信路 $\boldsymbol{P}$ を使って2元系列を伝送することを考える．

$$\boldsymbol{P} = \begin{bmatrix} 1-p & p \\ q & 1-q \end{bmatrix}$$

入力アルファベット $A = \{a_1, a_2\}$，出力アルファベット $B = \{b_1, b_2\}$，各入力シンボルの生起確率を $P(a_1) = \omega$，$P(a_2) = (1-\omega)$ とする．次の問いに答えよ．

(1) 事前エントロピー $H(A)$ を求めよ．

(2) 曖昧度 $H(A|B)$ を求めよ．

(3) 相互情報量 $I(A;B)$ を求めよ．

5.2 次式の通信路 P を使って2元系列を伝送することを考える．

$$P = \begin{bmatrix} 1 & 0 \\ 0.5 & 0.5 \end{bmatrix}$$

入力アルファベット $A = \{a_1,\ a_2\}$，出力アルファベット $B = \{b_1,\ b_2\}$，各入力シンボルの生起確率を $P(a_1) = \omega$，$P(a_2) = (1-\omega)$ とする．次の問いに答えよ．

(1) 出力アルファベットのエントロピー $H(B)$ を求めよ．

(2) 散布度 $H(B|A)$ を求めよ．

(3) 相互情報量 $I(A;B)$ を求めよ．

5.3 次式の通信路 $\boldsymbol{P}$ の通信路容量 C を求めよ．

$$\boldsymbol{P} = \begin{bmatrix} 1-p-q & p & q \\ 1-p-q & p & q \\ 1-p-q & p & q \end{bmatrix}$$

5.4 次式の通信路 $\boldsymbol{P}$ の通信路容量 C を求めよ．

$$\boldsymbol{P} = \begin{bmatrix} 1-p-q & p & q \\ p & 1-p-q & q \end{bmatrix}$$

5.5 次式の通信路 $\boldsymbol{P}$ の通信路容量 C を求めよ．

$$\boldsymbol{P} = \begin{bmatrix} 1-p & p & 0 \\ 0 & 1 & 0 \\ 0 & p & 1-p \end{bmatrix}$$

第6章 通信路符号化

通信路を介して伝送される情報は，雑音や減衰などの影響を受けて，誤った情報として受信される可能性がある．したがって，受信側では受信系列に誤りがあるか否かを判定する必要がある．このとき，誤りの位置がわかれば，0と1を反転することにより，受信側で誤りを訂正することができる．これを実現する一つの方法は，伝送する系列に冗長な系列を付加することである．単純に考えると，冗長系列の付加により実質的な伝送速度は低下するかのように思われるが，伝送速度を低下させることなく，誤り率を任意に小さくする方法が存在することが知られている．

本章では，受信した系列から送信された系列が何であったかを判定する規則について述べた後，通信路における誤り検出・訂正の原理について説明する．

6.1 受信シンボルの判定

ここでは，まず，通信路上での誤りを検出・訂正するための冗長な系列が付加されていない場合を考える．この場合，受信者は，出力シンボルからどのようなシンボルが入力されていたのかを類推しなければならない．そこで，ある出力シンボル b_k（$k = 1, 2, \ldots, K$）に対して，一意に入力シンボル a_j（$j = 1, 2, \ldots, J$）を決定する次の関数

$$d(b_k) = a_j \tag{6.1}$$

を考える．$d(\cdot)$ を判定規則（decision rule）という．

例として，2 元対称通信路の判定規則について考える．自然な判定規則は，

$$\begin{cases} d(b_1) = a_1 \\ d(b_2) = a_2 \end{cases}$$

である．この場合，出力シンボルに判定規則を適用した結果と，そのときの入力シン

ボルが異なる確率（誤り率（error rate）という）は，ビット誤り率に等しくなるので p である．これに対して

$$\begin{cases} d(b_1) = a_1 \\ d(b_2) = a_1 \end{cases}$$

という判定規則を採用すると，つねに a_1 が入力されたとみなされるので，この場合の誤り率は $P(a_2)$ である．したがって，もし $P(a_2) < p$ ならば，誤り率は p より小さくなる．この場合は判定規則によって通信路上の誤りがある程度訂正され，信頼性が向上したことになる．日常よく経験するように，情報伝達の際に生じる誤りは，通信路上の雑音と受信者の解釈に依存している．

判定規則が $d(\cdot)$ であるときの誤り率を導出しよう．出力シンボルが b_k のとき，入力シンボルが $d(b_k)$ ならば正常であるが，それ以外ならば誤りが生じていることになる．したがって，b_k が出力されたという条件下での誤り率は，

$$1 - P(d(b_k)|b_k) \tag{6.2}$$

となる．出力シンボルに関する条件を外すと，

$$\begin{aligned} P_{\mathrm{e}} &= \sum_{k=1}^{K} P(b_k)(1 - P(d(b_k)|b_k)) \\ &= 1 - \sum_{k=1}^{K} P(b_k)P(d(b_k)|b_k) \end{aligned} \tag{6.3}$$

となる．P_{e} を平均誤り率（average error rate）という．ここで，式(6.3)に式(5.5)を適用すると，次式のようになる．

$$P_{\mathrm{e}} = 1 - \sum_{k=1}^{K} P(d(b_k))P(b_k|d(b_k)) \tag{6.4}$$

例題 6.1　平均誤り率

次式に示す通信路 $\boldsymbol{P}$ を用いて $\{a_1, a_2, a_3\}$ を伝送する．

$$\boldsymbol{P} = \begin{bmatrix} 0.5 & 0.3 & 0.2 \\ 0.2 & 0.3 & 0.5 \\ 0.3 & 0.3 & 0.4 \end{bmatrix}$$

各入力シンボルの生起確率は $P(a_1) = 0.2$，$P(a_2) = 0.3$，$P(a_3) = 0.5$ であるとする．

ここで，判定規則

$$\begin{cases} d(b_1) = a_1 \\ d(b_2) = a_2 \\ d(b_3) = a_3 \end{cases}$$

を採用した場合の平均誤り率 P_{e} を求めよ．

解答

式(6.4)に判定規則を適用すると，

$$\begin{aligned} P_{\mathrm{e}} &= 1 - (P(d(b_1))P(b_1|d(b_1)) + P(d(b_2))P(b_2|d(b_2)) + P(d(b_3))P(b_3|d(b_3))) \\ &= 1 - (P(a_1)P(b_1|a_1) + P(a_2)P(b_2|a_2) + P(a_3)P(b_3|a_3)) \end{aligned}$$

となるので，この式に各入力シンボルの生起確率と $\boldsymbol{P}$ の対応する成分を代入して P_{e} を計算すると，次式のようになる．

$$P_{\mathrm{e}} = 1 - (0.2 \times 0.5 + 0.3 \times 0.3 + 0.5 \times 0.4) = 0.61$$

平均誤り率 P_{e} を最小にする判定規則について考えよう．P_{e} を小さくするためには，式(6.3)の右辺第 2 項を大きくすればよい．ここで，$P(b_k)$ は判定規則に依存しないから，結局は各 $P(d(b_k)|b_k)$ をできるだけ大きくすればよいことになる．したがって，各出力シンボル b_k について事後確率 $P(a_j|b_k)$ が最大となるシンボルが入力されたと判定する規則を構成すればよい．このような判定規則を最大事後確率判定規則（maximum posteriori probablity decision rule）という．一方，式(6.4)より，最大事後確率判定規則とは，各 b_k について $P(a_j)P(b_k|a_j)$ が最大となるような a_j が入力されたと判定する規則とも考えられる．

例題 6.2　最大事後確率判定規則

通信路行列および各入力シンボルの生起確率が例題 6.1 と同様の場合について，最大事後確率判定規則を構成し，平均誤り率 P_{e} を計算せよ．

解答

各 b_k について $P(a_j)P(b_k|a_j)$ の値を計算すると，

$$P(a_1)P(b_1|a_1) = 0.2 \times 0.5 = 0.10$$

$$P(a_2)P(b_1|a_2) = 0.3 \times 0.2 = 0.06$$

$$P(a_3)P(b_1|a_3) = 0.5 \times 0.3 = 0.15$$

$$P(a_1)P(b_2|a_1) = 0.2 \times 0.3 = 0.06$$
$$P(a_2)P(b_2|a_2) = 0.3 \times 0.3 = 0.09$$
$$P(a_3)P(b_2|a_3) = 0.5 \times 0.3 = 0.15$$

$$P(a_1)P(b_3|a_1) = 0.2 \times 0.2 = 0.04$$
$$P(a_2)P(b_3|a_2) = 0.3 \times 0.5 = 0.15$$
$$P(a_3)P(b_3|a_3) = 0.5 \times 0.4 = 0.20$$

となるから，最大事後確率判定規則は，

$$\begin{cases} d(b_1) = a_3 \\ d(b_2) = a_3 \\ d(b_3) = a_3 \end{cases}$$

である．式(6.4)を用いて平均誤り率 P_e を計算すると，次式のようになる．

$$\begin{aligned} P_\mathrm{e} &= 1 - (P(d(b_1))P(b_1|d(b_1)) + P(d(b_2))P(b_2|d(b_2)) + P(d(b_3))P(b_3|d(b_3))) \\ &= 1 - (P(a_3)P(b_1|a_3) + P(a_3)P(b_2|a_3) + P(a_3)P(b_3|a_3)) \\ &= 1 - (0.15 + 0.15 + 0.20) = 0.5 \end{aligned}$$

例題 6.2 で示したように，最大事後確率判定規則は，入力シンボルの生起確率から大きな影響を受ける場合がある．ここで，仮に各入力シンボルが等確率で生起するとすると，式(6.4)は，

$$P_\mathrm{e} = 1 - \frac{1}{J}\sum_{k=1}^{K} P(b_k|d(b_k)) \tag{6.5}$$

となるから，各 b_k について $P(b_k|a_j)$ が最大となるような a_j が入力されたとみなせばよいことになる．したがって，通信路行列において列ごとに成分の最大値を探し出すことになるため，通信路行列が与えられると即座に判定規則を構成することができる．この場合の判定規則を最大尤度判定規則（maximum likelihood decision rule）という．

例題 6.3　最大尤度判定規則

例題 6.1 の通信路 $\boldsymbol{P}$ を用いて $\{a_1, a_2, a_3\}$ を伝送する場合の最大尤度判定規則を構成し，平均誤り率 P_e を求めよ．

解答

最大尤度判定規則は，

$$\begin{cases} d(b_1) = a_1 \\ d(b_2) = a_3 \\ d(b_3) = a_2 \end{cases}$$

となる．平均誤り率 P_{e} は，式(6.5)より次式のようになる．

$$\begin{aligned} P_{\mathrm{e}} &= 1 - \frac{1}{3}(P(b_1|d(b_1)) + P(b_2|d(b_2)) + P(b_3|d(b_3))) \\ &= 1 - \frac{1}{3}(P(b_1|a_1) + P(b_2|a_3) + P(b_3|a_2)) \\ &= 1 - \frac{0.5 + 0.3 + 0.5}{3} = \frac{17}{30} \simeq 0.567 \end{aligned}$$

補足　この例では，通信路行列の第 2 列の成分はすべて 0.3 であるが，このような場合は，$d(b_2)$ として a_1，a_2，a_3 のどれを選んでもかまわない．

6.2　通信路符号化

前節では，判定規則を工夫することによって，通信路の信頼性を向上させる方法を示した．とくに重要な情報を伝達する場合，日常的によく行われるのは，念を押したり，繰り返し送ったり，いくつかの伝送手段を試みたりすることだろう．ここでは，冗長な情報を伝送することによって通信路の信頼性を向上させる方法について，例をあげながら考える．伝送すべき系列に冗長な系列を付加するのも一種の符号化であるので，これを通信路符号化（channel coding）という．

図 6.1 に示すように，通信路符号化によって生成される符号語には冗長な系列が含まれており，これが通信路に入力されるシンボルの系列となる．一方，通信路から出力されるシンボルの系列を受信語（received word）という．長さ n の受信語 $\boldsymbol{b}_k = (b_{k_1}, b_{k_2}, \ldots, b_{k_n})$ を符号語 $\boldsymbol{a}_j = (a_{j_1}, a_{j_2}, \ldots, a_{j_n})$ に復号することを

$$d(\boldsymbol{b}_k) = \boldsymbol{a}_j \tag{6.6}$$

伝送すべき系列　冗長な系列

0110011101011100110110 1011110100011

←――――――符号語――――――→

図 6.1　通信路符号化によって生成される符号語の例

と表し，式(6.4)に適用すると，平均誤り率 P_{e} は，

$$P_{\mathrm{e}} = 1 - \sum_{k=1}^{K^n} P(d(\boldsymbol{b}_k))P(\boldsymbol{b}_k|d(\boldsymbol{b}_k)) \tag{6.7}$$

となる．

通信路符号化の例として多数決符号（majority logic code）をあげる．簡単のため，2 元対称通信路によって 2 元シンボル 0，1 を伝送するとする．伝送すべき系列である単一シンボルの 0，1 に，それと同じ偶数個のシンボルを冗長な系列として付加する．したがって，符号語は必ず奇数個の同一シンボルの系列となることに注意しよう．たとえば，冗長な系列長を 2 とすると，その場合の符号語は (0, 0, 0)，(1, 1, 1) の 2 種類となる．通信路上で誤りが起こりうるため，受信語として，長さ 3 の 2 元系列のすべてのパターン（$2^3 = 8$ 通りある）を想定する必要がある．受信側は，奇数個の出力シンボルから多数決により，元の符号語を決定する．よって，復号は次のようになる．

$$\begin{cases} d(0,0,0) = (0,0,0) \\ d(0,0,1) = (0,0,0) \\ d(0,1,0) = (0,0,0) \\ d(0,1,1) = (1,1,1) \\ d(1,0,0) = (0,0,0) \\ d(1,0,1) = (1,1,1) \\ d(1,1,0) = (1,1,1) \\ d(1,1,1) = (1,1,1) \end{cases}$$

式(6.7)を利用して，平均誤り率 P_{e} を計算すると，

$$\begin{aligned} P_{\mathrm{e}} = 1 - (\ & P(0,0,0)P(0,0,0|0,0,0) + P(0,0,0)P(0,0,1|0,0,0) \\ & +P(0,0,0)P(0,1,0|0,0,0) + P(0,0,0)P(1,0,0|0,0,0) \\ & +P(1,1,1)P(0,1,1|1,1,1) + P(1,1,1)P(1,0,1|1,1,1) \\ & +P(1,1,1)P(1,1,0|1,1,1) + P(1,1,1)P(1,1,1|1,1,1)\ ) \\ = 1 - & P(0,0,0)((1-p)^3 + 3(1-p)^2 p) - P(1,1,1)((1-p)^3 + 3(1-p)^2 p) \\ = 1 - & ((1-p)^3 + 3(1-p)^2 p) \\ = p^2 & (3-2p) \end{aligned} \tag{6.8}$$

となる．元の 2 元対称通信路の平均誤り率は，ビット誤り率に等しく p（$0 < p < 1/2$ とする）であったので，

$$p - p^2(3 - 2p) = p(1 - 3p + 2p^2) = p(1 - 2p)(1 - p) > 0$$

から，冗長な系列を付加することによって平均誤り率が減少していることがわかる．

この例では，3 次の拡大通信路を考え，$2^3 = 8$ 通りの系列から 000 と 111 の 2 個のみ選び出して符号語としている．拡大の次数を増加させることにより，平均誤り率をさらに小さくすることができるが，冗長系列長の増加に伴って，実質的な伝送速度は低下する．

上述のことを一般化して，伝送速度を定義する．n 次の拡大通信路を用いてシンボルの系列を伝送することを考える．通信路符号化を行って，J^n 通りの系列から M 個を選び出して符号語とする．このとき M 個の系列が等確率で生起するのであれば，2.3 節の結果からエントロピーは $\log M$ となるので，1 個分のシンボルが伝送する情報量 R は，

$$R = \frac{\log M}{n} \tag{6.9}$$

となる．R を情報伝送速度（information transmission rate）という．たとえば，2 元対称通信路で通信路符号化を行わなければ，$n = 1$，$M = 2$ であるから，情報伝送速度 R_1 は，

$$R_1 = \frac{\log 2}{1} = 1 \text{ [bit]}$$

である．これに対して，符号語長 3 の多数決符号化を行うと，$n = 3$，$M = 2$ であるから，情報伝送速度 R_2 は，

$$R_2 = \frac{\log 2}{3} = \frac{1}{3} \text{ [bit]}$$

となる．これからわかるように，多数決符号では情報伝送速度を犠牲にして信頼性を向上させている．

それでは，情報伝送速度の低下を抑えるために，冗長系列長を短くすることにしよう．2 個の伝送すべき系列に 0 を付加して，符号語とする．このとき，符号語は $(0, 0, 0)$，$(0, 1, 0)$，$(1, 0, 0)$，$(1, 1, 0)$ の 4 種類である．この符号化では，2 元対称通信路の 3 次の拡大通信路の 8 通りの系列の中から 4 個を選び出して符号語としていることになる．

3 番目のシンボルに意味はないので，受信側は最初の 2 個のシンボルをそのまま信じるしかない．したがって，復号は次のようになる．

$$\begin{cases} d(0,0,0) = (0,0,0) \\ d(0,0,1) = (0,0,0) \\ d(0,1,0) = (0,1,0) \\ d(0,1,1) = (0,1,0) \\ d(1,0,0) = (1,0,0) \\ d(1,0,1) = (1,0,0) \\ d(1,1,0) = (1,1,0) \\ d(1,1,1) = (1,1,0) \end{cases}$$

3 番目のシンボルにのみ誤りが許されている．

この符号の平均誤り率 P_{e} は，

$$\begin{aligned} P_{\mathrm{e}} = 1 - (\ & P(0,0,0)P(0,0,0|0,0,0) + P(0,0,0)P(0,0,1|0,0,0) \\ & +P(0,1,0)P(0,1,0|0,1,0) + P(0,1,0)P(0,1,1|0,1,0) \\ & +P(1,0,0)P(1,0,0|1,0,0) + P(1,0,0)P(1,0,1|1,0,0) \\ & +P(1,1,0)P(1,1,0|1,1,0) + P(1,1,0)P(1,1,1|1,1,0)\ ) \\ = 1 - & P(0,0,0)((1-p)^3 + (1-p)^2 p) - P(0,1,0)((1-p)^3 + (1-p)^2 p) \\ & -P(1,0,0)((1-p)^3 + (1-p)^2 p) - P(1,1,0)((1-p)^3 + (1-p)^2 p) \\ = 1 - & (1-p)^2 \\ = p(& 2-p) \end{aligned} \tag{6.10}$$

となる．式(6.10)から式(6.8)を引くと，

$$\begin{aligned} p(2-p) - p^2(3-2p) &= 2p(1-2p+p^2) \\ &= 2p(1-p)^2 > 0 \end{aligned}$$

となるので，平均誤り率は大きくなるが，$n = 3$，$M = 4$ であるから，情報伝送速度 R_3 は，

$$R_3 = \frac{\log 4}{3} = \frac{2}{3}\ [\mathrm{bit}]$$

となり，2 倍になっている．

本節での結果から，情報伝送速度と信頼性は互いに相反するかのように思われるが，これは正しくない．これについては，6.5 節で説明する．

6.3 ハミング距離

冗長な系列を付加することによって受信側が通信路上の誤りを検出・訂正することの原理を説明する前に，その前提知識となるハミング距離について説明しよう．ハミング距離は二つの系列の違いを数値で表す手段で，さまざまな系列の関係を代数的に捉えることを可能にしている．

長さ n の二つの系列 $\boldsymbol{a} = (a_1, a_2, \ldots, a_n)$ と $\boldsymbol{b} = (b_1, b_2, \ldots, b_n)$ が与えられたとする．$\boldsymbol{a}$ と $\boldsymbol{b}$ において互いに対応する位置にあるシンボルで異なるものの個数をハミング距離（Hamming distance）といい，$d_{\mathrm{H}}(\boldsymbol{a}, \boldsymbol{b})$ と表す．したがって，関数

$$\delta(x, y) = \begin{cases} 0 & (x = y) \\ 1 & (x \neq y) \end{cases} \tag{6.11}$$

を導入すると，ハミング距離 $d_{\mathrm{H}}(\boldsymbol{a}, \boldsymbol{b})$ は次式のように表される．

$$d_{\mathrm{H}}(\boldsymbol{a}, \boldsymbol{b}) = \sum_{i=1}^{n} \delta(a_i, b_i) \tag{6.12}$$

ある系列 $\boldsymbol{a}$ とすべてのシンボルが 0 である系列 $\boldsymbol{0}$ との距離を $\boldsymbol{a}$ の重み（weight）という．この距離にハミング距離を用いたものをハミング重み（Hamming weight）といい，$w_{\mathrm{H}}(\boldsymbol{a})$ と表す．$w_{\mathrm{H}}(\boldsymbol{a})$ は次式のようになる．

$$\begin{aligned} w_{\mathrm{H}}(\boldsymbol{a}) &= d_{\mathrm{H}}(\boldsymbol{a}, \boldsymbol{0}) \\ &= \sum_{i=1}^{n} \delta(a_i, 0) \end{aligned} \tag{6.13}$$

さて，話を 2 元系列に限定すると，排他的論理和（exclusive or）が

$$0 \text{ XOR } 0 = 0, \quad 0 \text{ XOR } 1 = 1, \quad 1 \text{ XOR } 0 = 1, \quad 1 \text{ XOR } 1 = 0$$

であることを利用して，ハミング距離 $d_{\mathrm{H}}(\boldsymbol{a}, \boldsymbol{b})$ を次式のように表すことができる．

$$d_{\mathrm{H}}(\boldsymbol{a}, \boldsymbol{b}) = \sum_{i=1}^{n} (a_i \text{ XOR } b_i) \tag{6.14}$$

また，2 元系列 $\boldsymbol{a}$ のハミング重み $w_{\mathrm{H}}(\boldsymbol{a})$ は，

$$\begin{aligned} w_{\mathrm{H}}(\boldsymbol{a}) = d_{\mathrm{H}}(\boldsymbol{a}, \boldsymbol{0}) &= \sum_{i=1}^{n} (a_i \text{ XOR } 0) \\ &= \sum_{i=1}^{n} a_i \end{aligned} \tag{6.15}$$

となる．$\boldsymbol{a}$ と $\boldsymbol{b}$ において，対応する位置にあるシンボルごとに排他的論理和を計算することにより得られた系列（2 を法とするベクトルの加算．7.1 節参照）を $\boldsymbol{a}$ XOR $\boldsymbol{b}$ と書くことにすると，2 元系列のハミング距離とハミング重みの間には，次式のような関係があることがわかる．

$$d_{\mathrm{H}}(\boldsymbol{a}, \boldsymbol{b}) = w_{\mathrm{H}}(\boldsymbol{a} \text{ XOR } \boldsymbol{b}) \tag{6.16}$$

例題 6.4　ハミング距離，ハミング重み

$\boldsymbol{a} = (1, 0, 1)$，$\boldsymbol{b} = (1, 1, 1)$ のとき，$\boldsymbol{a}$ と $\boldsymbol{b}$ のハミング距離 $d_{\mathrm{H}}(\boldsymbol{a}, \boldsymbol{b})$，$\boldsymbol{a}$ のハミング重み $w_{\mathrm{H}}(\boldsymbol{a})$ を求めよ．

解答

式(6.14)，(6.15)に数値を代入すると，それぞれ次式のようになる．

$$\begin{aligned} d_{\mathrm{H}}(\boldsymbol{a}, \boldsymbol{b}) &= 1 \text{ XOR } 1 + 0 \text{ XOR } 1 + 1 \text{ XOR } 1 \\ &= 0 + 1 + 0 = 1 \end{aligned}$$

$$w_{\mathrm{H}}(\boldsymbol{a}) = 1 + 0 + 1 = 2$$

ハミング距離はその名のとおり距離であるから，任意の等長系列 $\boldsymbol{a}$，$\boldsymbol{b}$，$\boldsymbol{c}$ について，

（1）非負性：$d_{\mathrm{H}}(\boldsymbol{a}, \boldsymbol{b}) \geq 0$ 等号成立は $\boldsymbol{a} = \boldsymbol{b}$ のとき
（2）対称性：$d_{\mathrm{H}}(\boldsymbol{a}, \boldsymbol{b}) = d_{\mathrm{H}}(\boldsymbol{b}, \boldsymbol{a})$
（3）三角不等式：$d_{\mathrm{H}}(\boldsymbol{a}, \boldsymbol{b}) + d_{\mathrm{H}}(\boldsymbol{b}, \boldsymbol{c}) \geq d_{\mathrm{H}}(\boldsymbol{a}, \boldsymbol{c})$

という距離の公理（axiom of distance）に基づいている．したがって，異なるシンボルの個数が x である二つの系列を距離 x だけ離して配置することにより，系列どうしの違いを幾何的に表すことができる．**図 6.2** に，長さ $n = 2, 3$ の系列を配置した例を示す．個々の系列は，n 次元立方体の頂点に配置されている．1 辺を介して隣り合う系列どうしでは，異なるシンボルの個数が 1，すなわちハミング距離が 1 となってい

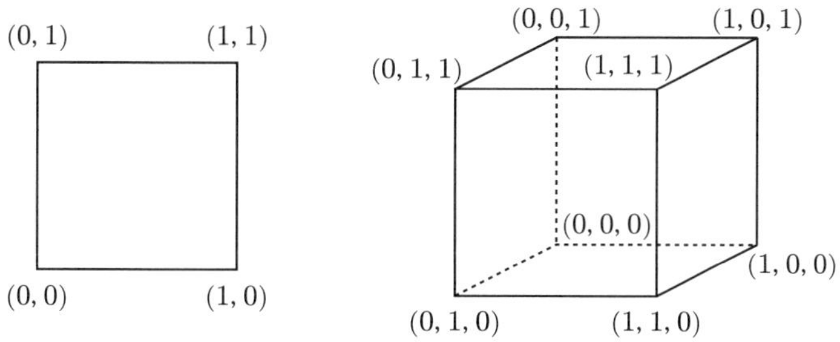

（a）$n = 2$　　　（b）$n = 3$

図 6.2　図形によるハミング距離の表現

る．このように表すと，ある二つの系列に対応する頂点間の辺に沿った最短距離がハミング距離となる．

本節の最後に，最大尤度判定規則をハミング距離の見地から検討してみよう．符号語を $\boldsymbol{a}$，受信語を $\boldsymbol{b}$ とする．$\boldsymbol{a}$ と $\boldsymbol{b}$ の長さはいずれも n で，ハミング距離 $d_{\mathrm{H}}(\boldsymbol{a}, \boldsymbol{b}) = x$ とする．すなわち，$\boldsymbol{a}$ と $\boldsymbol{b}$ は x 個異なっているとする．さらに，ビット誤り率を p とすると，条件付確率 $P(\boldsymbol{b}|\boldsymbol{a})$ は次式のように表される．

$$P(\boldsymbol{b}|\boldsymbol{a}) = p^x (1-p)^{n-x} \tag{6.17}$$

式(6.17)を x で微分すると，

$$\frac{\mathrm{d}P(\boldsymbol{b}|\boldsymbol{a})}{\mathrm{d}x} = p^x (1-p)^{n-x} \ln \frac{p}{1-p} \tag{6.18}$$

となる．p が 1 に近いときは意味がないので，$p < 1/2$ のときを考えることにすると，このとき式(6.18)の値が負となるので，$P(\boldsymbol{b}|\boldsymbol{a})$ は x が増加すると単調に減少する．参考のため，**図 6.3** に $n = 10$，$p = 0.1, 0.2$ の場合の $P(\boldsymbol{b}|\boldsymbol{a})$ とハミング距離 x の関係

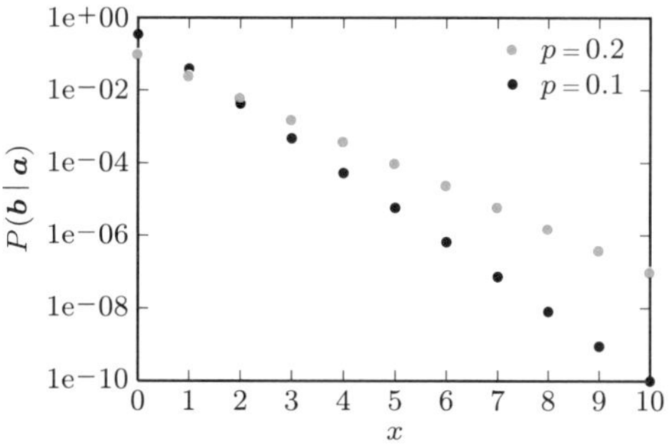

図 6.3　$P(\boldsymbol{b}|\boldsymbol{a})$ **とハミング距離** x **の関係**

を示す．最大尤度判定規則は，$P(\boldsymbol{b}|\boldsymbol{a})$ が最大となるような符号語が入力されたとみなす判定規則であるから，これはハミング距離が最小のものを選ぶ判定規則である．

6.4 誤り検出・訂正の原理

ここでは，送信側で通信路符号化を行うことにより，受信側で誤りの検出や訂正ができることを，ハミング距離の概念に基づいて説明しよう．

長さ n の符号語 $\boldsymbol{a}_m$（$m = 1, 2, \ldots, M$）を雑音のある通信路を用いて伝送する．誤りがなければ，$\boldsymbol{a}_m$ は $\boldsymbol{b}_m$ として受信されるとする．受信語の集合を受信空間といい，B^n と表す．

図 6.4 に，受信空間 B^n をハミング距離の概念に基づいて幾何的に表したものを示す．本来は n 次元空間の図となるが，それが無理なため，平面的な図を描いている．$\boldsymbol{b}_1, \boldsymbol{b}_2, \ldots, \boldsymbol{b}_M$ は受信空間内に散在している．ここで，$\boldsymbol{b}_m$ を含む小領域を考え Ω_m とする．受信語が Ω_m 内にあれば $\boldsymbol{b}_m$ が受信されたとみなすことによって，通信路上で起こった誤りを訂正する（correct）ことができる．一方，受信語がいずれの Ω_m にも属さなければ（図 6.4 の色のついた領域内にあれば）その受信語の誤り訂正はできないが，誤りが起こったことを検出する（detect）ことは可能である．ここで注意しなければならないのは，すべての小領域を互いに交わることなく配置することである．もし，二つの小領域 Ω_i，Ω_j（$i \neq j$）が交わってしまうと，その交わりに含まれる系列を受信した場合に，$\boldsymbol{b}_i$，$\boldsymbol{b}_j$ のいずれとみなすのかわからなくなってしまうからである．

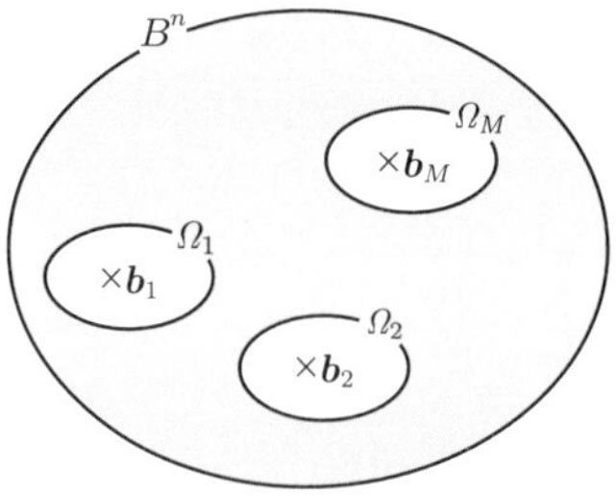

図 6.4　受信空間

さて，ここで

$$\Omega = \Omega_1 \cup \Omega_2 \cup \cdots \cup \Omega_M \tag{6.19}$$

とおこう．受信語が Ω 内にあれば通信路上の誤りの訂正が可能であることから，

$$B^n = \Omega \tag{6.20}$$

ならば，原理的には任意の受信語において誤り訂正が可能となる．ところが，Ω の領域が大きくなると，本来 Ω_m に入るべきものが他の小領域に入ってしまう可能性も大きくなり，いわゆる誤訂正の確率が大きくなる．

例題 6.5 受信空間，小領域

符号語長 3 の多数決符号の受信空間 B^3 と，それぞれ $\boldsymbol{b}_1 = (0,0,0)$，$\boldsymbol{b}_2 = (1,1,1)$ を含む小領域 Ω_1，Ω_2 を示せ．

解答

受信空間 B^3 は長さ 3 のすべての系列の集合であるから，

$$B^3 = \{(0,0,0),(0,0,1),(0,1,0),(0,1,1),(1,0,0),(1,0,1),(1,1,0),(1,1,1)\}$$

であり，小領域 Ω_m $(m = 1,2)$ は，$\boldsymbol{b}_m$ 自身と誤りが 1 個の系列の集合，すなわち $\boldsymbol{b}_m$ からのハミング距離が 1 以下の系列の集合であるから，次のようになる．

$$\Omega_1 = \{\ (0,0,0),(0,0,1),(0,1,0),(1,0,0)\ \}$$

$$\Omega_2 = \{\ (0,1,1),(1,0,1),(1,1,0),(1,1,1)\ \}$$

補足

$$B^3 = \Omega_1 \cup \Omega_2$$

なので，式(6.20)が満足されているが，2 個以上の誤りが生じたときには，受信語がもう一方の小領域に入ってしまい，誤訂正となる．

長さ n の符号 $\mathcal{C}$ の符号語 $\boldsymbol{a}_m$ $(m = 1,2,\ldots,M)$ を中心とする半径 t の n 次元の球を考える．この球をハミング球（Hamming sphere）という．ここで，球内の系列を受信したとき，球の中心の符号語に復号することにすると，t 個以下の誤りを訂正することが可能となる．このような符号を t 重誤り訂正符号（t-tuple error-correcting code）という．とくに $t = 1$ のときは単一誤り訂正符号（single error-correcting code）という．例題 6.5 の符号語長 3 の多数決符号は，単一誤り訂正符号の一例であることに注意しよう．

さて，符号 $\mathcal{C}$ に含まれる異なる二つの符号語 $\boldsymbol{a}_i$，$\boldsymbol{a}_j$ のハミング距離 $d_{\mathrm{H}}(\boldsymbol{a}_i, \boldsymbol{a}_j)$ の最小値

$$d_{\min} = \min_{i \neq j} d_{\mathrm{H}}(\boldsymbol{a}_i, \boldsymbol{a}_j) \tag{6.21}$$

を符号 $\mathcal{C}$ の最小距離（minimum distance）という．**図 6.5** に示すように，半径 t が

$$d_{\min} \geq 2t + 1 \tag{6.22}$$

を満足すれば，いずれの球も他の球と共通の系列をもつことはない．ここでは，式(6.22)の成立を前提としている．

さらに，

$$t' = d_{\min} - 2t - 1 \tag{6.23}$$

とおくと，**図 6.6** に示すように，いずれの符号語を中心とする半径 $t + t'$ の球も，他の符号語を中心とする半径 t の球と共通の系列をもつことはない．したがって，$t + 1$ 個以上 $t + t'$ 個以下の誤りについては，訂正することはできないが検出することは可能である．ちなみに，$t + t' + 1$ 個以上の誤りについては，どのように復号されるか特定できない．

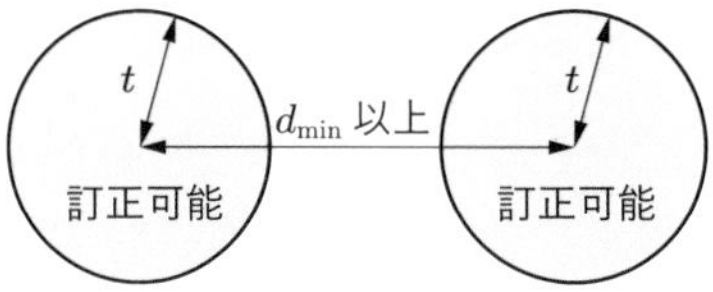

図 6.5　ハミング球どうしの位置関係

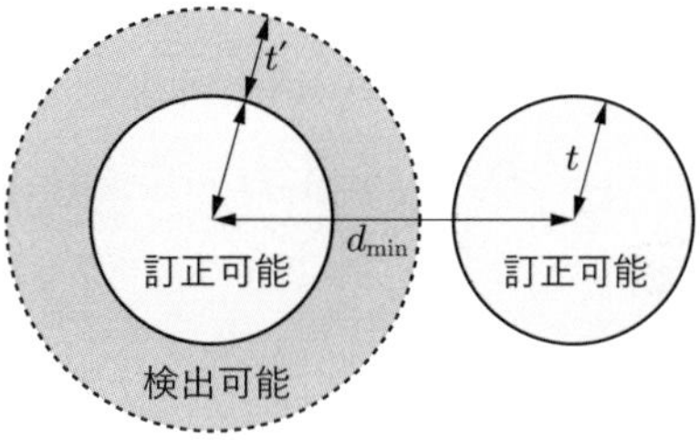

図 6.6　誤り検出が可能な領域

以上のことから，t 個以下の誤り訂正および $t + t'$ 個以下の誤り検出を可能とするためには，

$$d_{\min} \geq 2t + t' + 1 \tag{6.24}$$

が満足されなければならない．ここで，誤り検出のみでよければ，式(6.24)で $t = 0$ とおくことにより，

$$d_{\min} \geq t' + 1 \tag{6.25}$$

を満足する t' 個以下の誤り検出が可能となる．

例題 6.6　誤り訂正

符号語長 3 の多数決符号は何個以下の誤りを訂正することができるか．

解答

符号語は $(0,0,0)$，$(1,1,1)$ の二つであり，これらのハミング距離は 3 であるから，式(6.22)より，

$$3 \geq 2t + 1$$

$$t \leq 1$$

となり，1 個（以下）の誤り訂正が可能である．

補足　多数決符号は誤り訂正を目的としたものであるが，仮に誤り検出のみでよければ，式(6.25)より，

$$3 \geq t' + 1$$

$$t' \leq 2$$

となり，2 個以下の誤り検出が可能である．

6.5　通信路符号化定理

通信路符号化を行う際の基本的な考え方は，n 次の拡大通信路を考え，J^n 通りの系列の中から M 個を選び出して符号語とすることである．このとき n が十分大きければ，以下に述べる興味深い議論を展開することができる．

n が十分大きいとき，大数の法則より，送信側で生起する各系列には 1 に限りなく近い確率で，$nP(a_j)$ 個の a_j（$j = 1, \ldots, J$）が含まれている．このような系列を典型的な系列（typical sequence）といい，その集合を $T_{\boldsymbol{a}}$ と表すことにする．したがって，生起する系列として考えられるのは典型的な系列のみであり，それくらい大きな n を考えているのである．

ここで，典型的な系列の個数 $N(T_{\boldsymbol{a}})$ について検討しよう．簡単のため，各入力シンボルは独立に生起するとすると，ある系列 $\boldsymbol{a}$ の生起確率 $P(\boldsymbol{a})$ は，

$$P(\boldsymbol{a}) \simeq \prod_{j=1}^{J} P(a_j)^{nP(a_j)} \tag{6.26}$$

となる．両辺の対数をとると，

$$\log P(\boldsymbol{a}) \simeq n \sum_{j=1}^{J} P(a_j) \log P(a_j) = -nH(A) \tag{6.27}$$

となるので,

$$P(\boldsymbol{a}) \simeq 2^{-nH(A)} \tag{6.28}$$

となる．典型的な系列はそれぞれ等確率で生起すると考えられるので，$N(T_{\boldsymbol{a}})$ は式(6.28)の逆数にほぼ等しいとみなすことができ，

$$N(T_{\boldsymbol{a}}) \simeq 2^{nH(A)} \tag{6.29}$$

である．

さて，$N(T_{\boldsymbol{a}})$ 個の典型的な系列の中から M 個を選び出して符号語とすることになるが，情報伝送速度 R で伝送すると，情報伝送速度の定義式(6.9)

$$R = \frac{\log M}{n}$$

より，M は,

$$M = 2^{nR} \tag{6.30}$$

となる．

一方，長さ n の受信語についても同様にして，1 に限りなく近い確率で，$nP(b_k)$ 個の出力シンボル b_k（$k = 1, \ldots, K$）が含まれている．このような受信語を典型的な受信語（typical received word）といい，その集合を $T_{\boldsymbol{b}}$ とする．したがって，$T_{\boldsymbol{b}}$ が事実上の受信空間となる．同様に，典型的な受信語の個数 $N(T_{\boldsymbol{b}})$ は,

$$N(T_{\boldsymbol{b}}) \simeq 2^{nH(B)} \tag{6.31}$$

である．

また，ある典型的な系列 $\boldsymbol{a}$（$\in T_{\boldsymbol{a}}$）には，ほぼ $nP(a_j)$ 個の a_j が含まれていることになるが，これらのうちほぼ $nP(a_j)P(b_k|a_j)$ 個は b_k として受信される．このような受信語を典型的な系列 a に対する典型的な受信語ということにすると，その個数はほぼ $2^{nH(B|A)}$ となる．したがって，符号語 $\boldsymbol{a}_m$ に対する典型的な受信語の集合を小領域 Ω_m とすると，1 に限りなく近い確率で，$\boldsymbol{a}_m$ の受信語は Ω_m 内に入ることになる(図 6.7).

各符号語について $2^{nH(B|A)}$ 個の典型的な受信語が考えられるが，典型的な受信語の総数は $2^{nH(B)}$ であるので，実際に伝送する符号語として採用することのできる個数 M は，高々

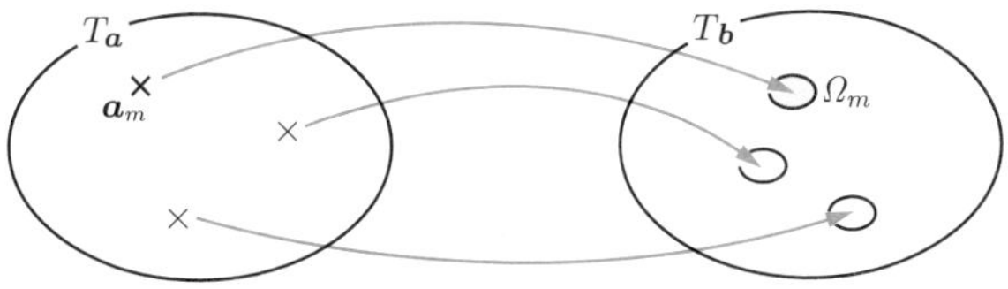

図 6.7　典型的な系列と典型的な受信語

$$\frac{2^{nH(B)}}{2^{nH(B|A)}} = 2^{n(H(B)-H(B|A))} \tag{6.32}$$

である．ここで，$H(B) - H(B|A)$ は相互情報量であり，その最大値は通信路容量 C であるから，結局，M は高々 2^{nC} となる．このことは，$M \leq 2^{nC}$，すなわち，式(6.30)より，$R \leq C$ であれば，$T_{\boldsymbol{b}}$ 内に符号語の個数である $M = 2^{nR}$ 個の小領域を配置することができ，平均誤り率を限りなく 0 に近づけることが可能となることを示唆している．しかし，単純な個数のみの検討であるため，もう少し慎重に考えてみよう．

ある典型的な受信語 $\boldsymbol{b}$（$\in T_{\boldsymbol{b}}$）が受信されたとき，そのときの送信系列として考えられる系列の個数は $2^{nH(A|B)}$ である．この中に含まれる符号語が唯一となるような符号を示すことができればよいが，これは容易なことではない．そこで，$2^{nH(A)}$ 個の典型的な系列の中から重複を許してランダムに 2^{nR} 個の系列を選び出して符号語とすることを考える．この符号化をランダム符号化（random coding）という．ランダム符号化はまったくもって実用的ではないが，それを仮定することにより算出される確率は，考えられるすべての符号における平均的な値となっている．

符号語の選び方がランダムであれば，ある系列が符号語として選ばれる確率は，ほぼ

$$\frac{2^{nR}}{2^{nH(A)}} = 2^{n(R-H(A))} \tag{6.33}$$

である．したがって，$2^{nH(A|B)}$ 個の系列の中に符号語が一つ存在し，それ以外の系列は符号語として選ばれていない確率は，ほぼ

$$(1 - 2^{n(R-H(A))})^{2^{nH(A|B)}} \tag{6.34}$$

と考えてよい．ここで，$x \ll 1$ のとき，

$$(1 - x)^n \simeq 1 - nx \tag{6.35}$$

であることを利用して，式(6.34)を変形すると，

$$(1 - 2^{n(R-H(A))})^{2^{nH(A|B)}} \simeq 1 - 2^{nH(A|B)}\, 2^{n(R-H(A))}$$

$$= 1 - 2^{n(R-H(A)+H(A|B))}$$
$$= 1 - 2^{-n(I(A;B)-R)} \tag{6.36}$$

となる．式(6.36)がランダム符号化を行ったときに情報を誤りなく伝送することのできる確率であるから，$I(A;B) = C$ が実現されているとすると，平均誤り率 P_e は，

$$P_\mathrm{e} \simeq 2^{-n(C-R)} \tag{6.37}$$

となり，$C > R$ であれば，n を大きくすることにより，P_e を限りなく 0 に近づけることが可能となる．

以上をまとめると，次のようになる．

「通信路容量 C の雑音のある通信路を用いて情報伝送速度 $R\,(< C)$ でシンボルを伝送するとする．n 次の拡大通信路を考え，入力系列の集合から $M = 2^{nR}$ 個を選び出して符号語とした場合，n が十分大きければ，平均誤り率 P_e をいくらでも小さくすることができる符号が存在する．」

これが通信路符号化定理（channel coding theorem）である．この定理もまた情報源符号化定理と同様，符号の存在を示しているにすぎないことに注意してほしい．

以上，雑音のある通信路について検討したが，次に，雑音のない通信路について検討することにする．任意に小さい正数を ϵ とすると，雑音のない通信路では，

$$R = C - \epsilon \tag{6.38}$$

という情報伝送速度 R で符号シンボルを損失なく伝送することが可能である．ここで，情報伝送速度 R は符号シンボルあたりの情報量であるから，情報源シンボルあたりの情報量を $H(S)$，平均符号長を L とすると，

$$R = \frac{H(S)}{L} \tag{6.39}$$

である．また，r 元符号シンボルを用いるとすると，式(5.32)より，

$$C = \max I(A;B) = \max H(A) = \log r \tag{6.40}$$

となる．式(6.39)，(6.40)を式(6.38)に代入すると，

$$\frac{H(S)}{L} = \log r - \epsilon \tag{6.41}$$

となり，したがって，

$$\frac{H(S)}{\log r} = L - \epsilon \tag{6.42}$$

となる．なお，ϵ は任意に小さい正数なので，式(6.42)では $L\epsilon/\log r$ をあらためて ϵ としている．式(4.33)より，式(6.42)の左辺は r 元単位の情報源 S のエントロピー $H_r(S)$ であるから，式(6.42)は平均符号長 L を $H_r(S)$ にいくらでも近づけることができる符号が存在することを意味しており，これは情報源符号化定理そのものである．

演習問題

6.1 次式の通信路 $\boldsymbol{P}$ を使って 3 元系列を伝送することを考える．

$$\boldsymbol{P} = \begin{bmatrix} 0.3 & 0.3 & 0.4 \\ 0.2 & 0.2 & 0.6 \\ 0.7 & 0.1 & 0.2 \end{bmatrix}$$

入力アルファベット $A = \{a_1, a_2, a_3\}$，出力アルファベット $B = \{b_1, b_2, b_3\}$，各入力シンボルの生起確率は $P(a_1) = 0.5$，$P(a_2) = 0.3$，$P(a_3) = 0.2$ とする．次の判定規則を採用した場合の平均誤り率 P_{e} を求めよ．

$$\begin{cases} d(b_1) = a_3 \\ d(b_2) = a_2 \\ d(b_3) = a_1 \end{cases}$$

6.2 符号語長 3 の多数決符号は最大尤度判定規則となっていることを示せ．ただし，ビット誤り率 $p < 1/2$ とする．

6.3 長さ n の 2 元符号語の集合を A^n とする．このとき，以下の問いに答えよ．

(1) A^n の要素数 $n(A^n)$ を求めよ．

(2) A^n に属する任意の符号語とのハミング距離が i $(= 0, 1, 2, \ldots, n)$ となる符号語の個数 N_i を求めよ．

(3) $\displaystyle\sum_{i=0}^{n} N_i$ を求めよ．

6.4 雑音のある通信路を介して 2 元シンボル $\{0, 1\}$ を伝送することを考える．送信側が同じシンボルを n (≥ 2) 個連続して伝送すると，最大何個以下の誤りを訂正することが可能か．

6.5 符号語長 n の 2 元符号を考える．t 重誤り訂正符号の符号語として採用することのできる系列の数 M は高々いくつか．

第7章 線形符号

本章では，前章で述べた通信路符号化の具体例として線形符号を紹介する．名前の由来は，伝送すべき系列の線形結合により冗長な系列を表すことができることによる．まず，線形符号のしくみと性質について述べ，次に実例として，パリティ検査符号，ハミング符号，巡回符号を紹介する．本章では，前章までの理論的基盤となっていた確率論を使わず，代数を使って話を進める．

7.1 線形符号

伝送すべき系列を情報ビット（information bit），誤り検出・訂正のために付加した系列を検査ビット（check bit）という．とくに，k 個のシンボルで構成される情報ビットに $n-k$ 個のシンボルで構成される検査ビットを付加した長さ n の系列を符号語とする符号を (n,k) 符号という．本章では，(n,k) 符号のみを扱うことにする．

以降では，符号語 $\boldsymbol{a}$ の情報ビット $\boldsymbol{i}$，検査ビット $\boldsymbol{p}$ はそれぞれ次のような行ベクトルで表されるものとする．

$$\boldsymbol{i} = [\, i_1, i_2, \ldots, i_k \,] \tag{7.1}$$

$$\boldsymbol{p} = [\, p_1, p_2, \ldots, p_{n-k} \,] \tag{7.2}$$

すると，符号語 $\boldsymbol{a}$ を次のような行ベクトルで表すことができる．

$$\boldsymbol{a} = [\, \boldsymbol{i}, \boldsymbol{p} \,] \tag{7.3}$$

$$= [\, i_1, i_2, \ldots, i_k, p_1, p_2, \ldots, p_{n-k} \,] \tag{7.4}$$

本章では，2 元符号を扱うので，$\boldsymbol{i}$，$\boldsymbol{p}$ の各成分は 0 または 1 である．

情報ビットにある演算を行うことにより，検査ビットを得るものとする．線形符号（linear code）とは，検査ビットが情報ビットの線形結合（linear combination）となっている符号である．すなわち，検査ビットの各シンボルは，次のような演算により得られる．

$$p_1 = p_{1,1}i_1 + p_{1,2}i_2 + \cdots + p_{1,k}i_k \tag{7.5}$$

$$p_2 = p_{2,1}i_1 + p_{2,2}i_2 + \cdots + p_{2,k}i_k \tag{7.6}$$

$$\vdots$$

$$p_{n-k} = p_{n-k,1}i_1 + p_{n-k,2}i_2 + \cdots + p_{n-k,k}i_k \tag{7.7}$$

ただし，$p_{i,j}$（$i = 1, 2, \ldots, n-k; j = 1, 2, \ldots, k$）は 0 または 1 の定数である．また，各 i（$= 1, 2, \ldots, n-k$）について定数 $p_{i,1}, p_{i,2}, \ldots, p_{i,k}$ がすべて 0 となることはないものとする．

式(7.5)～(7.7)では 2 進数の演算が行われる．乗算については，

$$0 \cdot 0 = 0,\ \ 0 \cdot 1 = 0,\ \ 1 \cdot 0 = 0,\ \ 1 \cdot 1 = 1 \tag{7.8}$$

であるのでとくに問題とはならないが，加算については繰り上りが起こる可能性がある．そこで，演算結果を 2 で割ったときの剰余をその演算結果とすることにする．このような演算を 2 を法とする演算（modullo 2 calculation）という．以降，とくに断らない限り，2 を法とする演算を行う．

2 を法とする加算は次のとおりである．結果は排他的論理和のそれと同じである．

$$0 + 0 = 0,\ \ 0 + 1 = 1,\ \ 1 + 0 = 1,\ \ 1 + 1 = 0 \tag{7.9}$$

ここで，$1 + 1 = 0$ より，$1 = -1$ となることから，2 を法とする演算では加算と減算が同一の演算となることに注意してほしい．

式(7.5)～(7.7)を行列で表すと，

$$\begin{bmatrix} p_1 \\ p_2 \\ \vdots \\ p_{n-k} \end{bmatrix} = \begin{bmatrix} p_{1,1} & p_{1,2} & \cdots & p_{1,k} \\ p_{2,1} & p_{2,2} & \cdots & p_{2,k} \\ \vdots & \vdots & \ddots & \vdots \\ p_{n-k,1} & p_{n-k,2} & \cdots & p_{n-k,k} \end{bmatrix} \begin{bmatrix} i_1 \\ i_2 \\ \vdots \\ i_k \end{bmatrix} \tag{7.10}$$

である．$p_{i,j}$ を第 (i, j) 成分とする $(n-k) \times k$ 行列を $\boldsymbol{P}$ と表すと，式(7.10)は，

$$\boldsymbol{p}^\top = \boldsymbol{P}\,\boldsymbol{i}^\top \tag{7.11}$$

となるので，

$$\boldsymbol{p} = \boldsymbol{i}\boldsymbol{P}^{\top} \tag{7.12}$$

と書くことができる．この時点では，$\boldsymbol{P}$ は検査ビットを生成するための行列にすぎないが，次節以降で，符号語の生成と受信語の検査に深くかかわっていることがわかる．$\boldsymbol{P}$ を情報・検査ビット関連行列（information-check bit relation matrix）という．

例題 7.1　情報・検査ビット関連行列

(7, 4) 線形符号を考える．検査ビットは次のように計算されるものとする．

$$p_1 = i_1 + i_3 + i_4$$

$$p_2 = i_1 + i_2 + i_3$$

$$p_3 = i_2 + i_3 + i_4$$

情報・検査ビット関連行列 $\boldsymbol{P}$ を求め，$[\,0,0,0,0\,] \sim [\,1,1,1,1\,]$ の 16 通りの情報ビットについてそれぞれの検査ビットを計算せよ．

解答

情報・検査ビット関連行列 $\boldsymbol{P}$ は，次式のようになる．

$$\boldsymbol{P} = \begin{bmatrix} 1 & 0 & 1 & 1 \\ 1 & 1 & 1 & 0 \\ 0 & 1 & 1 & 1 \end{bmatrix}$$

式(7.12)を用いて求めた各情報ビットの検査ビットは，表 7.1 のようになる．

表 7.1　(7, 4) 線形符号の符号語

i_1	i_2	i_3	i_4	p_1	p_2	p_3
0	0	0	0	0	0	0
0	0	0	1	1	0	1
0	0	1	0	1	1	1
0	0	1	1	0	1	0
0	1	0	0	0	1	1
0	1	0	1	1	1	0
0	1	1	0	1	0	0
0	1	1	1	0	0	1
1	0	0	0	1	1	0
1	0	0	1	0	1	1
1	0	1	0	0	0	1
1	0	1	1	1	0	0
1	1	0	0	1	0	1
1	1	0	1	0	0	0
1	1	1	0	0	1	0
1	1	1	1	1	1	1

7.1.1 生成行列

式(7.3)に式(7.12)を代入して変形すると，

$$\begin{aligned}\boldsymbol{a} &= [\,\boldsymbol{i}, \boldsymbol{p}\,] = [\,\boldsymbol{i}, \boldsymbol{i}\boldsymbol{P}^\top\,] = [\,\boldsymbol{i}\boldsymbol{I}_k, \boldsymbol{i}\boldsymbol{P}^\top\,] \\ &= \boldsymbol{i}\,[\,\boldsymbol{I}_k, \boldsymbol{P}^\top\,] \end{aligned} \tag{7.13}$$

となる．ここで，

$$[\,\boldsymbol{I}_k, \boldsymbol{P}^\top\,] = \boldsymbol{G} \tag{7.14}$$

とおくと，

$$\boldsymbol{a} = \boldsymbol{i}\boldsymbol{G} \tag{7.15}$$

である．式(7.15)により，情報ビット $\boldsymbol{i}$ から符号語 $\boldsymbol{a}$ を得ることができるので，$\boldsymbol{G}$ を生成行列（generator matrix）という．生成行列 $\boldsymbol{G}$ は $k \times n$ 行列で，成分表示すると以下のようになる．

$$\boldsymbol{G} = \begin{bmatrix} 1 & & & \boldsymbol{O} & p_{1,1} & p_{2,1} & \cdots & p_{n-k,1} \\ & 1 & & & p_{1,2} & p_{2,2} & \cdots & p_{n-k,2} \\ & & \ddots & & \vdots & \vdots & \ddots & \vdots \\ \boldsymbol{O} & & & 1 & p_{1,k} & p_{2,k} & \cdots & p_{n-k,k} \end{bmatrix} \tag{7.16}$$

例題 7.2 生成行列

例題 7.1 の $(7, 4)$ 線形符号の生成行列 $\boldsymbol{G}$ を求めよ．

解答

例題 7.1 で求めた情報・検査ビット関連行列 $\boldsymbol{P}$ の転置行列を式(7.14)に代入すると，次式のように $\boldsymbol{G}$ が求められる．

$$\boldsymbol{G} = [\,\boldsymbol{I}_4, \boldsymbol{P}^\top\,] = \begin{bmatrix} 1 & 0 & 0 & 0 & 1 & 1 & 0 \\ 0 & 1 & 0 & 0 & 0 & 1 & 1 \\ 0 & 0 & 1 & 0 & 1 & 1 & 1 \\ 0 & 0 & 0 & 1 & 1 & 0 & 1 \end{bmatrix}$$

7.1.2 検査行列

式(7.11)より，

$$\boldsymbol{P}\boldsymbol{i}^\top - \boldsymbol{p}^\top = \boldsymbol{0}^\top \tag{7.17}$$

ただし，$\boldsymbol{0}$ はすべての成分が 0 である行ベクトルである．ここで，2 を法とする加算と減算は同じ演算であることから，

$$\boldsymbol{P}\boldsymbol{i}^\top + \boldsymbol{p}^\top = \boldsymbol{0}^\top \tag{7.18}$$

$$\boldsymbol{P}\boldsymbol{i}^\top + \boldsymbol{I}_{n-k}\boldsymbol{p}^\top = \boldsymbol{0}^\top \tag{7.19}$$

$$[\,\boldsymbol{P}, \boldsymbol{I}_{n-k}\,]\begin{bmatrix} \boldsymbol{i}^\top \\ \boldsymbol{p}^\top \end{bmatrix} = \boldsymbol{0}^\top \tag{7.20}$$

$$[\,\boldsymbol{P}, \boldsymbol{I}_{n-k}\,]\,\boldsymbol{a}^\top = \boldsymbol{0}^\top \tag{7.21}$$

となる．ここで，

$$[\,\boldsymbol{P}, \boldsymbol{I}_{n-k}\,] = \boldsymbol{H} \tag{7.22}$$

とおくと，

$$\boldsymbol{H}\boldsymbol{a}^\top = \boldsymbol{0}^\top \tag{7.23}$$

となり，したがって

$$\boldsymbol{a}\boldsymbol{H}^\top = \boldsymbol{0} \tag{7.24}$$

となる．次節で述べるように，式(7.24)を利用して受信側で誤りの検査をすることができるので，$\boldsymbol{H}$ を検査行列（check matrix）という．検査行列 $\boldsymbol{H}$ は $(n-k) \times n$ 行列で，成分表示すると次式のようになる．

$$\boldsymbol{H} = \begin{bmatrix} p_{1,1} & p_{1,2} & \cdots & p_{1,k} & 1 & & \boldsymbol{O} \\ p_{2,1} & p_{2,2} & \cdots & p_{2,k} & & 1 & \\ \vdots & \vdots & \ddots & \vdots & & & \ddots \\ p_{n-k,1} & p_{n-k,2} & \cdots & p_{n-k,k} & \boldsymbol{O} & & 1 \end{bmatrix} \tag{7.25}$$

なお，符号語 $\boldsymbol{a}$ は連立斉 1 次方程式(7.24)の解と考えることもできる．したがって，明らかに $\boldsymbol{0}$ は符号語である．連立斉一次方程式では，解の任意の線形結合もまた解である．このことから，線形符号の定義を，任意の符号語の線形結合もまた符号語となるような符号とすることもある．

例題 7.3 検査行列

例題 7.1 の (7, 4) 線形符号の検査行列 $\boldsymbol{H}$ を求めよ．

解答

例題 7.1 で求めた情報・検査ビット関連行列 $\boldsymbol{P}$ を式(7.22)に代入すると，次式のように $\boldsymbol{H}$ が求められる．

$$\boldsymbol{H} = [\,\boldsymbol{P}, \boldsymbol{I}_{7-4}\,] = \begin{bmatrix} 1 & 0 & 1 & 1 & 1 & 0 & 0 \\ 1 & 1 & 1 & 0 & 0 & 1 & 0 \\ 0 & 1 & 1 & 1 & 0 & 0 & 1 \end{bmatrix}$$

7.1.3 誤り検出・訂正

6.4 節での検討より，最小距離 $d_{\min}$ が得られると，訂正可能な誤りの個数がわかる．最小距離 $d_{\min}$ は異なる二つの符号語 $\boldsymbol{a}_1$，$\boldsymbol{a}_2$ のハミング距離 $d_{\mathrm{H}}(\boldsymbol{a}_1, \boldsymbol{a}_2)$ の最小値であるが，式(6.16)より，

$$d_{\mathrm{H}}(\boldsymbol{a}_1, \boldsymbol{a}_2) = w_{\mathrm{H}}(\boldsymbol{a}_1 + \boldsymbol{a}_2) \tag{7.26}$$

であるので，$(\boldsymbol{a}_1 + \boldsymbol{a}_2)$ のハミング重みの最小値に等しい．ここで，前節の最後で述べたように，線形符号では，二つの符号語の和もまた符号語である．したがって，線形符号の最小距離は，$\boldsymbol{0}$ 以外の符号語のハミング重みの最小値となる．

例題 7.4 誤り訂正能力

例題 7.1 の (7, 4) 線形符号は何個以下の誤り訂正が可能であるか．

解答

表 7.1 より，$\boldsymbol{0}$ 以外の符号語のハミング重みの最小値は，3 であることがわかる．したがって，最小距離が 3 であるので，式(6.22)より，

$$3 \geq 2t + 1$$

$$t \leq 1$$

となり，1 個の誤り訂正が可能である．

線形符号における誤り検出・訂正の方法について考えよう．受信語 $\boldsymbol{b}$ と検査行列 $\boldsymbol{H}$ より，次に示すベクトル $\boldsymbol{s}$ を計算する．

$$\boldsymbol{s} = \boldsymbol{b}\boldsymbol{H}^{\top} \tag{7.27}$$

$\boldsymbol{s}$ をシンドローム (syndrome) という．シンドローム $\boldsymbol{s}$ を求めることにより，誤りの検出が可能となる．

$$\begin{cases} \boldsymbol{s} = \boldsymbol{0} & (\text{誤りなし}) \\ \boldsymbol{s} \neq \boldsymbol{0} & (\text{誤りあり}) \end{cases} \tag{7.28}$$

例題 7.5　シンドローム

例題 7.1 の (7,4) 線形符号において受信語 $[\,0,1,0,1,1,1,0\,]$，$[\,0,0,0,1,1,1,0\,]$ のシンドロームをそれぞれ求めよ．

解答

例題 7.3 で求めた検査行列 $\boldsymbol{H}$ の転置行列と各受信語を式(7.27)に代入すると，それぞれのシンドロームが求められる．

$$[\,0,1,0,1,1,1,0\,]\,\boldsymbol{H}^{\top} = [\,0,1,0,1,1,1,0\,] \begin{bmatrix} 1 & 1 & 0 \\ 0 & 1 & 1 \\ 1 & 1 & 1 \\ 1 & 0 & 1 \\ 1 & 0 & 0 \\ 0 & 1 & 0 \\ 0 & 0 & 1 \end{bmatrix} = [\,0,0,0\,]$$

$$[\,0,0,0,1,1,1,0\,]\,\boldsymbol{H}^{\top} = [\,0,0,0,1,1,1,0\,] \begin{bmatrix} 1 & 1 & 0 \\ 0 & 1 & 1 \\ 1 & 1 & 1 \\ 1 & 0 & 1 \\ 1 & 0 & 0 \\ 0 & 1 & 0 \\ 0 & 0 & 1 \end{bmatrix} = [\,0,1,1\,]$$

2 を法とする加算では，式(7.9)より，ある数に 1 を加えると，元の数の 0，1 が反転する．そこで，誤りが生じた位置の成分が 1，誤りが生じなかった位置の成分が 0 のベクトル $\boldsymbol{e}$ を導入すると，受信語 $\boldsymbol{b}$ を

$$\boldsymbol{b} = \boldsymbol{a} + \boldsymbol{e} \tag{7.29}$$

と表すことができる．$\boldsymbol{e}$ を誤りパターン (error pattern) という．

式(7.29)を式(7.27)に代入し，式(7.24)を用いると，

$$\begin{aligned} \boldsymbol{s} &= \boldsymbol{b}\boldsymbol{H}^\top = (\boldsymbol{a}+\boldsymbol{e})\boldsymbol{H}^\top = \boldsymbol{a}\boldsymbol{H}^\top + \boldsymbol{e}\boldsymbol{H}^\top \\ &= \boldsymbol{e}\boldsymbol{H}^\top \end{aligned} \tag{7.30}$$

となるので，シンドローム $\boldsymbol{s}$ は符号語 $\boldsymbol{a}$ には依存せず，誤りパターン $\boldsymbol{e}$ に依存する．このことから，各誤りパターンのシンドロームが互いに異なるのであれば，誤りパターンとシンドロームの対応表を用意しておくことにより，誤り訂正が可能であると考えられる．背理法により，各誤りパターンのシンドロームが互いに異なることを示そう．

誤り訂正が可能な誤りパターンの集合を E' とする．E' に属する異なる二つの誤りパターンを $\boldsymbol{e}_1$，$\boldsymbol{e}_2$ とする．ここで，これらのシンドロームが等しいと仮定する．2 を法とすると同じベクトルの和は $\boldsymbol{0}$ となることから，

$$\boldsymbol{e}_1\boldsymbol{H}^\top + \boldsymbol{e}_2\boldsymbol{H}^\top = \boldsymbol{0} \tag{7.31}$$

となる．したがって，

$$(\boldsymbol{e}_1+\boldsymbol{e}_2)\boldsymbol{H}^\top = \boldsymbol{0} \tag{7.32}$$

である．式(7.32)は，$\boldsymbol{e}_1+\boldsymbol{e}_2$ が符号語であることを意味している．そこで，

$$\boldsymbol{e}_1+\boldsymbol{e}_2 = \boldsymbol{a} \tag{7.33}$$

とおくと，

$$\boldsymbol{0}+\boldsymbol{e}_2 = \boldsymbol{a}+\boldsymbol{e}_1 \tag{7.34}$$

となる．式(7.34)は，符号語が $\boldsymbol{0}$ であるとみなすことのできる領域と符号語が $\boldsymbol{a}$ であるとみなすことのできる領域が一部重複していることを示している．このことは，E' が訂正可能な誤りパターンの集合であることと矛盾している．したがって，各誤りパターンのシンドロームが異なることが示された．

例題 7.6　誤りパターンとシンドロームの対応表

例題 7.1 の $(7,4)$ 線形符号において単一誤りのみが生じる場合の誤りパターンとシンドロームの対応表を作成せよ．

解答

例題 7.3 で求めた検査行列 $\boldsymbol{H}$ の転置行列と各単一誤りパターンを式(7.30)に代入してシンドロームを計算すると，**表 7.2** のような対応表を作成できる．

表 7.2　例題 7.1 の $(7,4)$ 線形符号の
誤りパターンとシンドロームの対応表

$\boldsymbol{e}$	$\boldsymbol{s}$
1 0 0 0 0 0 0	1 1 0
0 1 0 0 0 0 0	0 1 1
0 0 1 0 0 0 0	1 1 1
0 0 0 1 0 0 0	1 0 1
0 0 0 0 1 0 0	1 0 0
0 0 0 0 0 1 0	0 1 0
0 0 0 0 0 0 1	0 0 1

以上が線形符号の一般的な説明である．次節以降，線形符号の具体例を紹介する．

7.2　パリティ検査符号

パリティ検査符号（parity check code）は，$(k+1,k)$ 線形符号であり，長さ 1 の検査ビットは次式により計算できる．

$$p_1 = i_1 + i_2 + \cdots + i_k \tag{7.35}$$

$$= \begin{cases} 0 & (\text{情報ビット内の 1 の個数が偶数}) \\ 1 & (\text{情報ビット内の 1 の個数が奇数}) \end{cases} \tag{7.36}$$

したがって，符号語内の 1 の個数が必ず偶数となるので，とくに偶数パリティ（even parity）という．同様に，符号語内の 1 の個数が奇数個となるものも考えられるが，これを奇数パリティ（odd parity）という．たとえば，情報ビットを 101 とすると，符号語は，偶数パリティのとき 1010，奇数パリティのとき 1011 となる．

偶数，奇数いずれの場合も最小距離は 2 であるので，式(6.22)より，誤り訂正は不可能であるが，式(6.25)より，

$$2 \geq t' + 1 \tag{7.37}$$

$$t' \leq 1 \tag{7.38}$$

となり，計算上は 1 個の誤り検出が可能である．原理的には，任意の奇数個の誤り検出が可能であり，任意の偶数個の誤りが生じた場合には誤って復号される．

7.3 ハミング符号

(n, k) 線形符号において単一誤りしか発生しないと仮定すると，誤りパターン $\boldsymbol{e}$ は，

$$\boldsymbol{e} = [\overset{1}{0}, \overset{\cdots}{\ldots}, \overset{j-1}{0}, \overset{j}{1}, \overset{j+1}{0}, \overset{\cdots}{\ldots}, \overset{n}{0}] \quad (j = 1, 2, \ldots, n) \tag{7.39}$$

である．このとき，シンドローム $\boldsymbol{s}$ は，式(7.30)より，

$$\begin{aligned} \boldsymbol{s} = \boldsymbol{e}\boldsymbol{H}^\top &= [\overset{1}{0}, \overset{\cdots}{\ldots}, \overset{j-1}{0}, \overset{j}{1}, \overset{j+1}{0}, \overset{\cdots}{\ldots}, \overset{n}{0}]\boldsymbol{H}^\top \\ &= (\boldsymbol{H}^\top \text{の第} j \text{行}) = (\boldsymbol{H} \text{の第} j \text{列})^\top \end{aligned} \tag{7.40}$$

となる．このことから，$\boldsymbol{s} \neq \boldsymbol{0}$ のとき，$\boldsymbol{s}$ を $\boldsymbol{H}$ の各列と比較して，第 j 列と一致したとすると，第 j 番目の位置が誤っていることがわかる．したがって，検査行列 $\boldsymbol{H}$ の各列が互いに異なっていれば，誤りの位置を特定することができる．ただし，$\boldsymbol{H}$ の第 i 列が $\boldsymbol{0}^\top$ であると，第 i 番目の位置で誤りが起こったときに，$\boldsymbol{s} = \boldsymbol{0}$ となり，誤りなしと判定されてしまうので，$\boldsymbol{H}$ には $\boldsymbol{0}^\top$ という列が含まれないようにしなければならない．ハミング符号はこのような原理に基づいた単一誤り訂正符号である．

(n, k) 符号では，検査行列 $\boldsymbol{H}$ は $(n-k) \times n$ 行列となるので，$\boldsymbol{0}^\top$ を除く $(2^{n-k} - 1)$ 通りの異なる列が考えられる．一方，単一誤りの誤りパターンの場合の数は，符号語長 n に等しい．したがって，

$$n \leq 2^{n-k} - 1 \tag{7.41}$$

であれば，単一誤り訂正が可能である．式(7.41)の等号が成立する場合，すなわち，検査行列 $\boldsymbol{H}$ の各列に $\boldsymbol{0}^\top$ を除く $(2^{n-k} - 1)$ 通りの異なる系列が 1 回ずつ現れるものをハミング符号（Hamming code）という．

たとえば，例題 7.3 で求めた例題 7.1 の $(7, 4)$ 線形符号の検査行列には，$\boldsymbol{0}^\top$ という列が含まれておらず，かつ，$2^{7-4} - 1 = 7$ 通りの異なる系列が 1 回ずつ現れている．したがって，例題 7.1 の符号はハミング符号である．なお，誤りパターンとシンドロームの対応表は，例題 7.6 で求めた表 7.2 である．

7.4 巡回符号

ある符号語

$$\boldsymbol{a} = [\, a_0, a_1, a_2, \ldots, a_{n-1} \,] \tag{7.42}$$

のシンボルの位置を巡回式に一つ右へ移動して，

$$\boldsymbol{a}' = [\, a_{n-1}, a_0, a_1, \ldots, a_{n-2} \,] \tag{7.43}$$

のように変換する操作を巡回シフト（cyclic shift）という．巡回符号（cyclic code）とは，任意の符号語の巡回シフトがまた符号語となる線形符号のことである．

7.2 節で紹介したパリティ検査符号は巡回符号である．たとえば，情報ビット長が 3 の偶数パリティの符号語は [0,0,0,0]，[0,0,1,1]，[0,1,0,1]，[0,1,1,0]，[1,0,0,1]，[1,0,1,0]，[1,1,0,0]，[1,1,1,1] の 8 個であるが，これらの 0，1 の並びは，**表 7.3** のような四つのグループに分類できる．

表 7.3　情報ビット長 3 の偶数パリティの符号語

0	0	0	0
1	0	1	0
0	1	0	1
1	1	0	0
0	1	1	0
0	0	1	1
1	0	0	1
1	1	1	1

7.4.1 多項式表現

巡回符号について考える前に，新たな符号語の表現形式を導入しよう．長さ n の符号語を $\boldsymbol{a} = [\, a_0, a_1, a_2, \ldots, a_{n-1} \,]$ とする．ここで，a_j（$j = 0, 1, \ldots, n-1$）を x^j の係数とする多項式を $A(x)$ とすると，

$$A(x) = a_0 + a_1 x^1 + a_2 x^2 + \cdots + a_{n-1} x^{n-1} \tag{7.44}$$

である．明らかに $\boldsymbol{a}$ と $A(x)$ は 1 対 1 に対応するので，このような多項式は符号語の一表現形式と考えられ，$A(x)$ を $\boldsymbol{a}$ の符号多項式（code polynomial）という．なお，

符号多項式の項の順序については，定数項から x の高次の項へと書き並べるのが慣例となっているので，本書もそれに従っている．7.3 節までは符号語をベクトルとして扱い，ベクトル演算を行った．本節では符号語を多項式として扱い，多項式の演算を行う．いずれの場合も，2 を法とする演算である．

例題 7.7　符号多項式

符号語 $\boldsymbol{a} = [\,0, 1, 0, 1\,]$ の符号多項式 $A(x)$ を求めよ．

解答

$$A(x) = 0 + 1 \cdot x + 0 \cdot x^2 + 1 \cdot x^3 = x + x^3$$

例題 7.8　多項式の演算

$A(x) = 1 + x + x^2 + x^4$，$B(x) = x + x^2 + x^3$ とする．$A(x) + B(x)$，$A(x) - B(x)$，$A(x)B(x)$，$A(x)/B(x)$ を求めよ．

解答

$$\begin{aligned} A(x) + B(x) &= (1 + x + x^2 + x^4) + (x + x^2 + x^3) \\ &= 1 + (1+1)x + (1+1)x^2 + x^3 + x^4 \\ &= 1 + x^3 + x^4 \end{aligned}$$

$$A(x) - B(x) = A(x) + B(x) = 1 + x^3 + x^4$$

$$\begin{aligned} A(x)B(x) &= (1 + x + x^2 + x^4)(x + x^2 + x^3) \\ &= (x + x^2 + x^3) + (x^2 + x^3 + x^4) + (x^3 + x^4 + x^5) + (x^5 + x^6 + x^7) \\ &= x + x^3 + x^6 + x^7 \end{aligned}$$

$A(x)/B(x)$ の筆算を図 7.1 に示す．商は $1 + x$，剰余は $1 + x^2$ である．

$$
\begin{array}{lrcrcrcrcr}
 & & & & & x & + & 1 & & \\ \cline{2-10}
x^3 + x^2 + x\ ) & x^4 & & & + & x^2 & + & x & + & 1 \\
 & x^4 & + & x^3 & + & x^2 & & & & \\ \cline{2-6}
 & & & x^3 & & & + & x & & \\
 & & & x^3 & + & x^2 & + & x & & \\ \cline{4-8}
 & & & & & x^2 & & & + & 1
\end{array}
$$

図 7.1　例題 7.8 の $A(x)/B(x)$ の筆算

多項式 $A(x)$ で割り切れる $x^n - 1$ の内で最小の n の値を，$A(x)$ の周期という．定数項が 1，すなわち x を因数にもたない m 次多項式には必ず周期が存在して，その値は $2^m - 1$ 以下となることが知られている．既約な（これ以上因数分解できない）m 次多項式で周期が $2^m - 1$ となるものを原始多項式（primitive polynomial）という．**表 7.4** に，原始多項式の例を示す．

表 7.4　原始多項式の例

次数	原始多項式	周期
1	$1 + x$	1
2	$1 + x + x^2$	3
3	$1 + x + x^3$	7
4	$1 + x + x^4$	15
5	$1 + x^2 + x^5$	31
6	$1 + x + x^6$	63
7	$1 + x + x^7$	127
8	$1 + x^2 + x^3 + x^4 + x^8$	255
9	$1 + x^4 + x^9$	511
10	$1 + x^3 + x^{10}$	1023

例題 7.9　周期

$(1 + x + x^2)$，$(1 + x + x^3)$ の周期を求めよ．

解答

$x^3 - 1$ は $1 + x + x^2$ で割り切れて，

$$x^3 - 1 = (x + 1)(x^2 + x + 1)$$

であるから，$1 + x + x^2$ の周期は 3 である．

$x^4 - 1$，$x^5 - 1$，$x^6 - 1$ はいずれも $1 + x + x^3$ で割り切れない．$x^7 - 1$ は $1 + x + x^3$ で割り切れて，

$$x^7 - 1 = (x^4 + x^2 + x + 1)(x^3 + x + 1)$$

であるから，$1 + x + x^3$ の周期は 7 である．

7.4.2　巡回シフト

巡回シフトの多項式表現について考えよう．長さ n の符号語 $\boldsymbol{a} = [\, a_0, a_1, a_2, \ldots, a_{n-1} \,]$ の符号多項式

$$A(x) = a_0 + a_1 x + a_2 x^2 + \cdots + a_{n-1} x^{n-1}$$

の両辺に x を掛けると,

$$\begin{aligned} xA(x) &= a_0x + a_1x^2 + \cdots + a_{n-2}x^{n-1} + a_{n-1}x^n \\ &= a_{n-1} + a_0x + a_1x^2 + \cdots + a_{n-2}x^{n-1} + a_{n-1}x^n - a_{n-1} \\ &= a_{n-1} + a_0x + a_1x^2 + \cdots + a_{n-2}x^{n-1} + a_{n-1}(x^n - 1) \end{aligned} \tag{7.45}$$

となる．したがって，$xA(x)$ を (x^n-1) で割ったときの剰余

$$xA(x) \bmod (x^n - 1) = a_{n-1} + a_0x + a_1x^2 + \cdots + a_{n-2}x^{n-1} \tag{7.46}$$

は，$\boldsymbol{a}$ の巡回シフトの多項式表現となっている．

より一般的には，

$$\begin{aligned} x^jA(x) &= a_0x^j + a_1x^{j+1} + \cdots + a_{n-j-1}x^{n-1} + a_{n-j}x^n + \cdots + a_{n-1}x^{n+j-1} \\ &= a_{n-j} + a_{n-j+1}x + \cdots + a_{n-2}x^{j-2} + a_{n-1}x^{j-1} \\ &\quad + a_0x^j + a_1x^{j+1} + \cdots + a_{n-j-1}x^{n-1} + a_{n-j}x^n + \cdots + a_{n-1}x^{n+j-1} \\ &\quad - a_{n-j} - a_{n-j+1}x - \cdots - a_{n-2}x^{j-2} - a_{n-1}x^{j-1} \\ &= a_{n-j} + a_{n-j+1}x + \cdots + a_{n-1}x^{j-1} + a_0x^j + \cdots + a_{n-j-1}x^{n-1} \\ &\quad + a_{n-j}(x^n - 1) + a_{n-j+1}x(x^n - 1) + \cdots + a_{n-1}x^{j-1}(x^n - 1) \end{aligned} \tag{7.47}$$

となるので，$x^jA(x)$ を (x^n-1) で割ったときの剰余

$$x^jA(x) \bmod (x^n - 1) \tag{7.48}$$

は，$\boldsymbol{a}$ の j 回巡回シフトの多項式表現である．

巡回符号は線形符号であるので，多項式(7.48)の線形結合

$$\sum_{j=0}^{l} c_jx^jA(x) \bmod (x^n - 1) = C(x)A(x) \bmod (x^n - 1) \tag{7.49}$$

もまた符号多項式でなければならない．ただし，l は任意の正整数，$C(x) = c_0 + c_1x + \cdots + c_lx^l$ で，c_j（$j = 0, 1, 2, \ldots, l$）は 0 または 1 である．このことから，任意の多項式 $C(x)$ と符号多項式 $A(x)$ の積を $x^n - 1$ で割ったときの剰余は，符号多項式であることがわかる．

7.4.3 生成多項式

0 でない符号多項式で次数最小のものを $G(x)$ とする．さらに，任意の符号多項式

$A(x)$ を $G(x)$ で割ったときの商，剰余をそれぞれ $Q(x)$，$R(x)$ とすると，

$$A(x) = Q(x)G(x) + R(x) \tag{7.50}$$

となることより，

$$R(x) = Q(x)G(x) + A(x) \tag{7.51}$$

となる．$G(x)$ は符号多項式であるから，前項の末に述べた性質より，$Q(x)G(x) \bmod (x^n - 1)$ も符号多項式である．ここで，$Q(x)G(x)$ の次数は $n-1$ 以下であるので，結局 $Q(x)G(x)$ も符号多項式である．よって，線形符号の性質から，二つの符号多項式の和である $R(x)$ も符号多項式となる．そもそも $R(x)$ は $A(x)$ を $G(x)$ で割ったときの剰余であるから，$R(x)$ の次数は $G(x)$ のそれより小さくなければならない．一方，$G(x)$ は 0 でない符号多項式で次数最小のものであるので，符号多項式でもある $R(x)$ は必然的に 0 となる．したがって，任意の符号多項式は必ず $G(x)$ で割り切れる．すなわち，

$$A(x) = Q(x)G(x) \tag{7.52}$$

と表すことができる．式(7.15)との対比により，$G(x)$ を生成多項式 (generator polynomial) という．

例題 7.10　生成多項式

表 7.3 の巡回符号の生成多項式を求めよ．

解答

表 7.3 に従って符号多項式を書き並べると，0，$1+x^2$，$x+x^3$，$1+x$，$x+x^2$，x^2+x^3，$1+x^3$，$1+x+x^2+x^3$ となる．0 ではない次数最小のものは $1+x$ であるので，これが生成多項式である．

補足　すべての符号多項式が生成多項式で割り切れることは，次のように実際に確かめてみるとよい．

$$0 = 0(1+x)$$

$$1+x^2 = (1+x)(1+x)$$

$$x+x^3 = (x+x^2)(1+x)$$

$$1+x = 1(1+x)$$

$$x+x^2 = x(1+x)$$

$$x^2+x^3 = x^2(1+x)$$

$$1 + x^3 = (1 + x + x^2)(1 + x)$$
$$1 + x + x^2 + x^3 = (1 + x^2)(1 + x)$$

ある巡回符号において生成多項式はただ一つしか存在しないことを，背理法により示そう．

生成多項式の次数を m とし，m 次の符号多項式が複数存在すると仮定する．これらの符号多項式の中から任意に選び出した二つを $G_1(x)$，$G_2(x)$ とする．線形符号の性質より，$G_1(x) + G_2(x)$ もまた符号多項式である．ところが，$G_1(x)$，$G_2(x)$ の x^m の係数はいずれも 1 であるから，$G_1(x) + G_2(x)$ の次数は $m - 1$ 以下になる．このことは，m が 0 でない符号多項式で最小の次数であることに矛盾する．

さて，式(7.45)より，

$$xA(x) = a_{n-1} + a_0 x + a_1 x^2 + \cdots + a_{n-2} x^{n-1} + a_{n-1}(x^n - 1)$$

であるが，左辺の $A(x)$，右辺の $a_{n-1} + a_0 x + a_1 x^2 + \cdots + a_{n-2} x^{n-1}$ はいずれも符号多項式なので，$G(x)$ で割り切れる．したがって，$x^n - 1$ も $G(x)$ で割り切れなければならない．このことは，$x^n - 1$ を因数分解した各因数およびそれらの積を生成多項式として採用することができることを示している．

次に，生成多項式 $G(x)$ の次数について考えてみよう．(n, k) 符号の符号語の場合の数は 2^k である．また，任意の符号多項式 $A(x)$ は必ず $G(x)$ で割り切れることから，

$$A(x) = Q(x)G(x)$$

と書くことができて，$G(x)$ の次数を m とすると，$Q(x)$ の次数は高々 $n - m - 1$ となる．したがって，$Q(x)$ の場合の数は 2^{n-m} であり，これが符号語の場合の数でもあることから，

$$2^k = 2^{n-m} \tag{7.53}$$

となるので，$k = n - m$ であり，よって，生成多項式 $G(x)$ の次数 $m = n - k$ である．

以上のことから，$x^n - 1$ を因数分解した各因数およびそれらの積の中から，次数 $n - k$ のものを選び出して生成多項式 $G(x)$ とすればよいことがわかる．

例題 7.11　生成多項式

(7, 4) 巡回符号における生成多項式の候補を求めよ．

解答

生成多項式の次数は $7-4=3$ である．

$$x^7-1=(x^4+x^2+x+1)(x^3+x+1)$$
$$=(x+1)(x^3+x^2+1)(x^3+x+1)$$

であるから，生成多項式になるのは，$1+x^2+x^3$，$1+x+x^3$ である．

補足 $G(x)=1+x+x^2+x^4$ とすると $(7,3)$ 巡回符号，$G(x)=1+x$ とすると $(7,6)$ 巡回符号を構成することができる．

7.4.4 巡回符号の構成法

前項より，(n,k) 巡回符号では，生成多項式 $G(x)$ の次数は $n-k$ である．また，情報ビット長が k であるから，情報ビットの多項式 $I(x)$ の次数は高々 $k-1$ 次である．そこで，

$$A(x)=I(x)G(x) \tag{7.54}$$

により，符号多項式 $A(x)$ を生成することが考えられる．この方法によると $A(x)$ は必ず $G(x)$ で割り切れるので，巡回符号の条件は満足されている．

それでは，$(7,4)$ 巡回符号で生成多項式を $G(x)=1+x+x^3$ として，情報ビットが $[\,1,0,1,0\,]$ のときの符号語を作ってみよう．情報ビットの多項式 $I(x)$ は，

$$I(x)=1+x^2$$

であるから，

$$A(x)=I(x)G(x)$$
$$=(1+x^2)(1+x+x^3)=1+x+x^3+x^2+x^3+x^5$$
$$=1+x+x^2+x^5$$

となる．したがって，符号語は $[\,1,1,1,0,0,1,0\,]$ となるが，これでは情報ビットと検査ビットが区別できないので，(n,k) 符号とはいえない．

上述の結果から，式 (7.54) により (n,k) 符号の符号語を作ることはできないことが示された．情報ビットと検査ビットを区別することができるようにするために，ここでは，情報ビットを符号多項式の高次の k 個の項 $x^{n-k},x^{n-k+1},\ldots,x^{n-1}$ の係数に，検査ビットを低次の $n-k$ 個の項 $x^0,x^1,\ldots,x^{n-k-1}$ の係数にすることを考えることにする．

まず，情報ビットを高次の項の係数に固定するために，情報ビットの多項式 $I(x)$ に x^{n-k} を掛ける．

$$x^{n-k}I(x) \tag{7.55}$$

しかし，式(7.55)により得られる 2^k 通りの多項式のすべてが $G(x)$ で割り切れるとは限らない．そこで，式(7.55)を $G(x)$ で割ったときの剰余 $P(x)$ を式(7.55)から引き，これを符号多項式 $A(x)$ とする．すなわち，$Q(x)$ を商とすると，

$$x^{n-k}I(x) = Q(x)G(x) + P(x) \tag{7.56}$$

であるから，

$$\begin{aligned} A(x) &= x^{n-k}I(x) - P(x) = x^{n-k}I(x) + P(x) \\ &= Q(x)G(x) \end{aligned} \tag{7.57}$$

となる．$I(x)$，$P(x)$ のベクトル表現をそれぞれ $[i_0, i_2, \ldots, i_{k-1}]$，$[p_0, p_1, \ldots, p_{n-k-1}]$ とすると，符号語のベクトル表現は，

$$[\, p_0, p_1, \ldots, p_{n-k-1}, i_0, i_2, \ldots, i_{k-1} \,] \tag{7.58}$$

となるので，7.1 節のときと比べて，情報ビット，検査ビットの位置が逆になることに注意してほしい．

それでは，$(7,4)$ 巡回符号で生成多項式を $G(x) = 1 + x + x^3$ として，情報ビットが $[\,1,0,1,0\,]$ のときの符号語を作ってみよう．

$$I(x) = 1 + x^2$$

$$x^3 I(x) = x^3(1 + x^2) = x^2(1 + x + x^3) + x^2$$

となるので，

$$P(x) = x^2$$

となる．したがって，式(7.57)より，符号多項式 $A(x)$ は，

$$A(x) = x^3 I(x) + P(x) = x^2 + x^3 + x^5$$

となるので，この場合の符号語は $[\,0,0,1,1,0,1,0\,]$ である．確かに符号ビットと検査ビットを区別することができる．すべての符号語を**表 7.5** に示す．

表 7.5　$G(x) = 1 + x + x^3$ の $(7, 4)$ 巡回符号の符号語

p_0	p_1	p_2	i_0	i_1	i_2	i_3
0	0	0	0	0	0	0
1	0	1	0	0	0	1
1	1	1	0	0	1	0
0	1	0	0	0	1	1
0	1	1	0	1	0	0
1	1	0	0	1	0	1
1	0	0	0	1	1	0
0	0	1	0	1	1	1
1	1	0	1	0	0	0
0	1	1	1	0	0	1
0	0	1	1	0	1	0
1	0	0	1	0	1	1
1	0	1	1	1	0	0
0	0	0	1	1	0	1
0	1	0	1	1	1	0
1	1	1	1	1	1	1

7.4.5　誤りの検出・訂正

(n, k) 巡回符号の符号語は，すべて生成多項式 $G(x)$ で割り切れる．したがって，受信側では受信語の多項式 $B(x)$ を $G(x)$ で割ったときの剰余

$$S(x) = B(x) \bmod G(x) \tag{7.59}$$

を計算することにより，次式のように判定して誤りを検出することができる．

$$\begin{cases} S(x) = 0 & (\text{誤りなし}) \\ S(x) \neq 0 & (\text{誤りあり}) \end{cases} \tag{7.60}$$

$S(x)$ をシンドローム多項式（syndrome polynomial）という．符号多項式を $A(x)$，誤りパターンの多項式を $E(x)$ とすると，受信語の多項式 $B(x)$ は，

$$B(x) = A(x) + E(x) \tag{7.61}$$

となる．式(7.61)を式(7.59)に代入すると，

$$\begin{aligned} S(x) &= B(x) \bmod G(x) = (A(x) + E(x)) \bmod G(x) \\ &= E(x) \bmod G(x) \end{aligned} \tag{7.62}$$

であるから，シンドローム多項式 $S(x)$ は誤りパターンに依存する．

ここで，仮に単一誤りしか起こらないとすると，

$$E(x) = x^j \quad (j = 0, 1, 2, \ldots, n-1) \tag{7.63}$$

である．これを式(7.62)に代入すると，

$$\begin{aligned} S(x) &= E(x) \bmod G(x) \\ &= x^j \bmod G(x) \end{aligned} \tag{7.64}$$

となるので，各 j について式(7.64)が互いに異なれば，7.3 節のハミング符号と同様の原理で，単一誤りの位置を特定することが可能となる．このような符号を巡回ハミング符号（cyclic Hamming code）という．巡回ハミング符号では，生成多項式 $G(x)$ が原始多項式であることが知られている．

ハミング符号との対応をみてみよう．検査行列 $\boldsymbol{H}_{\mathrm{c}}$ の第 j 列に式(7.64)の係数が現れればよいので，

$$x^j \bmod G(x) = p_{0,j} + p_{1,j}x + p_{2,j}x^2 + \cdots + p_{n-k-1,j}x^{n-k-1} \tag{7.65}$$

とすると，

$$\boldsymbol{H}_{\mathrm{c}} = \begin{bmatrix} p_{0,0} & p_{0,1} & \cdots & p_{0,n-1} \\ p_{1,0} & p_{1,1} & \cdots & p_{1,n-1} \\ \vdots & \vdots & & \vdots \\ p_{n-k-1,0} & p_{n-k-1,1} & \cdots & p_{n-k-1,n-1} \end{bmatrix} \tag{7.66}$$

と表されるが，$G(x)$ の次数 $(n-k)$ より小さい j については，$x^j \bmod G(x) = x^j$ であるから，結局，

$$\begin{aligned} \boldsymbol{H}_{\mathrm{c}} &= \begin{bmatrix} 1 & & \boldsymbol{O} & p_{0,n-k} & \cdots & p_{0,n-1} \\ & \ddots & & \vdots & & \vdots \\ \boldsymbol{O} & & 1 & p_{n-k-1,n-k} & \cdots & p_{n-k-1,n-1} \end{bmatrix} \\ &= [\, \boldsymbol{I}_{n-k}, \boldsymbol{P}_{\mathrm{c}} \,] \end{aligned} \tag{7.67}$$

となる．ただし，第 $n-k$ 列以降の情報・検査ビット関連行列を $\boldsymbol{P}_{\mathrm{c}}$ と表している．7.3 節以前の場合と符号ビット，検査ビットの位置が逆になっているので，注意してほしい．ちなみに，生成行列 $\boldsymbol{G}_{\mathrm{c}}$ は次式のようになる．

$$\boldsymbol{G}_{\mathrm{c}} = \left[\, \boldsymbol{P}_{\mathrm{c}}^{\top}, \boldsymbol{I}_k \,\right] = \begin{bmatrix} p_{0,n-k} & \cdots & p_{n-k-1,n-k} & 1 & & \boldsymbol{O} \\ \vdots & & \vdots & & \ddots & \\ p_{0,n-1} & \cdots & p_{n-k-1,n-1} & \boldsymbol{O} & & 1 \end{bmatrix} \tag{7.68}$$

例題 7.12　検査行列

表 7.5 の $(7,4)$ 巡回符号の生成多項式 $G(x) = 1 + x + x^3$ は，表 7.4 より，原始多項式であるから，この符号は巡回ハミング符号である．検査行列 $\boldsymbol{H}_{\mathrm{c}}$ を求めよ．

解答

x^3，x^4，x^5，x^6 のそれぞれについて $1 + x + x^3$ で割ったときの商と剰余を求めると，次式のように表されることがわかる．

$$x^3 = (1 + x + x^3) + 1 + x$$

$$x^4 = x(1 + x + x^3) + x + x^2$$

$$x^5 = (1 + x^2)(1 + x + x^3) + 1 + x + x^2$$

$$x^6 = (1 + x + x^3)(1 + x + x^3) + 1 + x^2$$

各剰余多項式の係数を式(7.67)に代入すると，$\boldsymbol{H}_{\mathrm{c}}$ は次式のように求められる．

$$\boldsymbol{H}_{\mathrm{c}} = \begin{bmatrix} 1 & 0 & 0 & 1 & 0 & 1 & 1 \\ 0 & 1 & 0 & 1 & 1 & 1 & 0 \\ 0 & 0 & 1 & 0 & 1 & 1 & 1 \end{bmatrix}$$

最後に，連続した誤りであるバースト誤り（burst error）の検出について紹介しよう．i 番目の位置から始まる長さ l（$\leq n$）のバースト誤りの誤りパターン $\boldsymbol{e}$ は，

$$\boldsymbol{e} = [\, \overset{1}{0}, \overset{\cdots}{\ldots}, \overset{i-1}{0}, \overset{i}{d_0}, \overset{i+1}{d_1}, \overset{\cdots}{\ldots}, \overset{i+l-2}{d_{l-2}}, \overset{i+l-1}{d_{l-1}}, \overset{i+l}{0}, \overset{\cdots}{\ldots}, \overset{n-1}{0} \,] \qquad (i = 0, 1, \ldots, n-l) \tag{7.69}$$

と表される．ただし，両端の d_0 と d_{l-1} については必ず 1 で，中間の $d_1, d_2, \ldots, d_{l-2}$ については 0 でも 1 でもよい．誤りパターンの多項式 $E(x)$ は，

$$\begin{aligned} E(x) &= d_0 x^i + d_1 x^{i+1} + \cdots + d_{l-2} x^{i+l-2} + d_{l-1} x^{i+l-1} \\ &= x^i (d_0 + d_1 x + \cdots + d_{l-2} x^{l-2} + d_{l-1} x^{l-1}) \end{aligned}$$

$$= x^i(1 + d_1x + \cdots + d_{l-2}x^{l-2} + x^{l-1}) \tag{7.70}$$

となるので，

$$D(x) = 1 + d_1x + \cdots + d_{l-2}x^{l-2} + x^{l-1} \tag{7.71}$$

とおくと，

$$E(x) = x^i D(x) \tag{7.72}$$

である．シンドローム多項式 $S(x)$ が 0 にならない，すなわち，式(7.62)より，$E(x)$ が $G(x)$ で割り切れなければ，誤り検出が可能となる．

$x^n - 1$ は $G(x)$ で割り切れることから，$G(x)$ には必ず定数項が存在し，x で割り切れないことがわかる．したがって，$E(x)$ が $G(x)$ で割り切れるためには，$D(x)$ が $G(x)$ で割り切れる必要がある．ところが，$D(x)$ の次数 $l-1$ が $G(x)$ の次数 $n-k$ よりも小さければ，すなわち，

$$l - 1 < n - k \tag{7.73}$$

であれば，$D(x)$ は $G(x)$ で割り切れない．ここで，多項式の次数は整数であることから，

$$l \leq n - k \tag{7.74}$$

のとき，$D(x)$ は $G(x)$ で割り切れない．このことは，(n,k) 巡回符号が長さ $n-k$ 以下のバースト誤りを検出することが可能であることを示している．

一方，バースト誤りの長さが $n-k$ を超える場合はどうだろうか．実は，$n-k$ がある程度の大きさであれば，かなりの高確率で誤りを検出することが可能である．次にそのことを示そう．

$l-1$ 次多項式 $D(x)$ が $n-k$ 次生成多項式 $G(x)$ で割り切れるならば，

$$D(x) = Q(x)G(x) \tag{7.75}$$

と表すことができる．ここで，$Q(x)$ は $(l-1)-(n-k)$ 次の多項式で，

$$Q(x) = 1 + q_1x + q_2x^2 + \cdots + q_{l-n+k-2}x^{l-n+k-2} + x^{l-n+k-1} \tag{7.76}$$

とする．ただし，係数 $q_1, q_2, \ldots, q_{l-n+k-2}$ は 0 または 1 である．$Q(x)$ の場合の数について考えると，$l-1 = n-k$ すなわち $l = n-k+1$ のときは $Q(x) = 1$ の 1 通り，$l-1 > n-k$ すなわち $l > n-k+1$ のときは $2^{l-n+k-2}$ 通りである．一方，式

(7.71) より，

$$D(x) = 1 + d_1 x + \cdots + d_{l-2} x^{l-2} + x^{l-1}$$

であるから，$D(x)$ の場合の数は 2^{l-2} 通りである．したがって，$D(x)$ が $G(x)$ で割り切れる確率，すなわち，バースト誤りを見逃す確率は，

$$\begin{cases} 2^{-(l-2)} = 2^{-(n-k-1)} & (l = n-k+1) \\ 2^{-(n-k)} & (l > n-k+1) \end{cases} \tag{7.77}$$

となり，$(n-k)$ がある程度の大きさであれば，$D(x)$ が $G(x)$ で割り切れる確率はきわめて小さくなることがわかる．よって，長さ $n-k$ を超えるバースト誤りについてもかなりの高確率で検出することが可能である．

演習問題

7.1 $(7,4)$ 線形符号について考える．検査ビットが

$$p_1 = x_1 + x_2 + x_4$$
$$p_2 = x_2 + x_3 + x_4$$
$$p_3 = x_1 + x_2 + x_3$$

のように計算される場合，何個以下の誤り訂正が可能か．

7.2 符号語長 3 の多数決符号は $(3,1)$ 線形符号である．次の問いに答えよ．

(1) 生成行列 $\boldsymbol{G}$ を求めよ．

(2) 検査行列 $\boldsymbol{H}$ を求めよ．

(3) この符号は線形符号の中のどの符号に分類されると考えられるか．

7.3 線形符号の生成行列 $\boldsymbol{G}$ と検査行列 $\boldsymbol{H}$ の間には $\boldsymbol{G}\boldsymbol{H}^{\top} = \boldsymbol{O}$ という関係が成立することを示せ．

7.4 生成多項式が $G(x) = 1 + x^2 + x^3$ である $(7,4)$ 巡回ハミング符号の検査行列 $\boldsymbol{H}_{\mathrm{c}}$ および生成行列 $\boldsymbol{G}_{\mathrm{c}}$ を求めよ．

7.5 巡回符号において，$(1+x)$ が生成多項式 $G(x)$ の因数であるとき，奇数個の誤りが検出可能であることを説明せよ．

関連書籍の紹介

情報理論に関する図書は和書だけでも多数ある．本書を執筆するにあたり，以下にあげる図書を参考にさせていただいた．それぞれ解説の仕方や視点などが異なるので，何冊か読み比べてみることをお薦めする．ただし，番号に＊印のついた図書は本書の出版時点で入手困難となっている．

本書ではほんの一部しか紹介できなかった符号理論については [5, 6, 30] に詳しく解説されている．また，本書では扱わなかった連続情報に関する情報理論については [3, 24, 29] を参照してほしい．[3, 24, 29] は，通信方式や信号処理の理論と情報理論との密接な関わりを理解するためにも役立つ．

[2] は情報理論の基盤となっている確率論に重点をおいている．数学的にやや高度であるが，厳密かつ明快な議論が展開されているので，ご一読をお薦めする．また，マルコフ情報源の基礎理論である確率過程については [8, 11, 31] ほか多数の図書が出版されている．

情報理論および符号理論の実用例や応用については，次の図書を参照するとよい．[7] では符号の実用例が多く紹介されている．[14] は音声，画像，言語，計算機システムなどへの情報理論の適用を扱っている．情報理論が情報工学および通信工学の広範な分野をカバーする基礎的な理論であることがわかる．また，[25] では，エントロピー理論の探索木やグラフへの適用も紹介されている．

[1]＊有本 卓，現代情報理論，情報とシステムシリーズ，電子情報通信学会，1978.

[2] 有本 卓，確率・情報・エントロピー POD 版，森北出版，1999.

[3] 磯道 義典，情報理論，電子情報通信学会大学シリーズ，コロナ社，1980.

[4] 今井 秀樹，情報理論 改訂 2 版，オーム社，2019.

[5] 今井 秀樹，符号理論，電子情報通信学会，1990.

[6]＊岩垂 好裕，符号理論入門，昭晃堂，1992.

[7] 小川 英一，改訂 マルチメディア時代の情報理論，コロナ社，2019.

[8] 尾崎 俊治，確率モデル入門，朝倉書店，1996.

[9]＊笠原 正雄，田崎 三郎，小倉 久直，情報理論 －基礎と応用－，昭晃堂，1985.

[10]＊嵩 忠雄，情報と符号の理論入門，情報工学入門選書，昭晃堂，1989.

[11] 小和田 正，確率過程とその応用，実教理工学全書，実教出版，1983.

[12] 佐藤 洋，情報理論 改訂版，基礎物理学選書，裳華房，1983.

[13] 島田 良作，木内 陽介，大松 繁，わかる情報理論，わかる工学全書，日新出版，1982.

[14] 中川 聖一，情報理論の基礎と応用，電子工学・技術科学シリーズ，近代科学社，1992.

[15]＊中村 義作，村尾 洋，阿邊 恵一，情報と通信の理論，電気・電子・情報・通信基礎コース，丸善，1995.

[16] 野村 由司彦，図解 情報理論入門，コロナ社，1998.

[17]＊橋本 清，情報・符号理論入門，森北出版，1984.

[18]*橋本 猛，情報理論，培風館，1997.
[19] 林田 行雄，情報理論入門，ムイスリ出版，2008.
[20] 平澤 茂一，情報理論，情報数理シリーズ，培風館，1996.
[21] 平澤 茂一，情報理論入門，情報数理シリーズ，培風館，2000.
[22] 平田 廣則，情報理論のエッセンス，昭晃堂，2003.
[23] 福村 晃夫，情報理論，情報工学講座，コロナ社，1970.
[24]*藤田 広一，基礎情報理論，昭晃堂，1969.
[25] 堀部 安一，情報エントロピー論 第2版 POD 版，森北出版，2013.
[26] 三木 成彦，吉川 英機，情報理論，電気・電子系教科書シリーズ，コロナ社，2000.
[27] 南 敏，情報理論 第2版，産業図書，1993.
[28]*宮川 洋（訳），情報理論入門，好学社，1969（原書 N. Abramson, *Information Theory and Coding*, Electronic Science, McGraw-Hill, 1963）.
[29] 宮川 洋，情報理論，電子通信大学講座，コロナ社，1979.
[30]*宮川 洋，原島 博，今井 秀樹，情報と符号の理論，岩波講座情報科学，岩波書店，1982.
[31] 宮沢 政清，確率と確率過程，現代数学ゼミナール，近代科学社，1993.
[32] 横尾 英俊，情報理論の基礎，共立出版，2004.

付録A 確率論の基本事項

A.1 事象と確率

同じ条件下で繰り返すことのできる実験や観測などを試行（trial）といい，試行により得られる個々の結果を標本点（sample point）という．そして，標本点の全体集合 Ω を標本空間（sample space）または全事象（whole event）といい，その部分集合を事象（event）という．とくに，これ以上分解することのできない事象，すなわち，標本点の一点集合を根元事象（elementary event）という．ここでは，事象の族（集合の集まり）を $\mathcal{F}$ と表すことにする．

たとえば，コイントスという試行による標本点は「表」と「裏」なので，そのときの標本空間 Ω と事象族 $\mathcal{F}$ は，それぞれ，

$$\Omega = \{\,表, 裏\,\}, \quad \mathcal{F} = \Big\{\,\emptyset, \{\,表\,\}, \{\,裏\,\}, \Omega\,\Big\}$$

となる．ただし，$\emptyset$ は空事象（empty event）である．

事象 $A\ (\in \mathcal{F})$ の生起しやすさを表す 0〜1 の数値を A の確率（probability）といい，$P(A)$ と表す．ここで，$P(A) < P(B)$ ならば，A よりも B の方が起こりやすいと考える．したがって，原理的に次が成り立つ．

$$P(\emptyset) = 0 \tag{A.1}$$

$$P(\Omega) = 1 \tag{A.2}$$

そして，すべての根元事象が同様に確からしいとき，事象 A の確率を次式のように定義する．

$$P(A) = \frac{n(A)}{n(\Omega)} \tag{A.3}$$

ただし，$n(\cdot)$ は集合の要素数である．しかし，式(A.3)の定義では適用範囲が狭すぎるため，現代では次のように定義されている．

標本空間 Ω とその事象族 $\mathcal{F}$ に対して，

（1）任意の $A\ (\in \mathcal{F})$ に対して，$P(A) \geq 0$

（2）$P(\Omega) = 1$

(3) $A_1, A_2, \ldots\ (\in \mathcal{F})$ が排反ならば，$P\left(\bigcup_{i=1}^{\infty} A_i\right) = \sum_{i=1}^{\infty} P(A_i)$

の 3 条件を満足する $\mathcal{F}$ 上の実関数 $P(\cdot)$ を確率という．

これらの 3 条件から，

$$0 \leq P(A) \leq 1, \quad P(A \cup B) = P(A) + P(B) - P(A \cap B), \quad P(A^c) = 1 - P(A)$$

など，確率のもつすべての性質が導き出される．ただし，A と B が排反とは，$A \cap B = \emptyset$ であることをいう．また，A^c は A の余事象（complementary event）である．

A.2　条件付確率と独立事象

事象 B が生起したという条件下で事象 A が生起する確率 $P(A|B)$ について考える．最終的には A と B の共通部分が生起することになるので，単純に考えると，$P(A|B)$ は $P(A \cap B)$ に等しいと思われる．しかし，B が生起したことが前提となっているので，標本空間を B に限定する必要がある．そこで，$P(A \cap B)$ を $P(B)$ で割って，

$$P(A|B) = \frac{P(A \cap B)}{P(B)} \tag{A.4}$$

と定義する．ただし，$P(B) > 0$ とする．式(A.4)を，B の下での A の条件付確率（conditional probability）という．条件付確率は，それ自身で

$$0 \leq P(A|B) \leq 1, \quad P(A|B) + P(A^c|B) = 1$$

などの確率の性質をもっていることに注意しよう．式(A.4)と同様にして，A の下での B の条件付確率を

$$P(B|A) = \frac{P(A \cap B)}{P(A)} \tag{A.5}$$

と定義する．ただし，$P(A) > 0$ とする．

式(A.4)，(A.5)より，

$$P(A \cap B) = P(B)\,P(A|B) = P(A)\,P(B|A) \tag{A.6}$$

が成り立つ．式(A.6)を確率の乗法定理（multiplication theorem）という．$P(A \cap B)$ を計算するとき，まず B が生起して，その条件下で A が生起する，あるいは，まず A が生起して，その条件下で B が生起すると考えてもよいのである．

事象 A，B が

$$P(A \cap B) = P(A)P(B) \tag{A.7}$$

を満足するとき，A と B は独立である（independent）という．このとき，式(A.6)，(A.7)より，

$$P(A|B) = P(A), \quad P(B|A) = P(B)$$

が成り立つ．さらに，

$$P(A|B^{c}) = P(A), \quad P(B|A^{c}) = P(B)$$

の成立も容易に示される．したがって，二つの事象が独立のときには，一方の事象が生起してもしなくても，他方の事象の確率は変わらない．

例題 A.1　条件付確率

さいころを投げて偶数の目が出るという事象を A，5 以上の目が出るという事象を B とする．$P(A)$，$P(B)$，$P(A \cap B)$，$P(A|B)$ を求めよ．

解答

$A = \{2, 4, 6\}$，$B = \{5, 6\}$ より，$A \cap B = \{6\}$ となるので，求める確率は次のようになる．

$$P(A) = \frac{3}{6} = \frac{1}{2}, \quad P(B) = \frac{2}{6} = \frac{1}{3}, \quad P(A \cap B) = \frac{1}{6},$$
$$P(A|B) = \frac{P(A \cap B)}{P(B)} = \frac{1/6}{2/6} = \frac{1}{2}$$

補足　式(A.7)が成り立つので，A と B は独立である．

A.3　確率変数と確率分布

標本点に応じて値が決まる変数を確率変数（random variable）という．したがって，確率変数とは，標本空間 Ω 上の関数と考えられる．たとえば，コイントスで表が出ると 1，裏が出ると 0 をとる変数を X とすると，X は確率変数となる（**図 A.1** 参照）．厳密には，任意の実数区間 I に対して，$X \in I$ である確率を計算可能なことを要請して，

$$\{\omega \in \Omega \mid X(\omega) \in I\} \in \mathcal{F} \qquad (I \text{ は実数 } \mathbb{R} \text{ 上の任意の区間}) \tag{A.8}$$

を満足する Ω 上の実関数 $X(\cdot)$ を確率変数と定義する．

連続値をとる確率変数も考えられるが，本書では，離散値をとるもののみを扱う．なお，式(A.8)の事象の確率 $P(\{\omega \in \Omega \mid X(\omega) \in I\})$ を $P(X \in I)$ のように略記することが慣例となっている．

確率変数 X が離散値 $x_1, x_2, \ldots$ をとるとき，関数

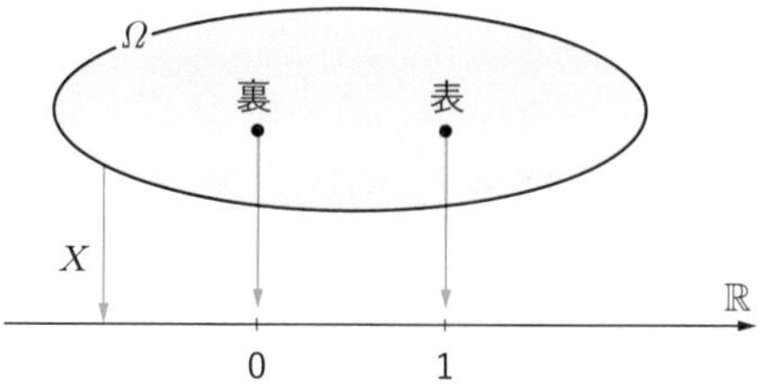

図 A.1　2 値をとる確率変数 X の例

$$p_X(x) = \begin{cases} P(X = x) & (x = x_1, x_2, \ldots) \\ 0 & (\text{その他}) \end{cases} \tag{A.9}$$

を X の確率関数（probability function）という．X に関する確率を確率分布（probability distribution）というので，式(A.9)は確率分布の一表現形式であり，これを確率分布と捉えてよい．

たとえば，上述のコイントスの例では，その確率関数は次式のようになる．

$$p_X(x) = \begin{cases} 1/2 & (x = 0, 1) \\ 0 & (\text{その他}) \end{cases}$$

A.4 平　均

離散値 $x_1, x_2, \ldots$ をとる確率変数 X の平均（mean）$E[X]$ は，次式のように定義される．

$$E[X] = \sum_j x_j \, p_X(x_j) \tag{A.10}$$

$E[\cdot]$ には次のような性質がある．

（1）a，b が定数であれば，$E[aX + b] = aE[X] + b$
（2）$E[X_1 + X_2 + \cdots + X_n] = E[X_1] + E[X_2] + \cdots + E[X_n]$
（3）$X_1, X_2, \ldots, X_n$ が独立であれば，$E[X_1 X_2 \cdots X_n] = E[X_1]E[X_2] \cdots E[X_n]$

ただし，$X_1, X_2, \ldots, X_n$ が独立とは，次式が成り立つことである．

$$p_{X_1, X_2, \ldots, X_n}(x_1, x_2, \ldots, x_n) = p_{X_1}(x_1) \, p_{X_2}(x_2) \cdots p_{X_n}(x_n) \tag{A.11}$$

A.5　確率過程

確率変数 X が時刻 t の関数であるとき，$X(t)$ の系列 $\{X(t), t \geq 0\}$ を確率過程（stochastic process）という．そして，$X(t)$ の値を状態（state）という．状態 $X(t)$ は時間の経過に伴ってその値が変化する．このような変化を状態の遷移（transition）という．

図 A.2 に状態 $X(t)$ とその確率関数 $p_{X(t)}(x)$ の例を示す．この例では，時間の経過に伴って $X(0)=2$，$X(1)=4$，$X(2)=3$ と遷移している．

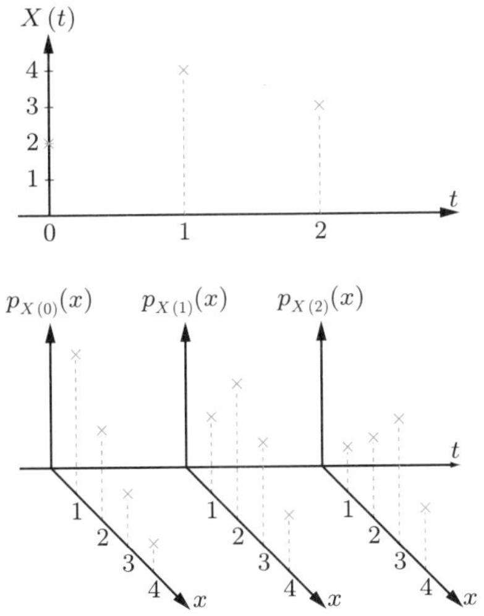

図 A.2　状態 $X(t)$ とその確率関数 $p_{X(t)}(x)$ の例

付録B ASCII符号

NUL	0000000	SP	0100000	@	1000000	‘	1100000
SOH	0000001	!	0100001	A	1000001	a	1100001
STX	0000010	”	0100010	B	1000010	b	1100010
ETX	0000011	#	0100011	C	1000011	c	1100011
EOT	0000100	$	0100100	D	1000100	d	1100100
ENQ	0000101	%	0100101	E	1000101	e	1100101
ACK	0000110	&	0100110	F	1000110	f	1100110
BEL	0000111	’	0100111	G	1000111	g	1100111
BS	0001000	(	0101000	H	1001000	h	1101000
HT	0001001	)	0101001	I	1001001	i	1101001
NL	0001010	*	0101010	J	1001010	j	1101010
VT	0001011	+	0101011	K	1001011	k	1101011
NP	0001100	,	0101100	L	1001100	l	1101100
CR	0001101	-	0101101	M	1001101	m	1101101
SO	0001110	.	0101110	N	1001110	n	1101110
SI	0001111	/	0101111	O	1001111	o	1101111
DLE	0010000	0	0110000	P	1010000	p	1110000
DC1	0010001	1	0110001	Q	1010001	q	1110001
DC2	0010010	2	0110010	R	1010010	r	1110010
DC3	0010011	3	0110011	S	1010011	s	1110011
DC4	0010100	4	0110100	T	1010100	t	1110100
NAK	0010101	5	0110101	U	1010101	u	1110101
SYN	0010110	6	0110110	V	1010110	v	1110110
ETB	0010111	7	0110111	W	1010111	w	1110111
CAN	0011000	8	0111000	X	1011000	x	1111000
EM	0011001	9	0111001	Y	1011001	y	1111001
SUB	0011010	:	0111010	Z	1011010	z	1111010
ESC	0011011	;	0111011	[	1011011	{	1111011
FS	0011100	<	0111100	\	1011100	|	1111100
GS	0011101	=	0111101	]	1011101	}	1111101
RS	0011110	>	0111110	^	1011110	~	1111110
US	0011111	?	0111111	_	1011111	DEL	1111111

付録C 命題論理

C.1 必要条件と十分条件

その真偽をはっきりと決めることのできる事柄を表す式や文を命題（proposition）という．ある命題が成立するための必要条件（necessary condition）とは，その命題が真であれば真となる事実のことである．一方，その命題が真となることを保証する事実を十分条件（sufficient condition）という．そして，必要かつ十分な条件を必要十分条件（necessary and sufficient condition）という．必要十分条件は元の命題と同値である．

たとえば，「この四角形は平行四辺形である」という命題に対して，「向かい合う 1 組の辺が平行である」は必要条件であるが，十分条件ではない．一方，「四つの辺の長さが等しい」は十分条件であるが，必要条件ではない．「向かい合う 2 組の辺がそれぞれ平行である」は必要十分条件である．

C.2 含　意

二つの命題が「もし ··· ならば ··· である」の形で結合されて一つの命題となっているものを含意（implication）という．第 1，第 2 の命題をそれぞれ仮定（hypothesis），結論（consequent）という．含意「もし a ならば b である」を

$$a \Longrightarrow b \tag{C.1}$$

と書く．式(C.1)は「a は b の十分条件である」または「b は a の必要条件である」と同じ意味をもつ．a が b の必要十分条件であることを次のように書く．

$$a \Longleftrightarrow b \tag{C.2}$$

また，否定文を表す単項演算子として，$\sim$ が用いられる．

$a \Longrightarrow b$ に対して，$b \Longrightarrow a$，$\sim a \Longrightarrow \sim b$，$\sim b \Longrightarrow \sim a$ をそれぞれ逆（converse），裏（inverse），対偶（contrapositive）という．これらの関係を図 C.1 に示す．ある含意が真でもその逆は真であるとは限らない．一方，ある含意とその対偶はいずれも真あるいはいずれ

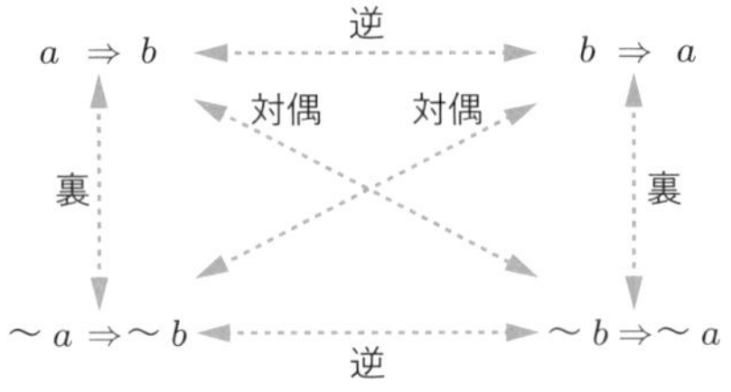

図 C.1　逆，裏，対偶の関係

も偽である．このことから，ある含意が真であることを示したいが，それが難しい場合には，その含意の対偶が真であることを示してもよい．

例題 C.1　含意とその逆，裏，対偶

「x は 4 で割り切れる $\Longrightarrow$ x は 2 で割り切れる」の逆，裏，対偶を示せ．

解答

逆：「x は 2 で割り切れる $\Longrightarrow$ x は 4 で割り切れる」

裏：「x は 4 で割り切れない $\Longrightarrow$ x は 2 で割り切れない」

対偶：「x は 2 で割り切れない $\Longrightarrow$ x は 4 で割り切れない」

付録 D 10 進数の n 進数への変換

D.1 10 進整数の n 進数への変換

$n^m \leq N < n^{m+1}$ $(m = 0, 1, 2, \ldots)$ である 10 進整数 N が

$$N = a_m n^m + a_{m-1} n^{m-1} + \cdots + a_2 n^2 + a_1 n + a_0 \tag{D.1}$$

と表されるとすると，N の n 進数表現は $a_m a_{m-1} \cdots a_0$ である．

以下，式(D.1)を変形する．

$$N = (a_m n^{m-1} + a_{m-1} n^{m-2} + \cdots + a_2 n + a_1)n + a_0 \tag{D.2}$$

$$= ((a_m n^{m-2} + a_{m-1} n^{m-3} + \cdots + a_2)n + a_1)n + a_0 \tag{D.3}$$

$$\vdots$$

$$= ((\cdots(a_m n + a_{m-1})n + \cdots + a_2)n + a_1)n + a_0 \tag{D.4}$$

式(D.2)より，N を n で割ったときの剰余は a_0 である．そのときの商を n で割ったときの剰余は a_1 である（式(D.3)）．このような除算を計 m 回繰り返したときの商が a_m，剰余が a_{m-1} である（式(D.4)）．

例題 D.1　10 進整数の 2 進数への変換

10 進整数の 17（$2^4 < 17 < 2^5$）を 2 進数に変換せよ．

解答

$2^4 < 17 < 2^5$ であるから，17 に対して 2 による上述の除算を 4 回繰り返すと，次のようになる．

$$\begin{array}{rrrrrr}
2 &) & 17 & & & \\
\cline{2-3}
2 &) & 8 & \cdots & 1 & (a_0) \\
\cline{2-3}
2 &) & 4 & \cdots & 0 & (a_1) \\
\cline{2-3}
2 &) & 2 & \cdots & 0 & (a_2) \\
\cline{2-3}
 & & 1 & \cdots & 0 & (a_3) \\
 & & (a_4) & & &
\end{array}$$

したがって，17 を 2 進数で表すと 10001 となる．

D.2　10 進小数の n 進数への変換

10 進小数 X（$0 \leq X < 1$）が

$$X = a_{-1}n^{-1} + a_{-2}n^{-2} + \cdots + a_{-m}n^{-m} \tag{D.5}$$

と表されるとすると，X の n 進数表現は $0.a_{-1}a_{-2}\cdots a_{-m}$ である．

以下，式(D.5)を変形する．

$$X = n^{-1}(a_{-1} + a_{-2}n^{-1} + \cdots + a_{-m}n^{-(m-1)}) \tag{D.6}$$

$$= n^{-1}(a_{-1} + n^{-1}(a_{-2} + \cdots + a_{-m}n^{-(m-2)})) \tag{D.7}$$

$$\vdots$$

$$= n^{-1}(a_{-1} + n^{-1}(a_{-2} + \cdots + n^{-1}(a_{-m})\cdots)) \tag{D.8}$$

式(D.6)は X に n を掛けたときの整数部が a_{-1} であることを示している．そのときの小数部に n を掛けたときの整数部は a_{-2} である（式(D.7)）．このような乗算を計 m 回繰り返すと小数部が 0 となる（式(D.8)）．

例題 D.2　10 進小数の 2 進数への変換(1)

10 進整数の 0.125，0.4 をそれぞれ 2 進数に変換せよ．

解答

0.125 に対して 2 による上述の乗算を繰り返す．

$$(a_{-1})\ \begin{array}{r} 0.125 \\ \times\qquad 2 \\ \hline 0.250 \end{array} \qquad (a_{-2})\ \begin{array}{r} 0.25 \\ \times\qquad 2 \\ \hline 0.50 \end{array} \qquad (a_{-3})\ \begin{array}{r} 0.5 \\ \times\quad 2 \\ \hline 1.0 \end{array}$$

3 回乗算を行ったところで小数部がなくなっている．したがって，0.125 を 2 進数で表すと 0.001 となる．

0.4 に対して同様の乗算を繰り返す．

$$(a_{-1})\ \begin{array}{r} 0.4 \\ \times\quad 2 \\ \hline 0.8 \end{array} \qquad (a_{-2})\ \begin{array}{r} 0.8 \\ \times\quad 2 \\ \hline 1.6 \end{array} \qquad (a_{-3})\ \begin{array}{r} 0.6 \\ \times\quad 2 \\ \hline 1.2 \end{array} \qquad (a_{-4})\ \begin{array}{r} 0.2 \\ \times\quad 2 \\ \hline 0.4 \end{array}$$

4 回乗算を行ったところで元の 0.4 に戻っている．したがって，0.4 を 2 進数で表すと $0.01100110\cdots = 0.\dot{0}11\dot{0}$ となる．

補足　10 進小数を 2 進数へ変換すると，循環小数となることが多い．

付録E

2を底とする対数の値

$-\log_2 p$

p	0	1	2	3	4	5	6	7	8	9
.0		6.6439	5.6439	5.0589	4.6439	4.3219	4.0589	3.8365	3.6439	3.4739
.1	3.3219	3.1844	3.0589	2.9434	2.8365	2.7370	2.6439	2.5564	2.4739	2.3959
.2	2.3219	2.2515	2.1844	2.1203	2.0589	2.0000	1.9434	1.8890	1.8365	1.7859
.3	1.7370	1.6897	1.6439	1.5995	1.5564	1.5146	1.4739	1.4344	1.3959	1.3585
.4	1.3219	1.2863	1.2515	1.2176	1.1844	1.1520	1.1203	1.0893	1.0589	1.0291
.5	1.0000	0.9714	0.9434	0.9159	0.8890	0.8625	0.8365	0.8110	0.7859	0.7612
.6	0.7370	0.7131	0.6897	0.6666	0.6439	0.6215	0.5995	0.5778	0.5564	0.5353
.7	0.5146	0.4941	0.4739	0.4540	0.4344	0.4150	0.3959	0.3771	0.3585	0.3401
.8	0.3219	0.3040	0.2863	0.2688	0.2515	0.2345	0.2176	0.2009	0.1844	0.1681
.9	0.1520	0.1361	0.1203	0.1047	0.0893	0.0740	0.0589	0.0439	0.0291	0.0145

$-p \log_2 p$

p	0	1	2	3	4	5	6	7	8	9
.0	0	0.0664	0.1129	0.1518	0.1858	0.2161	0.2435	0.2686	0.2915	0.3127
.1	0.3322	0.3503	0.3671	0.3826	0.3971	0.4105	0.4230	0.4346	0.4453	0.4552
.2	0.4644	0.4728	0.4806	0.4877	0.4941	0.5000	0.5053	0.5100	0.5142	0.5179
.3	0.5211	0.5238	0.5260	0.5278	0.5292	0.5301	0.5306	0.5307	0.5305	0.5298
.4	0.5288	0.5274	0.5256	0.5236	0.5211	0.5184	0.5153	0.5120	0.5083	0.5043
.5	0.5000	0.4954	0.4906	0.4854	0.4800	0.4744	0.4684	0.4623	0.4558	0.4491
.6	0.4422	0.4350	0.4276	0.4199	0.4121	0.4040	0.3956	0.3871	0.3783	0.3694
.7	0.3602	0.3508	0.3412	0.3314	0.3215	0.3113	0.3009	0.2903	0.2796	0.2687
.8	0.2575	0.2462	0.2348	0.2231	0.2113	0.1993	0.1871	0.1748	0.1623	0.1496
.9	0.1368	0.1238	0.1107	0.0974	0.0839	0.0703	0.0565	0.0426	0.0286	0.0144

$\mathcal{H}(p) = -p \log_2 p - (1-p) \log_2 (1-p)$

p	0	1	2	3	4	5	6	7	8	9
.0	0	0.0808	0.1414	0.1944	0.2423	0.2864	0.3274	0.3659	0.4022	0.4365
.1	0.4690	0.4999	0.5294	0.5574	0.5842	0.6098	0.6343	0.6577	0.6801	0.7015
.2	0.7219	0.7415	0.7602	0.7780	0.7950	0.8113	0.8267	0.8415	0.8555	0.8687
.3	0.8813	0.8932	0.9044	0.9149	0.9248	0.9341	0.9427	0.9507	0.9580	0.9648
.4	0.9710	0.9765	0.9815	0.9858	0.9896	0.9928	0.9954	0.9974	0.9988	0.9997
.5	1.0000	0.9997	0.9988	0.9974	0.9954	0.9928	0.9896	0.9858	0.9815	0.9765
.6	0.9710	0.9648	0.9580	0.9507	0.9427	0.9341	0.9248	0.9149	0.9044	0.8932
.7	0.8813	0.8687	0.8555	0.8415	0.8267	0.8113	0.7950	0.7780	0.7602	0.7415
.8	0.7219	0.7015	0.6801	0.6577	0.6343	0.6098	0.5842	0.5574	0.5294	0.4999
.9	0.4690	0.4365	0.4022	0.3659	0.3274	0.2864	0.2423	0.1944	0.1414	0.0808

演習問題解答

第2章

2.1 $\log_a x = s$，$\log_a y = t$ とおく．

(1) $x = a^s, y = a^t$ を辺に掛け合わせると，$xy = a^{s+t}$ となる．対数をとると，$\log_a xy = s+t$ となるので，s，t を元に戻すと，$\log_a xy = \log_a x + \log_a y$ が得られる．

(2) $x = a^s$ の両辺を z 乗すると，$x^z = a^{zs}$ となる．対数をとると，$\log_a x^z = zs$ となるので，s を元に戻すと，$\log_a x^z = z \log_a x$ が得られる．

(3) $a^s = x$ の両辺に底 b の対数をとると，$\log_b a^s = \log_b x$ となる．(2)の性質を利用すると，$s \log_b a = \log_b x$ となるので，$s = \log_a x = \dfrac{\log_b x}{\log_b a}$ が得られる．

2.2 (1) $P(\heartsuit) = 1/4$ より，$I(\heartsuit) = \log 4 = 2$ [bit].

(2) $P(\mathrm{A}) = 1/13$ より，$I(\mathrm{A}) = \log 13$ [bit].

(3) $P(\heartsuit, \mathrm{A}) = 1/52$ より，$I(\heartsuit, \mathrm{A}) = \log 52 = 2 + \log 13$ [bit].

以上の結果から，$I(\heartsuit, \mathrm{A}) = I(\heartsuit) + I(\mathrm{A})$ となるので，式(2.3)が成立している．

2.3 (1) ある硬貨が偽物である確率は $1/3^k$ であるから，必要な情報量は $k \log 3$ [bit].

(2) 天秤を 1 回使用することにより得られる結果は 3 通りで，それらの確率はいずれも 1/3 であるから，得られる情報量は $\log 3$ [bit].

(3) (1) の結果を (2) の結果で割ればよいので，必要な使用回数は k 回である．

2.4 $P(a_1)$ は固定されているから，$P(a_2)$ と $P(a_3)$ について考えると，エントロピーの性質より，a_2 と a_3 の確率が等しいとき $H(A)$ が最大となる．したがって，$p = 1/4$ のとき $H(A)$ は最大になり，その値は次式のようになる．

$$H(A)|_{p=\frac{1}{4}} = \frac{1}{2}\log 2 + \frac{1}{4}\log 4 + \frac{1}{4}\log 4 = 1.5 \text{ [bit]}$$

別解法 $H(A) = \dfrac{1}{2}\ln 2 + p \ln \dfrac{1}{p} + \left(\dfrac{1}{2} - p\right) \ln \dfrac{1}{(1/2) - p}$

を p で微分して，最大値を求める．

2.5

$$\begin{aligned} H(A') &= H(A) - P(a_j)\log\frac{1}{P(a_j)} + pP(a_j)\log\frac{1}{pP(a_j)} \\ &\quad +(1-p)P(a_j)\log\frac{1}{(1-p)P(a_j)} \\ &= H(A) - P(a_j)\log\frac{1}{P(a_j)} + pP(a_j)\log\frac{1}{p} + pP(a_j)\log\frac{1}{P(a_j)} \\ &\quad +(1-p)P(a_j)\log\frac{1}{1-p} + (1-p)P(a_j)\log\frac{1}{P(a_j)} \end{aligned}$$

$$= H(A) + P(a_j)\left(p\log\frac{1}{p} + (1-p)\log\frac{1}{1-p}\right)$$
$$= H(A) + P(a_j)\mathcal{H}(p)$$

$P(a_j)\mathcal{H}(p) \geq 0$ であるから，エントロピーは $P(a_j)\mathcal{H}(p)$ だけ増加する．

第3章

3.1 3 個のさいころを投げて出た 1 の目の数 j（$= 0, 1, 2, 3$）を情報源シンボル s_j に対応させることにする．さいころを投げるという試行は独立であるから，S は無記憶情報源である．各シンボルの生起確率は，

$$P(s_0) = \left(\frac{5}{6}\right)^3 = \frac{125}{216}, \qquad P(s_1) = \begin{pmatrix} 3 \\ 1 \end{pmatrix} \times \frac{1}{6} \times \left(\frac{5}{6}\right)^2 = \frac{25}{72}$$
$$P(s_2) = \begin{pmatrix} 3 \\ 2 \end{pmatrix} \times \left(\frac{1}{6}\right)^2 \times \frac{5}{6} = \frac{5}{72}, \qquad P(s_3) = \left(\frac{1}{6}\right)^3 = \frac{1}{216}$$

であるから，情報源 S は次式のようになる．

$$S = \begin{Bmatrix} s_0 & s_1 & s_2 & s_3 \\ \dfrac{125}{216} & \dfrac{25}{72} & \dfrac{5}{72} & \dfrac{1}{216} \end{Bmatrix}$$

したがって，求めるエントロピー $H(S)$ は次式のようになる．

$$H(S) = \sum_{j=0}^{3} P(s_j)\log\frac{1}{P(s_j)}$$
$$= \frac{125}{216}\log\frac{216}{125} + \frac{25}{72}\log\frac{72}{25} + \frac{5}{72}\log\frac{72}{5} + \frac{1}{216}\log 216$$
$$= \frac{125}{216} \times (3\log 3 + 3 - 3\log 5) + \frac{25}{72} \times (2\log 3 + 3 - 2\log 5)$$
$$+ \frac{5}{72} \times (2\log 3 + 3 - \log 5) + \frac{1}{216} \times (3\log 3 + 3)$$
$$= \frac{31}{12}\log 3 - \frac{5}{2}\log 5 + 3 \simeq 1.290 \text{ [bit]}$$

3.2 元の無記憶情報源 S のエントロピー $H(S)$ は，次式のようになる．

$$H(S) = \sum_{j=1}^{4} P(s_j)\log\frac{1}{P(s_j)}$$
$$= \frac{2}{10}\log\frac{10}{2} + \frac{3}{10}\log\frac{10}{3} + \frac{1}{10}\log\frac{10}{1} + \frac{4}{10}\log\frac{10}{4}$$
$$= \log 5 - \frac{3}{10}\log 3 \text{ [bit]}$$

3 次拡大情報源のエントロピー $H(S^3)$ は，元のそれの 3 倍であるから，$H(S^3)$ は次式のようになる．

$$H(S^3) = 3H(S) = 3\log 5 - \frac{9}{10}\log 3 \simeq 5.5393 \text{ [bit]}$$

3.3 状態 q_1，q_2，q_3，q_4 の定常確率をそれぞれ π_1，π_2，π_3，π_4 とする．平衡方程式は

$$[\,\pi_1, \pi_2, \pi_3, \pi_4\,]\begin{bmatrix} 1-\alpha & \alpha & 0 & 0 \\ 0 & 1-\beta & \beta & 0 \\ 0 & 0 & 1-\gamma & \gamma \\ \delta & 0 & 0 & 1-\delta \end{bmatrix} = [\,\pi_1, \pi_2, \pi_3, \pi_4\,] \tag{a}$$

となる．

$$\pi_1 + \pi_2 + \pi_3 + \pi_4 = 1 \tag{b}$$

を補ってこれらを解く．式(a)より

$$\delta\pi_4 = \alpha\pi_1 \tag{c}$$

$$\alpha\pi_1 = \beta\pi_2 \tag{d}$$

$$\beta\pi_2 = \gamma\pi_3 \tag{e}$$

$$\gamma\pi_3 = \delta\pi_4 \tag{f}$$

となる．π_2，π_3，π_4 をそれぞれ π_1 で表して式(b)に代入すると，

$$\pi_1\left(1 + \frac{\alpha}{\beta} + \frac{\alpha}{\gamma} + \frac{\alpha}{\delta}\right) = 1$$

となる．したがって，π_1 は次式のようになる．

$$\pi_1 = \frac{\beta\gamma\delta}{\beta\gamma\delta + \gamma\delta\alpha + \delta\alpha\beta + \alpha\beta\gamma}$$

その他の定常確率については，式(d)，(e)，(f)を利用すると次式のようになる．

$$\pi_2 = \frac{\alpha}{\beta}\pi_1 = \frac{\gamma\delta\alpha}{\beta\gamma\delta + \gamma\delta\alpha + \delta\alpha\beta + \alpha\beta\gamma}$$

$$\pi_3 = \frac{\beta}{\gamma}\pi_2 = \frac{\delta\alpha\beta}{\beta\gamma\delta + \gamma\delta\alpha + \delta\alpha\beta + \alpha\beta\gamma}$$

$$\pi_4 = \frac{\gamma}{\delta}\pi_3 = \frac{\alpha\beta\gamma}{\beta\gamma\delta + \gamma\delta\alpha + \delta\alpha\beta + \alpha\beta\gamma}$$

上記の結果からエントロピー $H(S)$ を計算する．状態 q_i から q_j への遷移確率を p_{ij} とすると，$H(S)$ は次式のようになる．

$$
\begin{aligned}
H(S) &= \pi_1\left(p_{11}\log\frac{1}{p_{11}}+p_{12}\log\frac{1}{p_{12}}\right)+\pi_2\left(p_{22}\log\frac{1}{p_{22}}+p_{23}\log\frac{1}{p_{23}}\right)\\
&\quad+\pi_3\left(p_{33}\log\frac{1}{p_{33}}+p_{34}\log\frac{1}{p_{34}}\right)+\pi_4\left(p_{44}\log\frac{1}{p_{44}}+p_{41}\log\frac{1}{p_{41}}\right)\\
&= \pi_1\mathcal{H}(\alpha)+\pi_2\mathcal{H}(\beta)+\pi_3\mathcal{H}(\gamma)+\pi_4\mathcal{H}(\delta)\\
&= \frac{\mathcal{H}(\alpha)\beta\gamma\delta+\alpha\mathcal{H}(\beta)\gamma\delta+\alpha\beta\mathcal{H}(\gamma)\delta+\alpha\beta\gamma\mathcal{H}(\delta)}{\beta\gamma\delta+\gamma\delta\alpha+\delta\alpha\beta+\alpha\beta\gamma}
\end{aligned}
$$

3.4 長さ 3 の s_1，s_2 の系列は，

$$
(s_1,s_1,s_1),(s_1,s_1,s_2),(s_1,s_2,s_1),(s_1,s_2,s_2)
$$

$$
(s_2,s_1,s_1),(s_2,s_1,s_2),(s_2,s_2,s_1),(s_2,s_2,s_2)
$$

の 8 通りある．それぞれを状態 q_1，q_2，q_3，q_4，q_5，q_6，q_7，q_8 に対応させる．

現在の状態から s_1 または s_2 が生起した場合の状態遷移をまとめると，**解表 1** のようになる．これより，状態遷移図は**解図 1** のようになる．

解表 1　状態の遷移

現在の状態	生起するシンボル	次の状態
$q_1=(s_1,s_1,s_1)$	s_1	$(s_1,s_1,s_1)=q_1$
	s_2	$(s_1,s_1,s_2)=q_2$
$q_2=(s_1,s_1,s_2)$	s_1	$(s_1,s_2,s_1)=q_3$
	s_2	$(s_1,s_2,s_2)=q_4$
$q_3=(s_1,s_2,s_1)$	s_1	$(s_2,s_1,s_1)=q_5$
	s_2	$(s_2,s_1,s_2)=q_6$
$q_4=(s_1,s_2,s_2)$	s_1	$(s_2,s_2,s_1)=q_7$
	s_2	$(s_2,s_2,s_2)=q_8$
$q_5=(s_2,s_1,s_1)$	s_1	$(s_1,s_1,s_1)=q_1$
	s_2	$(s_1,s_1,s_2)=q_2$
$q_6=(s_2,s_1,s_2)$	s_1	$(s_1,s_2,s_1)=q_3$
	s_2	$(s_1,s_2,s_2)=q_4$
$q_7=(s_2,s_2,s_1)$	s_1	$(s_2,s_1,s_1)=q_5$
	s_2	$(s_2,s_1,s_2)=q_6$
$q_8=(s_2,s_2,s_2)$	s_1	$(s_2,s_2,s_1)=q_7$
	s_2	$(s_2,s_2,s_2)=q_8$

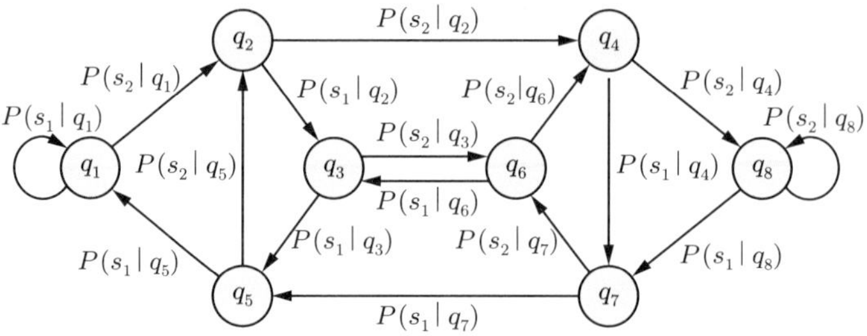

解図 1　状態遷移図

第 4 章

4.1 クラフトの不等式の値を計算すると，次式のようになる．

$$2^{-3} + 2^{-2} + 2^{-3} + 2^{-2} + 2^{-3} + 2^{-3} = \frac{1}{8} + \frac{1}{4} + \frac{1}{8} + \frac{1}{4} + \frac{1}{8} + \frac{1}{8} = 1$$

クラフトの不等式が成立するので，3，2，3，2，3，3 の符号語長で瞬時に復号可能な符号を構成することは可能である．たとえば，**解図 2** のような符号の木が考えられる．すべての符号語が葉に対応しているので，この符号は瞬時に復号可能である．これより，符号の例は次のようになる．

S	符号
s_1	100
s_2	00
s_3	101
s_4	01
s_5	110
s_6	111

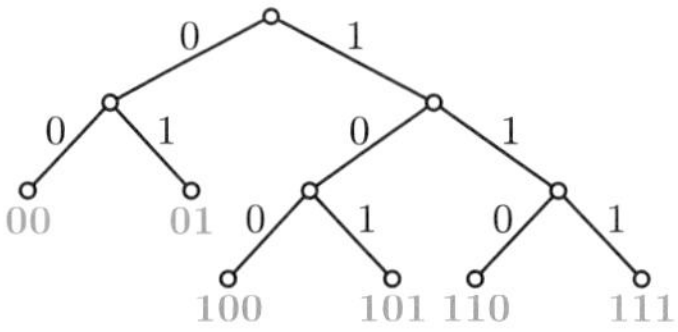

解図 2　符号の木

4.2 題意より，

$$l_j \leq \log \frac{1}{P(s_j)}$$

である．両辺に $P(s_j)$ を掛け，j について総和をとると，次のようになる．

$$\sum_{j=1}^{J} P(s_j) l_j \leq \sum_{j=1}^{J} P(s_j) \log \frac{1}{P(s_j)}$$

$$L \leq H(S) \tag{a}$$

情報源符号化定理より，式(a)の等号が成立するとき，すなわち，すべての j について

$$l_j = \log \frac{1}{P(s_j)}$$

のときのみ瞬時に復号可能な符号となる．それ以外の場合では，瞬時に復号可能な符号を構成することは不可能である．

4.3 (1) **解図 3** にファノ符号化の様子を示す．これより，符号は次のようになる．

S	符号
s_1	100
s_2	01
s_3	00
s_4	101
s_5	111
s_6	110

平均符号長 L_1 は次式のようになる．

$$L_1 = 0.18 \times 3 + 0.20 \times 2 + 0.30 \times 2 + 0.12 \times 3 + 0.08 \times 3 + 0.12 \times 3 = 2.5$$

(2) **解図 4** にハフマン符号化の様子を示す．これより，符号は次のようになる．

S	符号
s_1	010
s_2	10
s_3	00
s_4	011
s_5	111
s_6	110

平均符号長 L_2 は次式のようになる．

$$L_2 = 0.18 \times 3 + 0.20 \times 2 + 0.30 \times 2 + 0.12 \times 3 + 0.08 \times 3 + 0.12 \times 3 = 2.5$$

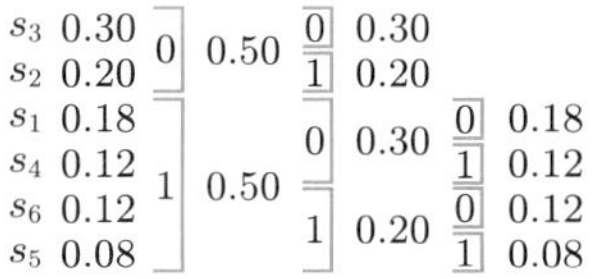

解図 3　ファノ符号化

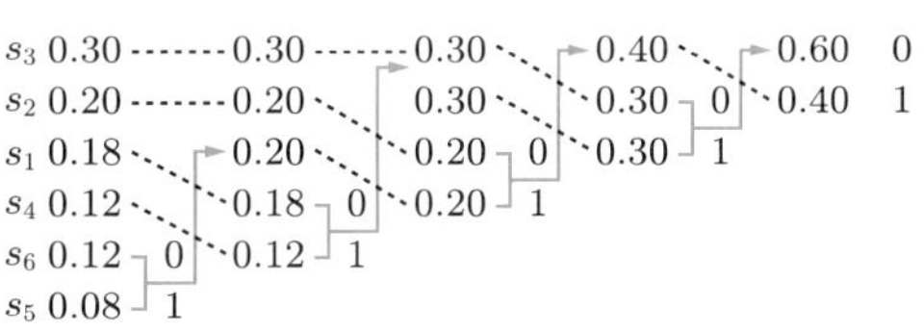

解図 4　ハフマン符号化

4.4 縮退により，2 個のシンボル s_{J-1}，s_J がまとめられて，1 個のシンボル s'_{J-1} となっているので，

$$P(s'_{J-1}) = P(s_{J-1}) + P(s_J)$$

となる．したがって，この縮退によるエントロピーの減少量は，次式のようになる．

$$\begin{aligned}H(S)-H(S') &= P(s_{J-1})\log\frac{1}{P(s_{J-1})}+P(s_J)\log\frac{1}{P(s_J)}\\&\quad -P(s'_{J-1})\log\frac{1}{P(s'_{J-1})}\\&= P(s_{J-1})\log\frac{1}{P(s_{J-1})}+P(s_J)\log\frac{1}{P(s_J)}\\&\quad -(P(s_{J-1})+P(s_J))\log\frac{1}{P(s_{J-1})+P(s_J)}\\&= P(s_{J-1})\log\frac{P(s_{J-1})+P(s_J)}{P(s_{J-1})}+P(s_J)\log\frac{P(s_{J-1})+P(s_J)}{P(s_J)}\end{aligned}$$

第５章

5.1　(1)　事前エントロピー $H(A)$ は，次式のようになる．

$$H(A)=P(a_1)\log\frac{1}{P(a_1)}+P(a_2)\log\frac{1}{P(a_2)}=\omega\log\frac{1}{\omega}+(1-\omega)\log\frac{1}{1-\omega}=\mathcal{H}(\omega)$$

(2) 入力シンボルと出力シンボルの 4 通りの組合せについて，それぞれの生起確率は次式のようになる．

$$P(a_1,b_1)=\omega(1-p) \qquad \text{(a)}$$
$$P(a_1,b_2)=\omega p \qquad \text{(b)}$$
$$P(a_2,b_1)=(1-\omega)q \qquad \text{(c)}$$
$$P(a_2,b_2)=(1-\omega)(1-q) \qquad \text{(d)}$$

式(a)，(c)から

$$P(b_1)=P(a_1,b_1)+P(a_2,b_1)=\omega(1-p)+(1-\omega)q=\omega(1-p-q)+q$$

となり，また，$P(b_2)=1-P(b_1)$ であるから，$H(B)$ は次式のようになる．

$$H(B)=\mathcal{H}(\omega(1-p-q)+q)$$

次に，$H(A,B)$ は次式のようになる．

$$\begin{aligned}H(A,B) &= P(a_1,b_1)\log\frac{1}{P(a_1,b_1)}+P(a_1,b_2)\log\frac{1}{P(a_1,b_2)}\\&\quad +P(a_2,b_1)\log\frac{1}{P(a_2,b_1)}+P(a_2,b_2)\log\frac{1}{P(a_2,b_2)}\\&= \omega(1-p)\log\frac{1}{\omega(1-p)}+\omega p\log\frac{1}{\omega p}+(1-\omega)q\log\frac{1}{(1-\omega)q}\\&\quad +(1-\omega)(1-q)\log\frac{1}{(1-\omega)(1-q)}\end{aligned}$$

$$
\begin{aligned}
&= \omega(1-p)\log\frac{1}{\omega} + \omega(1-p)\log\frac{1}{1-p} + \omega p\log\frac{1}{\omega} + \omega p\log\frac{1}{p} \\
&\quad +(1-\omega)q\log\frac{1}{1-\omega} + (1-\omega)q\log\frac{1}{q} \\
&\quad +(1-\omega)(1-q)\log\frac{1}{1-\omega} + (1-\omega)(1-q)\log\frac{1}{1-q} \\
&= \mathcal{H}(\omega) + \omega\mathcal{H}(p) + (1-\omega)\mathcal{H}(q)
\end{aligned}
$$

したがって，曖昧度 $H(A|B)$ は次式のようになる．

$$H(A|B) = H(A,B) - H(B) = \mathcal{H}(\omega) + \omega\mathcal{H}(p) + (1-\omega)\mathcal{H}(q) - \mathcal{H}(\omega(1-p-q)+q)$$

(3)　(1)，(2) の結果を用いて，相互情報量 $I(A;B)$ は次式のようになる．

$$I(A;B) = H(A) - H(A|B) = \mathcal{H}(\omega(1-p-q)+q) - \omega\mathcal{H}(p) - (1-\omega)\mathcal{H}(q)$$

5.2　(1) 出力シンボルの生起確率は

$$P(b_1) = P(a_1)P(b_1|a_1) + P(a_2)P(b_1|a_2) = \omega + (1-\omega)/2 = (1+\omega)/2$$

$$P(b_2) = P(a_1)P(b_2|a_1) + P(a_2)P(b_2|a_2) = \omega \times 0 + (1-\omega)/2 = (1-\omega)/2$$

となるので，B のエントロピーは次式のようになる．

$$
\begin{aligned}
H(B) &= \frac{1+\omega}{2}\log\frac{2}{1+\omega} + \frac{1-\omega}{2}\log\frac{2}{1-\omega} \\
&= 1 - \frac{1+\omega}{2}\log(1+\omega) - \frac{1-\omega}{2}\log(1-\omega)
\end{aligned}
$$

(2) 式(5.14)より，散布度は次式のようになる．

$$
\begin{aligned}
H(B|A) &= \sum_{j=1}^{2} P(a_j)\sum_{k=1}^{2} P(b_k|a_j)\log\frac{1}{P(b_k|a_j)} \\
&= \omega\left(1\log 1 + 0\log\frac{1}{0}\right) + (1-\omega)\left(\frac{1}{2}\log 2 + \frac{1}{2}\log 2\right) = 1-\omega
\end{aligned}
$$

(3)　(1)，(2) の結果を利用すると，相互情報量は次式のようになる．

$$I(A;B) = H(B) - H(B|A) = \omega - \frac{1+\omega}{2}\log(1+\omega) - \frac{1-\omega}{2}\log(1-\omega)$$

補足　二つのシンボルのうち，どちらか一方にのみ誤りが生じる通信路を Z 通信路 (Z channel) という．本問のように，a_2 のときのみ誤りが生じた場合の通信路線図の形状に由来する．

5.3 入力アルファベットを $A = \{a_1, a_2, a_3\}$ とし，各シンボルの生起確率を $P(a_1)$，$P(a_2)$，$P(a_3)$ とする．また，出力アルファベットを $B = \{b_1, b_2, b_3\}$ とし，各シンボルの生起確率を $P(b_1)$，$P(b_2)$，$P(b_3)$ とする．$P(b_1)$，$P(b_2)$，$P(b_3)$ はそれぞれ次式のようになる．

$$P(b_1) = (P(a_1) + P(a_2) + P(a_3))(1-p-q) = 1-p-q$$

$$P(b_2) = (P(a_1) + P(a_2) + P(a_3))p = p$$
$$P(b_3) = (P(a_1) + P(a_2) + P(a_3))q = q$$

これらの結果から，$P(b_k)$ は $P(a_j)$ に依存しないので，A と B は互いに独立である．したがって，

$$I(A;B) = H(B) - H(B|A) = H(B) - H(B) = 0$$

であり，通信路容量 $C = 0$ である．

5.4 入力アルファベットを $A = \{a_1, a_2\}$ とし，各シンボルの生起確率を $P(a_1) = \omega$，$P(a_2) = 1 - \omega$ とする．また，出力アルファベットを $B = \{b_1, b_2, b_3\}$ とし，各シンボルの生起確率を $P(b_1)$，$P(b_2)$，$P(b_3)$ とする．

$\boldsymbol{P}$ は入力に関して一様なので，$H(B)$ を最大にすることを考える．各出力シンボルの生起確率は，

$$P(b_1) = \omega(1-p-q) + (1-\omega)p$$
$$P(b_2) = \omega p + (1-\omega)(1-p-q)$$
$$P(b_3) = \omega q + (1-\omega)q = q$$

となる．$P(b_3)$ は ω に依存せずつねに q であるから，

$$P(b_1) = P(b_2) = \frac{1-q}{2}$$

のとき $H(B)$ は最大となる．そこで，

$$\omega(1-p-q) + (1-\omega)p = \frac{1-q}{2}$$

とおくと，$\omega = \dfrac{1}{2}$ となり，このとき，

$$H(B) = \frac{1-q}{2}\log\frac{2}{1-q} + \frac{1-q}{2}\log\frac{2}{1-q} + q\log\frac{1}{q} = (1-q)\log\frac{2}{1-q} + q\log\frac{1}{q} \tag{a}$$

である．ここで，$H(B|A)$ は，

$$H(B|A) = (1-p-q)\log\frac{1}{1-p-q} + p\log\frac{1}{p} + q\log\frac{1}{q} \tag{b}$$

となる．式(a)，(b)より，通信路容量 C は次式のようになる．

$$C = (1-q)\log\frac{2}{1-q} - (1-p-q)\log\frac{1}{1-p-q} - p\log\frac{1}{p}$$

5.5 散布度連立方程式は次のようになる．

$$
\begin{cases}
(1-p)x_1 + px_2 + 0x_3 = (1-p)\log(1-p) + p\log p + 0\log 0 \\
0x_1 + 1x_2 + 0x_3 = 0\log 0 + 1\log 1 + 0\log 0 \\
0x_1 + px_2 + (1-p)x_3 = 0\log 0 + p\log p + (1-p)\log(1-p)
\end{cases}
$$

これらを整理して，あらためて散布度連立方程式を書くと，

$$(1-p)x_1 + px_2 = -\mathcal{H}(p) \tag{a}$$

$$x_2 = 0 \tag{b}$$

$$px_2 + (1-p)x_3 = -\mathcal{H}(p) \tag{c}$$

となる．式(a)，(b)より，

$$x_1 = \frac{-\mathcal{H}(p)}{1-p} \tag{d}$$

となる．式(b)，(c)より，

$$x_3 = \frac{-\mathcal{H}(p)}{1-p} \tag{e}$$

となる．通信路容量 C は，

$$C = \log(2^{x_1} + 2^{x_2} + 2^{x_3}) \tag{f}$$

で与えられるから，式(b)，(d)，(e)を式(f)に代入すると，次式のようになる．

$$C = \log\left(2^{\frac{-\mathcal{H}(p)}{1-p}} + 2^0 + 2^{\frac{-\mathcal{H}(p)}{1-p}}\right) = \log\left(2^{\frac{1-p-\mathcal{H}(p)}{1-p}} + 1\right)$$

第 6 章

6.1 平均誤り率 P_e は次式のようになる．

$$
\begin{aligned}
P_\mathrm{e} &= 1 - \sum_{k=1}^{3} P(b_k|d(b_k))P(d(b_k)) \\
&= 1 - P(b_1|d(b_1))P(d(b_1)) - P(b_2|d(b_2))P(d(b_2)) - P(b_3|d(b_3))P(d(b_3)) \\
&= 1 - P(b_1|a_3)P(a_3) - P(b_2|a_2)P(a_2) - P(b_3|a_1)P(a_1) \\
&= 1 - 0.7 \times 0.2 - 0.2 \times 0.3 - 0.4 \times 0.5 = 0.6
\end{aligned}
$$

6.2 入力系列は $(0,0,0)$，$(1,1,1)$ の 2 通り，出力系列は $(0,0,0)$，$(0,0,1)$，$(0,1,0)$，$(0,1,1)$，$(1,0,0)$，$(1,0,1)$，$(1,1,0)$，$(1,1,1)$ の 8 通りである．多数決符号の判定規則 $d_1(\cdot)$ は次のようになる．

$$\begin{cases} d_1(0,0,0) = (0,0,0) \\ d_1(0,0,1) = (0,0,0) \\ d_1(0,1,0) = (0,0,0) \\ d_1(0,1,1) = (1,1,1) \\ d_1(1,0,0) = (0,0,0) \\ d_1(1,0,1) = (1,1,1) \\ d_1(1,1,0) = (1,1,1) \\ d_1(1,1,1) = (1,1,1) \end{cases}$$

次に最大尤度判定規則 $d_2(\cdot)$ を考える．まず，入力系列が $\boldsymbol{a}$ という条件の下で出力系列が $\boldsymbol{b}$ となる確率 $P(\boldsymbol{b}|\boldsymbol{a})$ をそれぞれ計算すると，次のようになる．

$$P(0,0,0|0,0,0) = P(0|0)P(0|0)P(0|0) = (1-p)^3$$
$$P(0,0,0|1,1,1) = P(0|1)P(0|1)P(0|1) = p^3$$

$$P(0,0,1|0,0,0) = P(0|0)P(0|0)P(1|0) = p(1-p)^2$$
$$P(0,0,1|1,1,1) = P(0|1)P(0|1)P(1|1) = p^2(1-p)$$

$$P(0,1,0|0,0,0) = P(0|0)P(1|0)P(0|0) = p(1-p)^2$$
$$P(0,1,0|1,1,1) = P(0|1)P(1|1)P(0|1) = p^2(1-p)$$

$$P(0,1,1|0,0,0) = P(0|0)P(1|0)P(1|0) = p^2(1-p)$$
$$P(0,1,1|1,1,1) = P(0|1)P(1|1)P(1|1) = p(1-p)^2$$

$$P(1,0,0|0,0,0) = P(1|0)P(0|0)P(0|0) = p(1-p)^2$$
$$P(1,0,0|1,1,1) = P(1|1)P(0|1)P(0|1) = p^2(1-p)$$

$$P(1,0,1|0,0,0) = P(1|0)P(0|0)P(1|0) = p^2(1-p)$$
$$P(1,0,1|1,1,1) = P(1|1)P(0|1)P(1|1) = p(1-p)^2$$

$$P(1,1,0|0,0,0) = P(1|0)P(1|0)P(0|0) = p^2(1-p)$$
$$P(1,1,0|1,1,1) = P(1|1)P(1|1)P(0|1) = p(1-p)^2$$

$$P(1,1,1|0,0,0) = P(1|0)P(1|0)P(1|0) = p^3$$
$$P(1,1,1|1,1,1) = P(1|1)P(1|1)P(1|1) = (1-p)^3$$

ここで，$p < 1/2$ より，$p < 1-p$ である．よって，各 $P(\boldsymbol{b}|\boldsymbol{a})$ が最大となるような判定規則，すなわち，最大尤度判定規則 $d_2(\cdot)$ は次のようになる．

$$\begin{cases} d_2(0,0,0) = (0,0,0) \\ d_2(0,0,1) = (0,0,0) \\ d_2(0,1,0) = (0,0,0) \\ d_2(0,1,1) = (1,1,1) \\ d_2(1,0,0) = (0,0,0) \\ d_2(1,0,1) = (1,1,1) \\ d_2(1,1,0) = (1,1,1) \\ d_2(1,1,1) = (1,1,1) \end{cases}$$

$d_1(\cdot)$ と $d_2(\cdot)$ が等しくなるので，題意は示された．

6.3 (1) 各シンボルについて 2 通りずつ考えられるので，$n(A^n) = 2^n$ である．

(2) N_i は n 個の中の i 個が異なる符号語の個数で，n 個の中から i 個選び出す組合せの数に等しいので，次式のようになる．

$$N_i = \binom{n}{i} = \frac{n!}{i!(n-i)!}$$

(3) (2) で求めた N_i の和をとると，次式のようになる．

$$\sum_{i=0}^{n} N_i = \sum_{i=0}^{n} \binom{n}{i} = \sum_{i=0}^{n} \binom{n}{i} 1^{n-1} 1^i = (1+1)^n = 2^n$$

6.4 符号語は $(0,0,\ldots,0)$ または $(1,1,\ldots,1)$ の 2 種類であり，両者のハミング距離は n である．受信空間において各符号語を中心とする二つの球を考えると，いずれの球も半径が $\lfloor (n-1)/2 \rfloor$ 以下であれば，二つの球は互いに交わることはない．したがって，$\lfloor (n-1)/2 \rfloor$ 個以下の誤りを訂正することが可能である．

6.5 長さ n のある符号語とのハミング距離が i である符号語の数は，

$$\binom{n}{i}$$

であるので，ある符号語を中心とする半径 t の球内の符号語の数は，

$$\sum_{i=0}^{t} \binom{n}{i}$$

である．長さ n の系列の総数は 2^n であるので，符号語として採用することのできる系列の数 M は高々

$$\frac{2^n}{\displaystyle\sum_{i=0}^{t} \binom{n}{i}}$$

である．

補足

$$M \leq \frac{2^n}{\displaystyle\sum_{i=0}^{t} \binom{n}{i}}$$

をハミングの不等式（Hamming inequality）という．ハミングの不等式を満足することは，t 重誤り訂正符号を構成するための必要条件にすぎない．

第 7 章

7.1 情報・検査ビット関連行列 $\boldsymbol{P}$ は，

$$\boldsymbol{P} = \begin{bmatrix} 1 & 1 & 0 & 1 \\ 0 & 1 & 1 & 1 \\ 1 & 1 & 1 & 0 \end{bmatrix}$$

であるから，検査行列 $\boldsymbol{H}$ は，

$$\boldsymbol{H} = [\,\boldsymbol{P}, \boldsymbol{I}_{7-4}\,] \begin{bmatrix} 1 & 0 & 0 & 1 & 1 & 0 & 1 \\ 0 & 1 & 0 & 0 & 1 & 1 & 1 \\ 0 & 0 & 1 & 1 & 1 & 1 & 0 \end{bmatrix}$$

である．検査行列 $\boldsymbol{H}$ には $\boldsymbol{0}^\top$ である列が含まれておらず，かつ，$2^{7-4} - 1 = 7$ 通りの異なる系列が 1 回ずつ現れている．したがって，この符号はハミング符号であるから，1 個の誤り訂正が可能である．

別解法　最小距離が 3 であることを示し，式(6.22)より，1 個の誤り訂正が可能であるとしてもよい．

7.2 (1)　情報ビットを i_1，検査ビットを p_1，p_2 とすると，

$$[\,p_1, p_2\,] = i_1[\,1, 1\,]$$

であるから，情報・検査ビット関連行列の転置行列 $\boldsymbol{P}^\top$ は，

$$\boldsymbol{P}^\top = [\,1, 1\,]$$

である．よって，求める生成行列 $\boldsymbol{G}$ は次式のようになる．

$$\boldsymbol{G} = [\,\boldsymbol{I}_1, \boldsymbol{P}^\top\,] = [\,1, 1, 1\,]$$

(2)　(1) で得た $\boldsymbol{P}$ を利用すると，求める検査行列 $\boldsymbol{H}$ は次式のようになる．

$$\boldsymbol{H} = [\,\boldsymbol{P}, \boldsymbol{I}_2\,] = \begin{bmatrix} 1 & 1 & 0 \\ 1 & 0 & 1 \end{bmatrix}$$

(3) 検査行列 $\boldsymbol{H}$ には $\boldsymbol{0}^\top$ である列が含まれておらず，かつ，$2^{3-1} - 1 = 3$ 通りの異なる系列が 1 回ずつ現れている．したがって，この符号はハミング符号である．また，符号語の巡回シフトが符号語となっているので，巡回符号でもある．

7.3 情報・検査ビット関連行列を $\boldsymbol{P}$ とすると，$\boldsymbol{G} = [\,\boldsymbol{I}_k, \boldsymbol{P}^\top\,]$，$\boldsymbol{H} = [\,\boldsymbol{P}, \boldsymbol{I}_{n-k}\,]$ である

から，

$$\boldsymbol{G}\boldsymbol{H}^\top = [\,\boldsymbol{I}_k, \boldsymbol{P}^\top\,] \begin{bmatrix} \boldsymbol{P}^\top \\ \boldsymbol{I}_{n-k} \end{bmatrix} = \boldsymbol{P}^\top + \boldsymbol{P}^\top$$

となる．2 を法として同一の行列の和を計算すると零行列となるので，題意は示された．

7.4 x^3，x^4，x^5，x^6 のそれぞれについて $G(x) = x^3 + x^2 + 1$ で割ったときの商と剰余を求めると，次式のように表される．

$$\begin{aligned} x^3 &= (x^3 + x^2 + 1) + x^2 + 1 \\ x^4 &= (x + 1)(x^3 + x^2 + 1) + x^2 + x + 1 \\ x^5 &= (x^2 + x + 1)(x^3 + x^2 + 1) + x + 1 \\ x^6 &= (x^3 + x^2 + x)(x^3 + x^2 + 1) + x^2 + x \end{aligned}$$

よって，各剰余多項式の係数から検査行列 $\boldsymbol{H}_{\mathrm{c}}$ と生成行列 $\boldsymbol{G}_{\mathrm{c}}$ が次式のように求められる．

$$\boldsymbol{H}_{\mathrm{c}} = \begin{bmatrix} 1 & 0 & 0 & 1 & 1 & 1 & 0 \\ 0 & 1 & 0 & 0 & 1 & 1 & 1 \\ 0 & 0 & 1 & 1 & 1 & 0 & 1 \end{bmatrix}$$

$$\boldsymbol{G}_{\mathrm{c}} = \begin{bmatrix} 1 & 0 & 1 & 1 & 0 & 0 & 0 \\ 1 & 1 & 1 & 0 & 1 & 0 & 0 \\ 1 & 1 & 0 & 0 & 0 & 1 & 0 \\ 0 & 1 & 1 & 0 & 0 & 0 & 1 \end{bmatrix}$$

7.5 $G(x) = (1 + x)F(x)$ と表すことができるから，$G(1) = 0$ である．任意の符号多項式 $A(x)$ は $G(x)$ を因数にもつので，$A(1) = 0$ である．このことは，この符号の符号語内の 1 の個数は必ず偶数であることを意味している．したがって，奇数個の誤りが検出可能である．

索　引

英数字

あ　行

か　行

さ　行

著　者　略　歴

稲井　寛　（いない・ひろし）

1987 年　大阪大学大学院前期課程修了（情報工学）
1988 年　神戸大学総合情報処理センター助手
1991 年　工学博士（大阪大学）
1993 年　岡山県立大学情報工学部助教授
2000 年　岡山県立大学情報工学部教授
　　　　現在に至る

編集担当　宮地亮介（森北出版）
編集責任　富井　晃（森北出版）
組　　版　ウルス
印　　刷　丸井工文社
製　　本　　同

はじめての情報理論（第 2 版）
© 稲井　寛　*2020*
2011 年 7 月 6 日　第 1 版第 1 刷発行
2020 年 9 月 15 日　第 1 版第 8 刷発行
2020 年 11 月 13 日　第 2 版第 1 刷発行
2024 年 3 月 20 日　第 2 版第 4 刷発行
【本書の無断転載を禁ず】

著　　者　稲井　寛
発 行 者　森北博巳
発 行 所　**森北出版株式会社**
　東京都千代田区富士見 1–4–11（〒102–0071）
　電話 03–3265–8341／FAX 03–3264–8709
　https://www.morikita.co.jp/
　日本書籍出版協会・自然科学書協会　会員
　JCOPY ＜（一社）出版者著作権管理機構　委託出版物＞

落丁・乱丁本はお取替えいたします．

Printed in Japan／ISBN978–4–627–84912–9